韩喜平 主编

新时代中国精神价值传承

科学家精神

罗克全 崔 璨 著

东北大学出版社

© 罗克全　崔　璨　2024

图书在版编目（CIP）数据

科学家精神 / 罗克全，崔璨著. -- 沈阳：东北大
学出版社，2024.6.--（新时代中国精神价值传承 /
韩喜平主编）. -- ISBN 978-7-5517-3605-3

Ⅰ. K826.1-49

中国国家版本馆 CIP 数据核字第 20249SB370 号

出 版 者：东北大学出版社
　　　　　地址：沈阳市和平区文化路三号巷 11 号
　　　　　邮编：110819
　　　　　电话：024-83683655（总编室）
　　　　　　　　024-83687331（营销部）
　　　　　网址：http://press.neu.edu.cn
印 刷 者：辽宁一诺广告印务有限公司
发 行 者：东北大学出版社
幅面尺寸：170 mm × 240 mm
印　　张：14.75
字　　数：249 千字
出版时间：2024 年 6 月第 1 版
印刷时间：2024 年 6 月第 1 次印刷
责任编辑：汪彤彤
责任校对：孟　颖
封面设计：潘正一
责任出版：初　茗

ISBN 978-7-5517-3605-3　　　　　　　　定价：65.00 元

人无精神不立，国无精神不强。一个国家要有精神，它是国本；一个民族要有精神，它是脊梁。习近平总书记强调指出："精神是一个民族赖以长久生存的灵魂，唯有精神上达到一定的高度，这个民族才能在历史的洪流中屹立不倒、奋勇向前。"在几千年的历史流变中，中华民族生生不息、绵延发展，饱受挫折又不断浴火重生，其中很重要的一点就是我们的民族积淀了自身最深沉的价值追求和精神烙印。习近平总书记指出，"中华民族在几千年历史中创造和延续的中华优秀传统文化，是中华民族的根和魂"，"中华优秀传统文化是中华民族的精神命脉"。翻开中华民族精神图谱，无数耳熟能详的诗词诠释了中华民族精神脉络的核心内涵，例如："天行健，君子以自强不息"的奋斗精神，"天下兴亡，匹夫有责""先天下之忧而忧，后天下之乐而乐"的爱国情怀，"人生自古谁无死，留取丹心照汗青""为有牺牲多壮志，敢教日月换新天"的牺牲精神，"鞠躬尽瘁，死而后已"的奉献精神，"苔花如米小，也学牡丹开"的自强精神，"革故鼎新""徙木为信"的创新思想，"老吾老以及人之老，幼吾幼以及人之幼""扶危济困"的公德意识，等等。中华民族既坚守本根又不断与时俱进，始终保持着坚定的民族自信和强大的修复能力，培育了共同的情感和价值、共同的理想和精神。这些千百年传承下来的精神理念、精神文化，成为积淀中国精神的价值内核。

中国共产党在领导中国革命、建设和改革的伟大历史进程中，之所以创造了惊天地、泣鬼神的辉煌业绩，就在于坚守初心使命、就在于不畏艰难险阻、就在于有一大批革命先驱、有一大批英雄人物，形成了伟大精神激励与指引，这种逐步积累和形成的思想结晶和精神谱系，是中国共产党人精神境界、精神风貌、精神力量的集中写照，是中国共产党百年历史经验的总结。把马克思主义基本原理同中国具体实际、同中华优秀传统文化相结合是必由之路，谱写了马克思主义中国化时代化的最新篇章。中国精神包含的独一无二的理念、智慧、气度和价值，增添了中国人民内心深处的自信和自豪。这种强大的精神支撑，成为中华民族战胜一切艰难困苦的有力武器和实现中华民族伟大复兴的动力之源。

伟大事业需要伟大精神。在我们全面建成小康社会，向着社会主义现代化强国奋进的新征程中，党的二十大报告要求我们弘扬伟大建党精神，自信自强、守正创新，踔厉奋发、勇毅前行。深入研究和广泛宣传中国精神，传承民族精神、弘扬时代正气、培育时代新人，要求理论工作者把中国精神阐释好。《新时代中国精神价值传承》（以下简称《丛书》）正是这样一套回应时代关切、弘扬中国精神的书籍。《丛书》选取中国共产党带领广大人民进行革命、建设、改革的奋斗历程中凝练形成的井冈山精神、长征精神、延安精神、东北抗联精神、抗美援朝精神、雷锋精神、铁人精神、"两弹一星"精神、特区精神、女排精神、劳模精神、科学家精神等为源，由全国高校十余位知名教授、专家集体撰著，以历史的视角，放置于实现中华民族伟大复兴中国梦的大背景下，阐释中国精神的具体样式，立足近代以来中华民族伟大复兴历程，特别是中国共产党带领中国人民从站起来、富起来到强起来所展现出来的民族集聚、动员和感召效应的精神及其气象，从党的领导特点和大党风范入手，追溯和解读中华民族悠久的历史传统和中华儿女可歌可泣的历史经历，研究中国精神形成的历史背景、形成过程，挖掘其科学内涵和新时代的重要价值，展现当代中华民族精神的历史穿透力和生命冲击力。《丛书》包括12分册，分别是：《井冈山精神》《长征精神》《延安精神》《东北抗联精神》《抗美援朝精神》《雷锋精神》《铁人精神》《"两弹一星"精神》《特区精神》《女排精神》《劳模精神》《科学家精神》。这些共同构成了中国精神的重要内容，是社会主义核心价值观的精髓和具体体现，昭示着中国共产党人的初心和使命，镌刻着中华民族砥砺前行的优秀品格，是迄今为止学术界和出版界反映以爱国主义为核心的民族精神和以改革创新为核心的时代精神的大型学术普及类系列著作，是中国文化软实力的重要显示。

伟大精神铸就伟大梦想。今天，我们比历史上任何时期都更接近中华民族伟大复兴的目标，比历史上任何时期都更有信心有能力实现这个目标。实现中华民族伟大复兴不仅需要强大的物质力量，更需要强大的精神力量。要把这种精神力量汇聚成14亿多中华儿女强大的奋进合力，就不能把中国精神存放在"博物馆"内、停留在"象牙塔"中。推出《丛书》，可以推进中国精神时代化、大众化，永续传承，把它变为新时代的实践伟力。站在新时代的历史基点上，立足精神对事件的辐射和普照，阐释一定历史时期的民族精神对重大社会事件、历史发展进程甚至个人事业与生活的重大影响；立足事件对精神的折射和反映，分析历史事件、个人事迹对民族精神的具体呈现，以期在精神与史实的双向观照中，使中国精神触动整个民族情结和个体心理情感，凝聚中华儿女奋斗的精神动力。从普适性来讲，中国精神不仅是中国共产党成就伟大事业的宝贵精神财富，也是全体中华儿女在实践中总结、凝练和形成的价值理想。《丛书》定位于普及性学术著作，力求以通俗易懂、生动鲜活地讲述故事的形式呈现，引领新时代精神风尚，激发中华儿女特别是青年一代干事创业的热情。从价值层面看，《丛书》重点挖掘在中国特色社会主义新时代的价值，这对于汇聚中国力量，弘扬中华优秀传统文化，践行社会主义核心价值观，坚守中国共产党人精神谱系，提升中国文化软实力，培养担负民族复兴大任的时代新人具有重大意义。

"求木之长者，必固其根本；欲流之远者，必浚其泉源。"我们坚信，这套极具学术性、知识性、资料性和可读性的《新时代中国精神价值传承》，能够成为铸牢中华民族共同体团结奋斗的精神纽带，为凝聚起中华民族的磅礴力量，建设中华民族现代文明贡献一份力量。

韩喜平

2023 年 6 月

韩喜平，国家级领军人才计划入选者，哲学社会科学领军人才，中央马克思主义理论与建设工程首席专家。

目录
CONTENTS

第五章　科学家精神传承红色文化

第六章　科学家精神助推中华民族伟大复兴

01

｜科学家精神产生的历史背景｜

中国广泛使用"科学家"这个词的时期，应与"科学"广泛取代"格致"的20世纪20年代有对应的关联性。从20世纪20年代开始，"科学"理念逐渐渗入到教育、政治、哲学等社会的各个领域，从而形成了一个社会科学化的过程。与西方科学家群体兴起时相比，现代中国科学家群体出现的历史背景、文化环境以及所承担的使命责任存在很大差异，中国科学家的精神品质和价值观念也呈现出显著的独特性。

中国科学家社会角色的形成没有经历西方科学家数百年的发展历程。在20世纪30年代，一定数量的中国科学家群体开始出现，并具有一定的政治地位、优厚的经济收入和较高的社会知名度。但是，作为科学后进国家，面临救亡重任，爱国始终是中国科学家精神的核心标签。这是中国科学家精神与西方先进国家的科学家精神存在的显著差异。

此外，中国科学家群体在出现时还属于传统的"士"阶层，"修身齐家治国平天下""先天下之忧而忧，后天下之乐而乐"的政治理想和道德操守，以及"为天地立心，为生民立命，为往圣继绝学，为万世开太平"的宏大志向和历史传统，都在激励他们以毕生从事的科学事业挽救危亡、开拓盛世。这与西方国家科学家更为重视求真唯理的传统，存在明显的不同。

　　帝国主义的坚船利炮迫使中国开明人士兴起洋务运动，发展军工技艺；戊戌变法、辛亥革命先后要求立宪或建立共和政体；新文化运动兴起"民主和科学"，五四运动倡导科学之精神并且上升到思想层面；新中国成立后，从造"桌子椅子"到造"导弹航母"，从"科学救国"经"科学兴国"到"科学发展"。这不仅反映了中国社会对西学情感的演变，更折射出中国社会对西学认识的不断深化与反思，在这个过程中始终伴随的是中华民族的救国觉醒和拳拳爱国之心。探索、反思"昨天"，有利于我们在对外开放的形势下，坚持"以我为主，为我所用"，继续学习、吸收西方文化中一切对我们有用的东西，更加坚定地走好中国特色社会主义道路。

　　在近代中国，虽然社会各个阶层对西学有不同的理解，但它却一直吸引和激励着一批又一批爱国志士为救亡图存而进行不懈的探索与追求，灾难深重的近代中国社会已深深地印下了它的轨迹。

一、科学、科学家精神演进过程

（一）从"格致"到"科学"的词义演进

科学在中国的演进经历了由"格致"到"科学"的概念转换过程，而后才被国人确定下来并正式使用。"格致"更多地指技艺之术，而"科学"之"学"字则更多地指原理、理论，具有现代概念的特征。实际上，到"科学"一词正式使用，它所经历的"格致"到"科学"的概念转换过程体现了阶段性发展的特质。"格致"本指朱熹所言"格物致知"。在维新思潮中，"格致"一词逐渐显露出新背景下的"科学"含义。在不断介绍和翻译西方科学技术书籍过程中，在寻求救国良方过程中，人们逐渐认识到西学"格致"中不仅有实用技术，而且存在着高深的学理。这种落脚在"学"上的理解已经与"格致""格物"存在着明显的界限，体现了明显的理论化倾向。这样，"科学"便逐渐取代了原来的"格致"。这种概念的演变实际上反映了文化背景的转换和思想观念的转型。

（二）"科学"概念在中国确立的依据

经世致用的哲学传统在中国源远流长。从先秦至清代，以"经世致用"为内容的实用理性的思路一直发挥着重要作用。这种倾向影响了其后中国的儒生、官吏、科学家、哲学家等，科学技术的实际应用引发了几乎包括理论家在内的所有学者的浓厚兴趣，成为中国封建社会的主流意识形态。经过了宋明理学对实践、力行、践履等道德经验主义的强调，明清之际更为提倡"实事求是"和"实学救世"的学术风气，促使"经世致用"的理念走向深入，拉开了近代启蒙运动的帷幕。正是由于西方的"科学"概念所蕴含的求真务实、批判创新特质和精神，与中国经世致用的哲学传统存在着内在的文化契合，才有可能在国人寻求救国良方的燃眉之急背景下实现会通。这一点正如中国历史悠久的大同理想与马克思主义内在的文化契合，才使得马克思主义能够在中国生根并普及。任何外来文化如果没有与本土文化的内在契合，企图在异质文化里生根是不可能的。以"经世致用"为内容的实用理性就是"科学"概念在中国确立的思想前提和文化基础。这样，科学几百年来所建立的威望，得到了中国传统价值观的支持和接纳。中国人在对外来文化进行选择和取舍的过程中，经世致用的哲学传统一直决定着这个选择机制的价值取向。这种取向决定了从"格致"到"科学"的概念的飞跃性转换，当"科学"正式取代"格致"的时候，所表征的恰恰是国人对创获科学知识的科学方法的价值认同。

现代中国"科学"概念的基本特征和主要内涵源于西方科学的传统，是西方科学传统与中国哲学和文化传统相融合的产物。可以说，"格致"到"科学"的转换就是在西学东渐的文化融合过程中孕育并逐步完成的。明清之际，西方传教士来到中国进行宗教活动，科学技术成了他们的传教手段。在利玛窦入乡随俗的策略实施以后，包括西方科学在内的西方文化体系就源源传入，这使中国人眼界大开，试图接受西方的新知识、新思想和新领域。一些实学思想家开始宣传、翻译、介绍、引进西方国家机械、物理、测绘、历算等科学知识，在中西文化冲突与融合中扩大和丰富了中国文化内容和内涵，突破了传统思维模式，力图革故鼎新，成为了一种思想启蒙。

鸦片战争之后，西学再次卷土重来。鸦片战争失败促使洋务运动开启。洋务运动大力引进和学习西方科学技术，积极兴办军事工业和民用工业，积极传播自然科学，兴建新式学堂等，导致了一场由小到大的科学运动。从甲午战争中清政府的惨败中，当时人们总结洋务运动失败的原因在于对西学的片面认识，仅仅把科学技术当作工具而已。国人对西学的理解更加深入和深刻了。人们已经清醒地认识到，洋务运动在"技"的层面上学习西方的实践未能使清政府如愿，说明救亡图存、富国强民目标的真正实现需要在文化和制度层面上完成转型。这种认识直接引发了"百日维新"，为科学精神深入人心做了充足的准备。

在维新思潮中，我们可以更加清楚地看到凭借科学图强的意图。维新思想家反思洋务运动，对科学的理解扩大到社会科学领域，除了关注自然科学，还关注西方包括政治制度学说在内的社会科学知识，深化了对科学的认识，这是戊戌变法时期的重大进步。救亡图存的价值需求促使国人顺利地完成了对科学的"器物"到"制度"再到"观念"的理解过程。当时的知识分子积极倡导和传播新思想、新价值，他们有着共同认同的文化传统，在思想价值选择过程中发挥了极大的引导作用。

（三）科学家精神的含义

谈及科学家精神，首先要从职业科学家的兴起说起。第一代职业科学家出现在19世纪中叶，以英国地质学家德拉贝奇为代表的一批科学家建立了地质调查局，科学家开始向社会或客户提供服务并因此获得酬金，而且社会普遍认同科学家这种社会角色，并给予物质上的支持。无独有偶，中国第一代职业科学家也是地质学家，20世纪初，以章鸿钊、丁文江、翁文灏为代表的一批地质学家创办了地质调查所，追逐着自己的科学救国之梦，开创了中国独立自主科学研究职业化的道路。科学家群体自出现时起，就具有经世济民的特质，因此科学家精神必然比科学精神更强调科学的社会属性。科学精神有永恒的主题，科学家精神在不同时代表现出不同的特质，更具体也更贴近社会。科学精神抽象富有哲理，科学家精神的内容更鲜活、更易于常人理解。中国科学家精神是科学精神的时代化、中国化和人格化，是中国科学家群体呈现出的独特精神气质。

回顾百年中国科学史，我们看到了从"科学救国"到"科学报国"再到"科学强国"的转变。人类认识世界的方式不断革新，科学事业的组织模式逐渐调整，今天的中国仍需科学祛除蒙昧，仍需再启蒙。2016年5月30日，习近平总书记在全国科技创新大会、两院院士大会、中国科协第九次全国代表大会上指出："希望广大科技工作者以提高全民科学素质为己任，把普及科学知识、弘扬科学精神、传播科学思想、倡导科学方法作为义不容辞的责任，在全社会推动形成讲科学、爱科学、学科学、用科学的良好氛围，使蕴藏在亿万人民中间的创新智慧充分释放、创新力量充分涌流。"[1]

---

[1] 习近平：《为建设世界科技强国而奋斗——在全国科技创新大会、两院院士大会、中国科协第九次全国代表大会上的讲话》，《人民日报》2016年6月1日，第2版。

在新时代，科学史需要重新认识自己学科的内涵与外延，阐明科学文化的渊源、科学精神的演变以及科学家精神的发展，提出有中国特色的理论与方法。这些新的理念不仅会引发当代中国社会的广泛深刻变革，而且将在建设世界科技强国的伟大征程中持续发挥巨大作用。

二、"师夷长技以制夷"

（一）西学东渐，科学传入

近代中国科学技术的转型可以说是"西学东渐"的过程。宋代以来，中国的经济水平和生产力基本上是向前发展的。明朝建立初期，实行休养生息政策，注重农事，扩大生产。经过几十年稳定发展，明代生产力大大提高。到了永乐年间，社会稳定，经济发达，出现了"郑和下西洋"的繁荣景象。到了明代中期，纺织、陶瓷、造纸、印刷等手工业技术飞速发展。到了明代晚期，江南地区手工业领域出现资本主义萌芽，促进了商品经济发展，使明代后期将近百年成为我国封建社会后期商业特别繁荣时期。

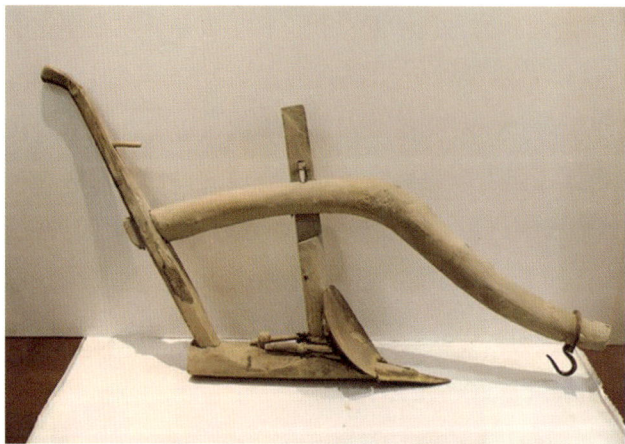

图1-1　曲辕犁

中国古代科学家在理论著作方面善于经验式总结，他们在科学理论方面的研究颇有成就。虽然明代不乏科技大家，但是在宋元科技发展高峰之后，明代的科技发展水平有所下降。然而，仅就彼时的科技成就而言，明代仍有很多有影响的科技著作，如《本草纲目》《天工开物》《农政全书》等都出现于晚明。在实践方面以工艺技艺见长，更加注重水利设施等现实的实用性，如航海、纺织、冶金等一度领先于世界。但问题在于，此时大多科技著作都是总结式的，从李时珍的《本草纲目》、宋应星的《天工开物》到徐光启的《农政全书》等巨著，其内容莫不如此。李时珍《本草纲目》的主要内容是对前人药学成就的总结，并对其中错误的记载进行修正；《天工开物》是世界上第一部关于农业和手工业生产的总结式著作，是中国古代一部综合性的科学技术名著；《农政全书》的核心内容是对中国古代农业技术的总结，是一本纯技术的农业著作，其中，理论创造性方面只占较少部分。中国传统科技的基本特征是重实用、轻理论，在构造性、系统性、可预测性方面常常有所欠缺。因此，以总结实际应用成果为核心的明代科技与以创造为主旨的宋元科技相比，其下行趋势是明显的。

18世纪至19世纪初，受清王朝专制加强和禁教政策的制约与影响，西学的传入与研究呈现衰退景象。汉学兴起，乾嘉学派成为学术主流。一部分中国士大夫，通过发掘古代典籍，从中寻找西学源头的方式，宣称西学为中学之末。此时，走的是一条奇怪的科技演变路径，西学渐趋式微，本土科学又回归到与西学平行的态势。到清代中叶，中国官僚体制下所形成的意识形态、社会心态和教育制度，生发了一种盲目的民族自我中心主义，视中国为世界的中心，对中国以外的发展漠不关心。在将近两百年中，北京一直住有耶稣会传教士，他们中的一些人如利玛窦、汤若望和南怀仁等，与皇朝统治阶层有密切的联系，却不能引起上层精英对西方科学文化的普遍兴趣。1792—1793年，英王特使马嘎尔尼率领500人的庞大代表团访问中国，要求开放更多的港口进行贸易。他带来了600箱礼物送给乾隆帝。英国人想把他们最新的发明介绍给中国，如蒸汽机、棉纺机、梳理机、织布机，并猜想准会让中国人感到惊奇而高兴。但让英国人大失所望的是，大清帝国对此不感兴趣。在他们看来，洋人的这些东西，不过是些下作的奇技淫巧罢了。乾隆帝在给英王乔治三世的答复信中竟说："天朝物产丰盈，无所不有，原不借外夷货物以通有无。"这种封闭的天朝心态阻碍了中国向西方学习，造成致命的失误。

在西学东渐过程中，传教以科技移植为手段，科技移植以传教为目的。科技是传教的副产品，科技移植大致可分为两个层面：理念层面的西学东传和器物层面的西学东传。简而言之，就是科学层面与技术层面的东传。

在两三百年里，理念层面的西学东传主要就是翻译、编写等著书立说活动。其中涉及宗教学亦即天主教教义方面的著作，以罗明坚所著《天主圣教实录》为先声，但不与科技移植直接相关。涉及科学的才是科技移植的重点所在，包括天文学、数学、物理学、地理学、军事技术、农业、水利等多方面。

与理念层面有所不同的是，器物层面的西学东传无论是在规模上还是在重要程度上都无法与之相比，这也是它称为科学转型或科技转型而不是技术转型的原因之一。此时东西方的技术差距并不悬殊，葡萄牙人和西班牙人并不能像19世纪中叶的英国人那样横行中国、为所欲为，晚明中国人也没有像晚清中国人那样痛定思痛、师夷长技。一方面，16—17世纪是近代科学产生的时代，还未步入像今天技术作为科学应用的密切关系之中。另一方面，科学仍依附于哲学传统和工匠传统，科技移植或科学转型不能只谈科学不谈技术。运用这种视角进行考察，可以发现器物层面的西学东传并非乏善可陈。它以火器技术为最突出的代表，辅之以农业、水利技术和望远镜等部分仪器。

上述理念和器物两个层面共同构成科技移植的成就与功绩，但并不能回避科技移植的实际缺陷和失败结局，可以把这个方面归结为制度层面西学东传的滞后。制度层面是就社会综合体制而言的，包括政治、经济、文化、军事等多方面。具体到制度层面对应之西学东传的滞后，至少应有以下四点：东传之西学的滞后，传教副产品的滞后，人为因素的滞后，西学观的滞后。之所以将诸多缺陷统称为滞后，是因为倘若能在此基础上再往前一步，便可迎头赶上，扭转局面，而不至于落得令人扼腕的境地。

东传之西学相较当时的中国而言尚属先进，但与其自身在欧洲的进展相比并不是最新的。以天文学为例，1543年，哥白尼临终前已经见证了日心说的伟大著作《天体运行论》（新译为《天球运行论》）的出版。哥白尼的学说在天文学上引起了一场革命，事实上在一般科学思想上也引起一场革命。所谓哥白尼革命，也是近代科学革命的标志之一。之后的第谷、开普勒、伽利略等大天文学家发展了欧洲天文学，并将近代科学革命推进到新的境界。1588年，第谷提出第谷体系。1687年，牛顿出版了科学史上的旷世名著《自然哲学的数学原理》。17世纪下半叶的欧洲已经从中世纪走出来，进入现代科学的早期发展阶段。然而，哥白尼体系因无人介绍而没有在中国得到应有的重视。牛顿的科学体系则更迟近两个世纪才被引入中国，彼时欧洲已经进入科学世纪（19世纪），自然科学的各个学科门类陆续臻于成熟。利玛窦之后200年，中国科学滞后造成中西双方巨大的科学落差，中国被迫付出百余年落后挨打的惨重代价。

（二）坚船利炮，警醒国人

中国经过两次鸦片战争之后，内忧外患，造成三千年未有之变局。中国士人和皇朝统治阶级中的开明之士开始认识到西方科技的威力，发出"师夷长技以制夷"的呼吁，并且越来越深刻而真切地认识到技不如人。1840年至1949年这100多年，是中国近现代科技转型的关键时期。中国这100多年不间断地在科技上学习西方，用中国士人非常生动的语言来说，叫作师夷长技。这才使得中国的科学技术实现了近现代转型。此间和此后，中国科技尽管还处于一个比较后进的水平，但它的整个体制和规范已经不再像原来的传统，而与西方先进的科学技术逐渐实现了并轨。这100多年是让人惊讶的100多年，尽管社会动荡、灾难深重，但是在教育和科技领域承认技不如人，逐步学习西方，锲而不舍，的确引发了巨大变革。

鸦片战争以后，在西方侵略战争、文化碰撞以及社会结构剧变的冲击和影响下，中国传统的道德价值观念遭受到了质疑，中国的传统文化与西方的工业文明、西方近代科技经过几次碰撞和较量之后受到冲击。近代中国被迫融入以西方为主导的世界体系之后，完全颠覆了千百年来唯吾独尊的文化自信和文化自尊。在民族危亡的社会背景下，救亡图存、抵御外侮等问题一下子置于国人面前。西方的坚船利炮和先进文化、先进思潮、先进科技等对中国传统社会的冲击充分彰显了科学技术的实践力量，这使中国人再也无法忽视科学的重要性。坚船利炮以及巨大灾难唤醒了人们改革旧物的意识，中国传统的文化观念与精神思想饱受批判与怀疑。为了寻求御敌保国之道，先进的中国知识分子进行了深刻的思考。他们希望通过引入西方先进的科学技术，来改变当时中国积贫积弱的局面，救亡图存，救亡保种。

在西方各国先进的军事装备的攻击下，清军"器不良""技不熟""船炮之实实不相抵"的窘迫状况赤裸裸地展现在昔日所轻视的蛮夷小国面前。中西双方在军事上的差距如此悬殊，促使以林则徐、魏源、龚自珍为代表的军事派开始积极探索军事上的发展。为了迅速缩小清军与西方国家在军事上的差距，他们将西洋的火炮、战舰、练兵等技术作为重点学习内容。可见，他们的眼光当时主要停留在西方先进的军事装备能力方面，还没有认识到火炮、战舰、练兵等技术背后的先进科学知识。伴随着清政府经历太平天国运动以及第二次鸦片战争带来的沉重打击，统治阶级认识到西方军事科技的绝对优势，往日被嗤之以鼻的"奇技淫巧"的科学工艺，此时不仅由末学而成为学习的对象，而且在不自觉中转化成为救亡图存的利器。在此过程中，中国对西方的科技也开始了重新审视和思考，一场自上而下的洋务运动，正式扯下了"制夷"的遮羞布，开启了一场国人体验现代科学文明的实践之旅。

洋务思潮是近代早期地主阶级革新思潮之后，中国近代化过程中又一救国思潮。洋务派因袭了地主阶级经世派向西方学习科学技术的主张，并付诸实践，发起了洋务运动，客观上促进了近代科学在中国传播的广度和深度。同时，洋务运动也是在西方列强的巨大军事打击下的一场被迫自救运动。实现国家自立自强是洋务运动发起者的共同愿望。要想实现这一愿望，他们只能奋起

图1-2 江南制造总局正门

直追西方的军事科技，通过武器制造方面的突破来解燃眉之急。

　　洋务运动在发展先进军事科技以谋取自强的迫切心理愿望驱使下，专习火器、轮船等西方科技的核心内容。洋务运动的代表曾国藩、李鸿章等人都迫切希望清政府能加紧机器制造，另则购买外洋船炮。如此急切心情催生了自1862年开始陆续创立的一大批大型兵工厂和机器设备制造局等，加快了清政府的军事工业近代化进程。但是，军事装备制造工业的原料和资金需求巨大，当时的清政府无法有效应对，于是洋务运动又打出了求富的口号，通过发展近代民用企业来解决上述困难。他们认为，西方国家大多国土狭窄，而财产丰富，主要就是依靠煤炭、钢铁五金之矿和铁路电报等税收。因此，湖北织布局、天津开平煤矿、汉阳铁厂、上海轮船招商局等相继创办。科学，终于在外来军事威胁下，从单纯的御辱需要延伸到民用生活领域。

图1-3　江南制造总局炮厂

　　显而易见的是，洋务派此时只是提出了强国御辱的主张，将西方的科学技术视为工具（这种工具最终物化成为枪、船、炮等），但还没有认识到这些物化形态的真正源头所在。

　　随着洋务运动的深入发展，洋务派意识到不仅要学习西方的科学技术，也要引进和移植西方的科学原理和科学学说。洋务派认识到，只有学习这一根本之学，才能在技术指导方面取得主动，最终赶超西方国家。因此，创办新式学堂以学西学、创办同文馆翻译西方书籍、派遣留学生直接学习西方文化等逐步被提上日程，并一一实施。这些举措极大地推动了科学在中国的普及与深入。

图1-4 轮船招商总局大楼

詹天佑就是中国第一批官办留美学生。詹天佑，字眷诚，1861年（清咸丰十一年）出生于一个普通的茶商家庭。1872年，年仅12岁的詹天佑到香港报考清政府筹办的"幼童出洋预习班"。考取后，他的父亲在一张写明"倘有疾病生死，各安天命"的出洋证明书上画了押。从此，他辞别父母，怀着学习西方"技艺"的理想来到美国就读。在美国，出洋预习班的同学们目睹北美西欧科学技术的巨大成就，对机器、火车、轮船及电信制造业的迅速发展赞叹不已。有的同学由此对中国的前途产生悲观情绪，詹天佑却坚定地说："今后，中国也要有火车、轮船。"他怀着为祖国富强而发奋学习的信念刻苦学习，于1878年以优异的成绩从纽海文中学毕业。同年5月考入耶鲁大学土木工程系，专攻铁路工程。在四年大学生活中，詹天佑刻苦学习，以突出的成绩在毕业考试中名列第一。1881年，在前后派出的120名中国留美幼童中，获得学士学位的只有两人，詹天佑就是其中的一个。回国后他组织修建京张铁路。这条由中国工程师自主设计并修建的人字形铁路，从1905年9月正式开工至1909年10月全面通车，耗时整整四年，是詹天佑及全体工程参与者历经艰辛、排除万难修建而成的。其中的血泪辛酸，非千言万语难以道尽。

在洋务运动时期，虽然国人对科学技术的认识只停留在器物层面，但即使是浅层的认识，也激发了国人对科学技术的向往。国人顺着此逻辑，在科学中

图1-5 京张铁路

寻找救国救民的良方，并付诸实际行动。当时一批优秀的知识分子如徐寿、李善兰、徐建寅等无一例外怀着拳拳报国之心、赤子之心，秉持科学救国的理想学习和传播西方的自然科学。他们早年都受到经世致用思想的影响，摒弃八股文，选择了研究近代自然科学。他们深知中国在科学技术方面与西方的差距，并在洋务运动实践中获得了对西方近代自然科学的认识，初步形成了科学救国的思想。

甲午战争中清政府惨败，使得人们对西方科学技术的认识发生了变化。人们总结洋务运动失败的原因在于对西学的片面认识，仅仅学习了西方的科学技

图1-6 "镇远号"铁甲舰

术，仅仅把科学技术当作维护皇权统治的工具。如此看来，国人对西方科学技术的理解更加深入和深刻了。

人们已经清醒地认识到，在洋务运动中对于技术层面的学习，未能使清政府如愿，要实现救亡图存、国富民强的真正愿望，需要从技术层面向文化和制度层面转型。国人对西方科学技术的认识，直接引发了百日维新运动，在制度和观念上为科学技术和科学思想深入人心做了充分的准备。

虽然洋务运动并未能抵挡住外敌的入侵，但这并不能说明整个洋务运动期间的科学实践都是失败的。科学在这场大规模的学习西方运动中仍然以势不可挡的趋势迅速渗透到中国社会，使得传统的政治、经济、文化观念、技术伦理与社会价值观受到严重挑战，这为后人继续进行理论探索奠定了基础。无论如何，这种学习西方的态度与内容都是为"中学"服务的，"道本器末""夷夏大防"的潜在意识并未散去，它仍然是左右时人思维和行为的敏感神经。西学的功能无论有多强大，都是被框定在"用"的范围里。就原有的文化传统而言，要求洋务派在精神层面与传统彻底告别显然过于严苛了。他们的贡献在于真正点燃了科学精神的火把，此后的科学精神、科学方法以及科学思维的发展道路等都将会被陆续照亮，历史的发展也正是如此。虽然甲午战争使得这一发展历程严重受挫，但不能抹杀洋务派数十年苦心经营的努力，同时也不能忽略洋务运动对科学在中国社会与经济文化结构中的培植作用。事实上，科学在此后中国的演进不但从未中断，而且很快被维新知识分子用来作为变法改良的理论工具。

（三）屡遭罹难，负重前行

在百日维新中，我们能够更加清楚地体会到国人凭借科学图强的目的，维新思想家反思洋务运动的失败，吸取教训，对科学的理解扩展到社会科学领域，不仅关注自然科学，还关注包括政治制度在内的人文社会科学知识，深化了对西方科学的认识，这是百日维新的重大进步。

在百日维新时期，由梁启超主持成立了大同译书局，翻译出版外国史籍。到1896年梁启超编《西学书目表》时，"史志"类书籍共列西洋史书达25种之多，较著名的有《万国史记》《欧洲史略》《泰西新史揽要》《日本国志》等。这些书介绍了世界各国的兴衰史，阐述了各国的政治体制尤其是议会制、立宪制对各国兴衰的影响，从而为维新派的变法运动提供了理论和历史依据。康有为特别留意搜集日本译著中有关西方各国和日本的各种书籍，如《国家学》《万国政治历史》《进化原论》《明治历史》等。他在披阅、研究这些资料的基础上，渗进自己的变法主张，写成了《俄彼得变政记》《日本变政考》《列国政要比较表》《波兰分灭记》等著作。这些世界历史书籍结合生动的历史事实讲述西方各国政体结构的方式，更容易为一般的知识分子所接受。此时西学传入的一个巨大成就是进化论传入中国，并对民众产生了重大影响。严复通过对赫胥黎《天演论》原书的选择、取舍、评论和改造，将进化论思想带入中国，从而为中国知识分子提供了一种发奋自强的资产阶级世界观。资产阶级社会政治学说与封建专制统治的严重对立，决定了此时清政府对西学传入的态度是不积极的。百日维新运动的失败正反映了清政府中封建顽固势力的强大，但国际国内形势的发展也迫使清政府作出一些引进西学的措施，如奖励游学、改革书院、建立学堂制度等。1902年，清政府颁布《钦定学堂章程》，把西学若干门类列入教学内容，并且规定了对外国语的学习，西学知识已侵入到科举制度之中。1905年，废科举、兴学校，将西学纳入国民教育之中，标志着西学输入进入了一个更繁荣的阶段。1905年，清政府派五大臣分别出洋考察，五大臣关于宪政的主张反映了清末政治的一种趋向：对于立宪的认同和寻求，已从民间达于官方，从资产阶级上层扩展到地主阶级统治集团上层。这证实了西学在中国传播的不可逆转性。

图1-7 京师大学堂

伴随着西学东渐步伐的加快，作为新阶级代表的维新派人士认识到，一个国家如果不变革社会政治制度，纵使船坚炮利、兵器精良，也挽救不了行将腐朽的社会机体，于是他们提出变革社会、改革政治的主张。维新派认为，西学是体用兼备、系统自成的体系，其本在于朝廷政教，其末在于制器之术。他们抨击洋务派学习西方只是学其枝节，而对包括经济、政治制度在内的西方立国之本不予注意，所以"只知变事，不知变法"，是地道的"弃本而趋末，遗体而求用"。他们明确指出，西方富强的根本原因，不在器物技艺之"末"，而在政法学理之"本"，"泰西之强不在军兵炮械之末，而在其士人之学"。为了推进变法改制，倡导学习西方国家治国建邦的西学以推进中西学会通，他们试图把西方资本主义的政治学说同传统的儒家思想相结合，宣传维新变法之道。郑观应最先提出中学与西学会通的初步设想，提出要"融会中西之学，贯通中西之理"。康有为更是采用托古改制的方式，把中学的经世之学同西学相会通，从而创建了一种"不中不西，即中即西"的"新学"。梁启超也主张中学与西学"贯通"和"能合"。严复更是破除了"中体西用"论设置的樊篱，倡导以全方位的姿态吸取中西文化中共有的一切因素。可以这样说，维新派是以"中体西用"的会通论为推行变法提供了学理上的论证说明。至此，维新派将"西学"的外延逐渐扩大到了西方国家的新政、新法、新学。甲午战争失败后，西学本身已经走过了一条由器物到学校教育再到政治制度的逐渐演变历程，正在向着思想观念领域内渗透。可见，经维新派人士的不懈努力，科学的内涵和地位在中国人心目中不断提升，开始具有一般观念的意义。

西学在中国迅速传播，则是功利性的需要及救亡图存的需要。也就是说，救亡图存的价值需求，使得国人顺利地完成了对西方科学从"器物"到"制度"层面的理解。当时的知识分子怀有"先天下之忧而忧，后天下之乐而乐"的胸襟和情怀，甚至可以为依旧落后的中国而舍生取义，所以他们在有着共同认同的文化传统中，在思想价值选择过程中，发挥了极大的引导作用，传播新思想、新文化、新价值。此时的科学技术作为一种包罗社会、自然、人生的科学的世界观，被认为是一种道德真理和人生价值，得到了广大中国知识分子的支持。这种思想完全符合甲午战争惨败后中国要自强保种、救亡图存、发愤图强的社会期望。中国要想在近代新的国际环境中得以生存和发展，就必须积极维新变法、培养人才、广设学校、鼓励创新，大力发展经济，实现近代工业化，因此要极力提倡实业救国，希望大力发展科教和实业来实现救国兴邦的愿望。

洋务运动时期是中国历史上西学东渐的一个重要阶段。在这一阶段，国人主要以科技能否富国自强的功利尺度来考虑问题，所以科学仅仅具有工具性的功能。林则徐、魏源等人是从技术层面来看待西方科学的，并将西方科学首先赋予一种技术的品格。而李鸿章、左宗棠、张之洞等洋务派则对这种技术的内容作了进一步的延伸与扩展，他们将重点放在武器制造上，后来又在注重武器制造的同时强调制器和制器人之间的发展。洋务派把"师夷长技"的思想同"自强"的政策结合在一起，企图实现"制夷"与"自强"相结合的社会目标。洋务派眼中的西学仍停留在技术和武器层面，仍未超出军事技术与自然科学等知识的器物层面。洋务运动具有极大的保守性与盲目性，在洋务派眼中，中学和西学的地位有着明显的高低贵贱之分，中学为体、西学为用，中学是立国的纲常，西学只能辅助中学，只能是弥补中学不足的手段。洋务运动的首要目的是维护清政府的统治，洋务派的"中体西用"是在不改变封建皇权制度下进行的细枝末节的改革，科学作为器用之物只能起到补救中学的作用。在洋务派保守与传统的框架中，中学仍居于整个文化体系的核心地位，而西学则处于物质、军事等外层地位，中学和西学的关联是相互割裂的；如若中学与西学发生矛盾，必然会停止西学来维护中学。以康有为、梁启超为代表的维新派人士在应对中西学的关系上尽管也坚持"中体西用"，但与洋务派的"中体西用"论在学理基础、内涵与着眼点上已大相径庭。洋务派侧重于以西学"补救"中学之缺失，维新派则着眼于中学与西学的"会通"。洋务派认同的只是西方科学的物质力量，对于西学的价值心理和意识形态层面基本上持一种排斥的态度；而维新变法时期，维新派学习西方科学除了认同其物质力量之外，还把对西学的传播拓展到了政治制度层面和文化层面，维新思想家突破了对西方科学的器与技的认知层面的思考，开始了对科学进行思想、观念、制度等层面的深思。

三、"为中华腾飞世界而奋斗"

（一）忧国难，怀报国之志

大规模的西学传播，引起了中国人对传统伦理道德和价值观念的怀疑，尤其是知识分子阶层价值观念的改变。知识分子的功名意识日益淡薄，开始走上"弃仕经商""实业救国"的道路；士大夫们也不再耻于言商，而是表现出对发展实业的重视。例如，咸丰时状元孙家鼐创办广益纱厂，同治时状元陆润庠创办苏纶纱厂，光绪时状元张謇创办大生纱厂等，都反映出西学导向的积极结果。

辛亥革命后，南京临时政府颁布的奖励工商业措施，更加速了资本主义工商业的发展，许多革命党要人还兼有实业家的身份。民族资本主义发展进入黄金时代。西学的大规模传播引起了民初社会风尚的变化，西方的教育制度、婚姻制度、科学思想、卫生习惯开始渗入民间。赌博、厚葬、盛演淫戏以及官场陋俗等，都程度不同地有所变化；兴女学、戒缠足、变婚姻、反迷信、禁吸毒、讲求体育卫生等观念普遍被人们接受。

从以林则徐和魏源为代表的第一批近代知识分子到以严复和康有为为代表的改良派，中国人对科学的理解经历了从器与技到制度的转化过程，但其中所侧重的都是把科学视为一种直接实现救亡图存、兴族强国的工具或手段。到了新文化运动时期，科学开始成为新文化的核心观念，也成为中国人的基本价值观。新文化运动深刻地影响了中国人，改变了中国传统思考问题的视域，提供了新的思维方式，确立了以科学为基础的新的文化价值系统，在文化心理层面树立了科学的权威。

新文化运动所提倡的科学，一方面指的是自然科学，另一方面指的是科学精神和科学方法论。倡导科学的目的在于主张用积极进取的科学精神来改造中国人的思维方式和旧观念，并以科学为基础进行新文化建设。在新文化运动基础上发展的五四运动同样倡导科学精神，旨在弘扬理性精神和实证精神。五四运动时期的知识分子将科学精神理解为尊重证据与理性，强调以科学证明真理。

1923年发生的"科玄论战"，是以丁文江、胡适、吴稚晖为代表的科学派与以张君劢、梁启超、张东荪为代表的玄学派之间的论战，科学派获得了胜利，从而进一步扩大了科学的影响力。五四运动时期的知识分子将科学由具体的器与技及制度提升为世界观，这就使该时期的科学思潮突破了具体的科学领域。通过人生态度和价值观转变，实现深刻的文化变革，五四运动的科学精神促进了认识和实践主体即人自身的思维方式方法转向近代化，并因而产生了广泛而深远的影响。

五四运动时期国人将主流科学价值观范式加以转换，使之从器物科学价值观转向制度科学价值观，再转至文化科学价值观。其目的是创建一种以科学为基础的新文化，以利于救亡图存、兴族强国。历史证明，其范式转换以及救亡图存目标已经达成，但新文化建设以及兴族强国的目标也就是当前我们所说的中国梦的实现，仍然任重道远，仍需我们高举科学大旗作出不懈的努力。

随着科学地位和功能的不断上升，先进的知识分子逐渐认识到科学文化的启蒙价值，走上传播新思想新文化的道路。以1915年陈独秀创办《青年杂志》（翌年更名为《新青年》）为标志，西学在中国的传播进入了一个崭新阶段。资产阶级和小资产阶级激进民主主义者通过总结辛亥革命失败的教训，开始反思中国的近代化进程。第一次世界大战的爆发又使先进的中国人开始怀疑西方文化。到底哪一条道路能够使中国走向富强，各个阶层的人都在寻找答案。一时间，在中国思想界各种学说杂陈，各个流派纷呈。此时在国内出现了诸如李大钊、陈独秀、胡适、鲁迅、钱玄同、刘半农、郭沫若等一大批中国近代文化史上的名家，他们以报纸、杂志为主要阵地，通过小说、杂文、评述等形式，批判传统、对比中西文化优劣，使接受西学的社会阶层进一步扩大。例如，陈独秀创办《青年杂志》，对资产阶级平等、自由的介绍，对中西文化的对比；李大钊对马克思主义的介绍、传播；胡适对实证主义的应用；鲁迅的白话小说对封建社会、封建思想的批判；钱玄同倡导的文字改

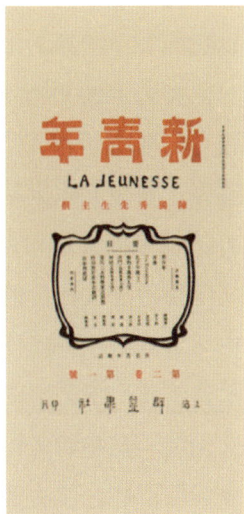

图1-8 《新青年》杂志封面

革等。以小说、诗歌等文学形式介绍西学是此时西学传播的一个特色，如郭沫若发表《女神》《天狗》《匪徒颂》等作品。鲁迅的《狂人日记》《药》《孔乙己》《故乡》等小说，则从彻底反封建的启蒙主义者的立场，揭示了旧中国病态社会中不幸的人们的痛苦，发出了打碎奴隶枷锁和专制制度，倡扬独立自主之人格和平等之人权的呼喊。资产阶级的伦理、思想、文化成为此时西学传入的主流，进化论乃至社会达尔文主义得到更为广泛的传播，成为此时反传统主义的重要理论基础。进化论的意义被更为广泛地接受和应用，只有用进化论的新方法来革新中国传统的"君道臣节，名教纲常"，才能塑造出真正具有近代意识的新人。为此，陈独秀先后创作、翻译、出版了《法兰西人与近世文明》《美国人之自由精神》等书，宣传他的这一思想。进化论学说的广泛传播，使中国哲学得以跳过机械唯物主义阶段，成为先进的中国人接受辩证唯物主义的先导。但由于传入中国的进化论本身理论上的不完备，而且它几乎是跳跃式地走过了其成熟发展所必经的历程，这就在很大程度上妨碍了我们对马克思主义哲学的深刻、完整、准确理解。胡适、丁文江等人更是激进地指出，西方的理性与科学可以代替中国传统的人生观，他们认为要改造中国社会现状，必须以科学为代表的西方理性主义文化代替中国的传统文化。例如陈独秀就认为，西方的科学精神可以救治中国政治上、道德上、学术上、思想上等一切的黑暗，并且他也倡导科学与人权并重。传统中学唱哀之声、全盘西化等思潮弥漫整个思想界和学术界。由于先进知识分子对科学与理性的高度赞扬，科学以极其简单而强有力的心理作用逐渐获得国人的广泛认同。科学以新文化的面孔出现，在与传统中学的抗争中取得了绝对的优势，取得了作为文化之"体"的历史合理性。在新文化运动和五四运动中，科学逐渐成为一种崭新的社会形态，被认为是解释世界观和人生观的基本原则，逐渐从物质领域再次泛化到社会科学、文化价值、人生价值等各个领域。科学的启蒙作用，进入到对传统中学的批判中，大有取代中国传统文化权威地位的趋势，并以缓和渐进的方式打破了中国封建文化一统天下的局面，促进了科学文化思潮的迅速蔓延。因此我们说"科玄论战"是中西文化碰撞这一历史机遇所孕育的结果，是科学启蒙思潮在中国发展的产物。作为明朝晚期以来规模最大的一场思想论战，科学思潮伴随着国人对二者的支持和否定继续发展，最终结果是科学派大胜。这一结果既反映了他们的追随者规模的扩大，也说明了科学启蒙思潮在中国的发展现状。

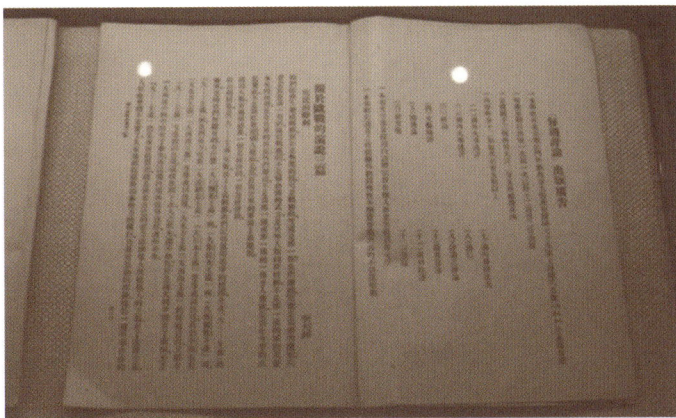

图1-9 《庶民的胜利》

从"西学格致"到"中体西用"再到"科玄论战"，科学以启蒙的姿态获得了无上尊荣。科学在近代中国的发展经历了一个充满曲折的选择性过程。在这一过程中，人们首先把科学当作反对封建旧文化旧思想的锐利武器，当作救亡保种、自强求富的最有效的方法来看待，科学在这里被视为救国的良方，承担着救亡图存的使命，无疑具有方法论上的功利主义性质。然而，伴随着一系列文化碰撞和思想交锋，科学逐渐具备了功利主义和实用主义以外的价值。科学以"新文化"的面孔出现，浸入到精神层面和心理领域，成为国人解放思想、追求新知的精神武器。科学的方法、精神点点滴滴地渗入中国的土壤，与传统文化冲突与交融，在救亡图存的社会背景下一步步地强化成为国人的价值权威。可见，近代科学在中国的本土化恰恰是在中国文化与西方科学文化的融合过程中，创造性地吸收、转化出的一种新理论形态。尽管这个过程走得十分艰难且充满曲折，但最终的结果是朝着符合文化规律、有着旺盛生命力前景的方向发展。

马克思主义学说的传入，是这一时期也是整个近代西学东渐过程中最重大的事件。科学权威的确立使马克思主义的影响不断扩大、得到更广泛的传播，逐步确立了它的指导地位。科学的价值诉求成了马克思主义被确立为指导思想的依据和前提。事实上，马克思主义与"科学"存在着千丝万缕的联系。一方面，马克思主义作为"科学"被国人理解和接受。纵观20世纪上半叶，马克思主义学说能迅速传播，在纷繁复杂的思想领域占有一席之地，并引发轰轰烈烈的社会主义革命运动，其学说的内在科学性是关键原因。马克思主义传入中国初期，不可能得到如当前一样深刻和系统的理解。当时人们理解马克思主义，正是看中其对资本主义的深刻科学剖析、对未来社会的科学阐释。这种科学性特质迎合当时科学主义盛行的思想氛围，是马克思主义得以传播的关键性要素，对于急于寻求科学理论的中国知识分子而言，其吸引力是显而易见的。在中国马克思主义者眼中，唯物史观是与自然科学方法一样精确可靠的方法。运用此方法考察人类社会、人类历史，探究中国发展之命运，中华民族救亡图存的目标指日可待。马克思主义就是"科学"的理念，有力地推进了马克思主义在中国的传播和发展。在随后的马克思主义中国化进程中，马克思主义与"科学"在实践中互动、在理论中相通，形成互促互进的发展局面和态势。另一方面，马克思主义与"科学"是互生互动的。科学精神、科学理念在中国传播，与马克思主义在中国大地的生根发展密切关联。在这一进程中必然形成马克思主义和"科学"观念的纠缠和互动。作为马克思主义在中国传播的思想基础和前提的科学主义的盛行，是与马克思主义在中国的发展同步进行的。两者同时迎合了中国人救亡图存的现实需求，而在五四运动前后充当了文化权威，并在"唯物史观"那里实现了结盟。两者的内在关联显示了科学主义对马克思主义中国化所起的重要推动作用。也就是说，"科学"作为一种观念在中国的传播与发展，与马克思主义在中国的传播与发展是相伴而行的。在此过程中，科学主义营造的"科学万能"理念，是马克思主义传播的重要条件。马克思主义者一直把马克思主义特别是唯物史观赋予"科学"形象，将唯物史观"科学化"，并借此探究中国的历史、现状，审视和寻求中国现代化之路。可以说，马克思主义与"科学"的互动，使得科学的价值、科学精神与马克思主义指导下的民族独立、国家富强直接联系起来。

（二）心系国，图兴国之业

在旧中国的社会政治历史条件下，科学的发展面临着种种困难，最根本的原因就在于缺乏稳定的社会环境以及缺乏统一的中央政府的领导。新中国成立之前的100多年间，近代中国社会动荡不安，战乱频仍，无法为科学的发展提供一个良好稳定的社会环境与政治氛围。由于缺乏正确的领导，近代科学始终无法找到正确的发展方向。近代科学难以发展的原因，还在于近代科学的发展是自下而上的，分散、盲目的。这导致它不可能代表广大人民的利益，更不可能与国家的建设相结合。直到新中国成立，科学的发展才在新的历史环境中踏上新的发展阶段。新中国成立后，党的第一代中央领导集体围绕着经济复苏和生产建设这一中心任务，确立了发展科技的主导思想，并制订了具体而详细的实施规划。

新中国成立后，以毛泽东同志为核心的党的第一代中央领导集体进行了披荆斩棘的探索，面对科技薄弱的状况，从宏观上确立了发展科技的主导思想，制定了一系列科技政策。毛泽东说过："我们进入了这样一个时期，就是我们现在所从事的、所思考的、所钻研的，是钻社会主义工业化，钻社会主义改造，钻现代化的国防，并且开始要钻原子能这样的历史的新时期。"[①]1955年1月，党中央正式作出发展原子能事业的战略决策，发展以原子弹、导弹为标志的尖端技术，从而带动全国科技革新。1956年，党中央制定了一份科学技术发展规划纲要，确定了技术革命的主攻方向，并将其确立为具体的课题。

新中国成立初期，苏联一度被认为是我国社会主义建设的指路人，向苏联学习，加强中苏合作，曾是社会主义道路探索的重要方面。为了向苏联学习，新中国开始向苏联派遣留学生。中苏政府还签订了《中苏科学技术合作协定》，倡导两国科技研究的进一步合作。毛泽东等人制定的向苏联学习、与苏联合作的发展战略，改善了新中国成立初期我国的科技研究状况，完善了新中国的科技布局。此外，毛泽东等人还确定了科学研究要立足实践、联系群众的观点，要修正过去自由散漫、脱离现实的作风。

科学为国家建设服务，为人民群众服务，这一决策确立了我国科技发展的正确道路，推动了民众科学文化素养提升，在新中国成立初期正确的政治导向下取得了较大的成功。以毛泽东为代表的党的第一代中央领导集

图1-10　我国第一颗原子弹试爆成功

---

① 毛泽东：《毛泽东文集》第6卷，人民出版社，1999，第395页。

体始终高度重视科学技术发展对于生产力以及社会主义建设的重要作用。他们努力探索，极大地推动了新中国科技工作，中华民族的科技事业随之进入新的发展阶段。然而，20世纪50年代后期，受"左"倾错误影响，加之后来的十年"文革"，我国的科技发展进程遭受严重干扰。

"文革"结束后，科学事业的拨乱反正成为当时社会发展的主要课题。随着全国科技大会的召开，四个现代化理念逐步深化，科学技术发展深入人心，科学技术在我国社会主义现代化进程中逐渐显示出越来越重要的作用。随着改革开放事业进一步发展，根据世界科技发展的新态势，立足于我国科技发展现状，邓小平创造性地提出了科学技术是第一生产力的重要论断。在这一论断的指导下，科学技术的发展坚持引进吸收与自主创新相结合，既要学习世界的前沿科技，也要增强科技自主创新能力。科学技术的发展，本质上是知识问题和人才问题。在中国特色社会主义现代化建设过程中，必须尊重人才、重视教育。要发展科学技术，就要发展自己的高新科技，在世界高科技领域占据一席之地。邓小平认为，如果没有原子弹，没有火箭、卫星，没有取得国际水平的重大科技成果，中国就不会有现在的国际地位，就更不可能赶上世界的发展潮流，因此高科技研究与发展是证明一个民族能力的重要标志。经过邓小平等人的不懈探索和努力，人们进一步增强了对科学技术本质及社会功能的认识，我国的科技事业得到了较快的恢复与发展，形成了"科技兴国"的战略布局。

改革开放以后，随着"科教兴国"战略思想的确立和发展，人们不仅认识到科学技术对于中国的发展和建设至关重要，而且能够理性地对待和认识中国科学发展问题。这无疑标志着理性化科学观在中国的初步形成。以江泽民同志为核心的党的第三代领导集体将科教兴国与可持续发展战略相结合，明确指出现代化建设要使科技发展与资源环境协调发展，实现良性循环。可见，科技发展不再是单纯的经济口号，不再单纯地服务于经济利益。此外，科学界、思想界、理论界提出要尊重科学、理解科学。时代在进步，理念在转换，人们能够以科学理性的态度来对待中国的发展问题，这就是我国理性化科学观初步确立的重要表现。

科教兴国是指全面落实科学技术是第一生产力的思想，坚持教育为本，把科学和教育摆在经济社会发展的重要位置，增强国家的科技实力及向现实生产力转化的能力，提高全民族的科学文化素质，把经济建设转移到依靠科技进步和提高劳动者素质的轨道上来，加速实现国家的繁荣强盛。实现科教兴国，必须优先发展与技术建设挂钩的科学技术，把生产力建设作为科技发展的主要战略，强调科技和经济的融合。深化科技体制改革是增强科技实力的关键环节，同时要明确科学技术的发展和科学精神的关系是密不可分的，大力提高国民的科学文化素质和科学文化精神，做好文化普及工作，实现科技发展的大众化、通俗化。科学技术应当服务于各国人民的共同利益，服务于人类发展和进步的崇高事业。"科教兴国"战略的发展，为我国科学事业建设提供了宝贵的发展机遇，为中国特色社会主义发展提供了前所未有的强大精神动力。

可以说，从"科学救国"经"科学兴国"到"科学发展"的过程中，虽然自始至终都以科学的价值追求为主线，但实际上科学的内涵和外延是不断变化的。到科学发展阶段，人们对科学的理解视域已经发生了重大变化。经由科学发展观到新发展理念的确立，它的内涵更加深刻、视野更加宽广、格局更加宏大，尤其是党的十八大以来，以习近平同志为核心的党中央深刻总结国内外发展经验和教训，分析国内外发展大势，针对我国发展中的突出矛盾和问题，完成了对科学发展观的超越，提出了创新、协调、绿色、开放、共享的新发展理念。新发展理念深刻揭示了实现更高质量、更有效率、更加公平、更加可持续发展的必由之路，是引领我国发展全局深刻变革的科学指引，对于进一步转变发展方式、优化经济结构、转换增长动力，对于推动我国经济实现高质量发展具有重大意义，这是在科学发展道路上我们收获的新硕果。

至此，我们看到了本土化的中国科学动态发展的历史实践过程。今天，人们逐渐认识到科学在创新发展、协调发展、绿色发展、开放发展、共享发展中的重要位置，更加重视科学自身蕴含的深厚人文关怀和价值意义，重视科学发展中真理原则与价值原则的辩证统一，将人的终极关怀，人的政治、经济、文化利益放在一个前所未有的高度上。科学应当是科学知识、科学方法和科学精神三者的辩证统一，所以我们在谋划科学发展方略过程中，应当遵循"以人民为中心"的根本原则和创新、协调、绿色、开放、共享的基本要求。在这一过程中，人们对科学的理解逐渐由实验科学向理论科学转变，体现了一种更加人性、更加多元、更加全面、更加开放包容的倾向。

新中国成立之初，我国的科技基础极为薄弱，科技事业几乎从零开始。1956年，以毛泽东同志为核心的党的第一代中央领导集体向全党全国发出

"向科学进军"的号召，并确立了"重点发展，迎头赶上"的方针。在极为困难的条件下，李四光、钱学森、钱三强、邓稼先等一大批老一辈科学家，展现了深沉的爱国情怀，始终坚持自力更生、艰苦奋斗，创造了包括"两弹一星"

图1-11 "神舟十二号"发射

在内的一系列举世瞩目的科技奇迹，为我国科技事业发展奠定了重要基础。

1978年3月，邓小平同志在全国科学大会上作出"科学技术是生产力"的重要论断，中国迎来"科学的春天"。孙家栋、袁隆平、王选等一大批杰出科学家坚持科学报国、科技为民，取

得载人航天工程、超级杂交水稻等重大科技创新成果，有力地支撑和引领了我国经济社会发展。

党的十八大以来，我国涌现出了屠呦呦、黄大年、南仁东、钟扬、李保国等一大批爱国科学家。新时代更需要继承和发扬以国家民族命运为己任的爱国主义精神，更需要继续发扬以爱国主义为底色的科学家精神。广大科技工作者要不忘初心、牢记使命，响应党的号召，听从祖国召唤，培育深厚的家国情怀和强烈的社会责任感，为党、为祖国、为人民鞠躬尽瘁、不懈奋斗！

图1-12 "时代楷模"黄大年

站在"两个一百年"奋斗目标历史交会点上，回顾党领导下的科技事业所走过的世纪之路，我们需要讲好科学家故事，弘扬科学家精神，在全社会形成尊重知识、崇尚创新、尊重人才、热爱科学、献身科学的浓厚氛围。我们要进一步鼓舞和激励广大科技工作者争做重大科研成果的创造者、建设科技强国的奉献者、崇高思想品格的践行者、良好社会风尚的引领者，不断向科学技术的广度和深度进军，在建设世界科技强国的伟大进程中奋力书写精彩华章。

改革开放40多年来，我国科技体制发生了重要的变革，多元一体的国家创新体系逐步建立；科技创新开始由跟跑为主，转向更多领域并跑、领跑；从"科学技术是第一生产力"到"创新驱动发展"，无不彰显了科学技术越来越高的社会地位。然而，以好奇心驱动的原始创新问题始终没有得到彻底解决，因大国重器核心技术掌握于他人而处处受制于人。时代召唤务实求真、永无止境的探索精神，"数年磨一剑""长期坐冷板凳"的科学家执着创新精神，以及负责任创新的科学家使命担当。

中国科学由无到有、从弱到强，随着全民教育的进步，公民科学素质显著提高，先辈们百年前盼望的科学昌盛现在可以说是实现了。当年钱学森们从世界各地返回祖国，建设祖国，为的就是那个可爱的中国。今天又出现了一个归国返乡的大潮，一批黄大年们义无反顾地投身祖国建设；还有更多的黄旭华们隐姓埋名筑强国之路，用科学家精神点亮中华民族伟大复兴中国梦。人们常说："科学是无国界的，而科学家是有国界的"。这里强调的是科学家的爱国主义精神和奉献精神，这也是科学家精神区别于科学精神的一个重要方面。心有大我、至诚报国的中国科学家精神需要宣传和弘扬，更需要一代代人来传承和发扬。

新时代有新要求，科学史需要重新认识自己学科的内涵与外延，阐明科学文化的渊源、科学精神的演变以及科学家精神的发展，提出有中国特色的理论与方法。这些新的理念不仅会引发当代中国社会的广泛深刻变革，而且将在建设世界科技强国的伟大征程中持续发挥巨大的作用。

科学格物，历史鉴世，文化润心。回顾近代科学传入中国的历史，何其幸也！展望新时代中国科学的发展，何其壮哉！

第二章 **02**

科学家精神科学内涵

　　一部科学史，也是一部书写科学家精神的历史。放眼21世纪，科学技术迅猛发展，知识经济全面崛起，国际竞争与合作将面临前所未有的挑战。在种种严峻挑战下，中华民族能坚定地屹立于世界民族之林，靠的是人才，是德智体美劳全面发展的一代新人。今天的青少年更应该肩负起民族强盛的历史使命，本书着力于科学性与可读性、思想性与认知性、历史性与时代性相结合，通过一幅幅生动形象的图画以及科学家们艰苦奋斗的传奇佳话来讲述科学发现的真实历史条件和科学工作的艰苦性。科学家们独立思考、敢于质疑、勇于创新、百折不挠的科学精神和他们贯穿于工作始终的宝贵的协作、团结、友爱的人文精神值得我们歌颂和学习。

　　新中国成立以来，中国科技走过了一段既艰辛又辉煌的道路。沿途不仅矗立了老一辈科学家爱国报国、开拓未来、辛勤耕耘、艰苦创业的一座座丰碑，而且留下了新一代科学家爱国强国、进取拼搏、继往开来、勇攀世界科技高峰，不断推进我国科技发展跃上新台阶的坚实足迹。或许，正是在这个意义上，人们才把当代中国科技史看作中国新老科学家团结协作、前仆后继、洋溢着爱国主义精神的奋斗史。新中国新一代科技工作者内心深处强烈的家国情怀，成为当代中国科技进步的巨大动力源泉，真切地代表了中国科技事业发展的希望和未来。

以信息技术、生物技术、新材料技术、新能源技术、空间技术和海洋开发等为代表的新科技革命以及与之相关的高技术产业，经过迅速发展，已在世界范围内形成了激烈竞争态势。面对挑战与机遇，中国新一代科学家以特有的果敢和勇气，并以炽热的爱国主义情感、踏实的工作作风、严谨的治学态度，向世界展示了新一代中华儿女的优秀品质及科技实力。科学家精神气象万千，虽不能穷尽，但汇聚的力量气势磅礴。伟大的时代造就伟大的精神，新时代的科学家精神、企业家精神、工匠精神的汇聚，必将为劳动者增添情怀温度，进而使之迸发出无穷的创新力量。

本章从爱国、创新、求实、奉献、协同、育人六个方面，通过讲述一系列科学家的故事，力求深刻诠释、生动展示科学家精神的实质和内涵，以期在全社会深入弘扬新时代科学家精神，全面加强科研作风和学风建设，助力创新驱动发展战略深入实施，为加快推进世界科技强国建设提供保障。

致敬，"科学家精神"！去引领更加伟大的新时代创新！

一、胸怀祖国、服务人民的爱国精神

（一）"我的中国心"

"河山只在我梦萦，祖国已多年未亲近，可是不管怎样也改变不了我的中国心。"讲到"我的中国心"，那熟悉的旋律在我们的耳畔响起……张明敏一首《我的中国心》时刻提醒我们有国才有家，国育千万家。祖国的兴旺离不开一颗颗中国心、一个个爱国人的默默付出。

2020 年 9 月 11 日，习近平总书记主持召开科学家座谈会并发表重要讲话。习近平指出，科学成就离不开精神支撑。科学家精神是科技工作者在长期科学实践中积累的宝贵精神财富。新中国成立以来，广大科技工作者在祖国大地上树立起一座座科技创新的丰碑，也铸就了独特的精神气质。[①]

"心中有阳光，脚下有力量，为了理想能坚持、不懈怠，才能创造无愧于时代的人生。"[②]这是习近平总书记对青年人的寄语。中国的未来是属于青年人的未来，青年强则国家强。从 20 世纪初开始，便有众多仁人志士怀揣救国理想，肩负振兴中华大任留学海外，寻求救国救民的道路。像周恩来、邓小平等老一辈革命家们，为了推翻旧世界、建立新中国，他们胸怀祖国、放眼世界，殚精竭虑、苦苦求知。他们归国后，投身到新民主主义革命的伟大事业中。新中国成立后，被誉为"中国航天之父"的钱学森和被誉为"中国核弹之父"的邓稼先等老一辈科学家们，放弃了美国优厚的待遇并克服重重困难，回到了当时"一穷二白"的祖国，为祖国的腾飞发展作出了巨大的贡献。他们是留学报国、胸怀祖国的仁人志士，更是擎起祖国未来的民族栋梁。所以说，只有胸怀

---

① 习近平：《在科学家座谈会上的讲话》，《人民日报》2020 年 9 月 12 日，第 2 版。
② 习近平：《在知识分子、劳动模范、青年代表座谈会上的讲话》，《人民日报》2016 年 4 月 30 日，第 2 版。

祖国，才能更好地放眼世界。

伟大的事业需要伟大的精神。恩格斯在《自然辩证法》中指出，思维着的精神是地球上最美丽的花朵。正因为有科学家精神的价值引领，科学才有不囿于时代的动人魅力。百余年来，特别是新中国成立以来，一代代中国科技工作者投身创新报国实践，他们塑造的"两弹一星"精神、载人航天精神、西迁精神等科学家精神彪炳史册，成为民族精神的重要组成部分，薪火相传、生机勃勃。

科技兴则民族兴，科技强则国家强。进入新时代，中国科技由跟跑、并跑到领跑，开始向建设世界科技强国目标迈进，我们比以往更加强烈地需要大力弘扬科学家精神，需要广大科技工作者把握大势、抢占先机，直面问题、迎难而上，争做重大科研成果的创造者、建设科技强国的奉献者、崇高思想品格的践行者、良好社会风尚的引领者。白求恩精神、探月精神以及伟大抗疫精神等都体现了新时代科学家精神，其中首要的就是胸怀祖国、服务人民的爱国精神。胸怀祖国就体现了无论他们人在何处，但心里始终与祖国紧紧相连，无不体现着"我的中国心"。

1. 丁肇中：爱祖国，爱科学，双爱双荣

1936年1月27日，丁肇中出生在一个重视教育的高级知识分子家庭，从小就听父亲讲牛顿、爱因斯坦、居里夫人等物理学家的故事。他听着，听着，便对科学产生了浓厚的兴趣。那个没怎么念过书、做过学徒、自学化学和电学、最终发明了发电机和电动机的法拉第，渐渐成了他儿时最喜欢的物理学家。也许从那时开始，他便与科学结下了奇妙的不解之缘。

（1）探赜索隐：迈向物理金字塔尖

1956年9月，21岁的丁肇中只身一人赴美国密歇根大学继续学习数学和物理学。当时他身无分文，靠着奖学金完成学业。无论是做实验，还是日常看书，丁肇中始终走在挑战权威的路上。他认为，科学发展就是推翻现有的常识，挑战看似不可能的事，"做基础研究要有信心，你认为是正确的事，就要坚持去做；不要因为多数人的反对而不做，也不要去管其他人怎么看。"在课题研究方面，与别人离不开书本上的内容不同，丁肇中很少依靠书本。他觉得，书本里都是别人在讲已有的知识，而自己要做别人不了解的、没做过的、

图 2-1　丁肇中

全新的研究。因此，在大部分时间里，丁肇中都在反复思考实验的每个细节，"我做的几乎每一个实验都受到大量科学家的反对；但科学的发展是多数服从少数，当少数人把大多数人的观点推翻了以后，科学才能向前走。"

有人问他，"这样刻苦攻读，你不觉得苦吗？"

他笑着答道："不，不，不，一点也不。没有任何人强迫我这样做，正相反，我觉得很快活。因为我有兴趣。我急于要探索物质世界的秘密！"

一路不曾停歇，一路无比艰难；然而，在这质疑和压力之下，却绽放出绚烂的科研之花。从初出茅庐的青年学者，到赫赫有名的权威人物，他在高能物理实验领域纵情发挥才学，发现反氘原子核，发现胶子喷流，寻找宇宙中的暗物质和反物质，寻找新粒子和新的物理现象。……丁肇中享誉无数，但他始终保持着最初的模样，勤勤恳恳搞学问、兢兢业业做研究。或许，这就是一个物理学家最淳朴也最极致的样子。

（2）诺奖致辞："我就要用中文"

1974 年 11 月 10 日，丁肇中所领导的小组取得了巨大的开创性成就——因发现"J 粒子"而轰动全世界。两年后，他获得了诺贝尔物理学奖。在这个风华正茂、尊荣满身的幸福时刻，在这个举世闻名、万众瞩目的科研舞台中央，他做出了一个极其庄重而神圣的决定——通知瑞典皇家科学院，"我要用中文在颁奖典礼上发言。"美国驻瑞典大使找到丁肇中，非常不满地说："我们美国和中国关系非常不好，你用中文（发言）是不对的。"面对工作人员的强硬态度，丁肇中毫不留情地顶了回去，"我这么做，就是因为在颁奖典礼上从来没有出现过中文。中文是世界上最重要的语言之一，我就是要用中文，你管不着！"站在欧美的主场，说出振奋人心的中文，这样的事情从来没有发生过。可想而知，背后他承受了多大的压力。有史以来从未使用过的一种语言——中文，在瑞典皇家科学院这座云集了欧美面孔的金色大厅通过广播四处回响，这是中文第一次承载着无上的荣耀，响彻在诺贝尔奖颁奖现场。丁肇中让人们在诺贝尔奖这么重要的世界级场合中，第一次听到了中国话。他还在致词中引经据典："中国有句古话说，劳心者治人，劳力者治于人。"虽然身在西方世界，成就和荣誉等身，可他从来没有忘记自己是个中国人。在我国科技羸弱之际，在祖国还不够强大之时，他的勇气和信念是如此炽热，"我想让世界知道，中国以后一定是科技强国，未来我也会为中国的科技贡献自己的一份力。"

（3）名满天下：念念不忘的是中国乡土

"无论身在何处，中国才是真正的家。"他从来没有忘记，自己的根在哪里。丁肇中如他所说的那样，不遗余力地培养中国的物理学家，力图让祖国的科技不断发展进步。因为有他在，中国高能物理人才辈出：他的学生们回国之后，成功地建造了中国第一个大科学装置——北京正负电子对撞机，成功地开创了我国中微子实验研究，成功地在粒子物理实验中取得突出贡献，多次获得国际国内大奖。一个个"丁肇中学者"站在他的肩膀之上，在科学舞台上大放光彩，推动着中国物理科研巨轮滚滚前行。

2017年，当听闻家乡日照市要建科技馆时，丁肇中不仅亲自参加开工奠基，而且把全球唯一一个全尺寸"黑洞上的磁谱仪"模型赠送给日照市科技馆。在打造该模型的时候，已经82岁的丁肇中把自己的座位移到离大屏幕最近的位置，皱起眉头，紧盯PPT中的每一处细节。在展现其中一组效果图时，他马上表示有几张"看不明白"，"这些图是在哪里找到的？谁提供的？"设计师顿时"露了怯"，"网上查到的。"丁肇中严肃起来，"这个不是实验效果该有的样子，这些图连我都看不懂，让别人怎么理解？"足足3个小时，他质疑纠错42处。这位老人对待科学的认真劲，感动了在场的每一个人。此外，他还把自己的大量科研成果资料也都保存在日照市科技馆。日照市科技馆成为全球最丰富、最全面、最权威的收藏丁肇中科研成果资料的科技馆。丁肇中说，他要在家乡洒满科学的种子，因为科学的火种就是民族的未来。

家国使命扛在己肩，格物求知一往无前。耄耋之年的丁肇中依然投身于科研一线，述说着他的物理发现和物理观。他还在关心中国的科研发展，还在努力地想要为中国再做许多许多。如果说一切真的有一个终点，那也许就是"春蚕到死丝方尽，蜡炬成灰泪始干"。

2. 吴健雄：心系中华，伟大而平实的一生

1912年5月31日，吴健雄出生在江南水乡太仓浏河的一个书香世家。伴着父亲吴仲裔的人格启蒙，吴健雄在吴仲裔创办的明德女子职业学校接受小学教育。思想开明的父亲是吴健雄幼年成长的重要引导者，吴健雄曾说："我的父亲是一个教育家，他超越了他的时代。"

1930年，吴健雄被保送到南京中央大学数学系。一年后，一直以居里夫人为典范的吴健雄出于对物理学的喜爱，从数学系转入物理系。在中央大学的六朝松下、大礼堂前，在图书馆里，在科学馆内，在北极阁山脚下的女生宿舍内，在居里夫人的学生、中国著名物理学家施士元以及物理系方光圻、张钰哲、倪尚达等名师的教育和熏陶下，她废寝忘食地进行物理学前沿研究，走上了探求科学真理的道路。

1936年8月，25岁的吴健雄远渡重洋到美国加利福尼亚大学伯克利分校物理系求学。两年后，吴健雄正式开始了后来给她带来巨大声誉的原子核物理实验。

1944年，吴健雄以外国人的身份参加了"曼哈顿计划"，她的一项关于铀原子核分裂后产生的氙气对中子吸收截面研究的实验结果，解决了核反应堆因放射性惰性气体氙的影响而使核分裂反应停止的问题，对"曼哈

图 2-2 吴健雄

顿计划"完成起到了重要的作用。

作为一个中国人，吴健雄深深地热爱着自己的祖国。从1936年离开祖国到美国求学，到1997年去世，吴健雄在美国生活了整整61年，她的故乡情、爱国心却丝毫没有改变。她以自己是一个中国人而自豪。1973年9月22日，吴健雄和袁家骝夫妇终于回到了让他们魂牵梦萦的祖国，并受到周恩来、邓颖超、邓小平等党和国家领导人的亲切接见。这是吴健雄最心潮难平的一刻，因为从此她有了直接报效祖国的机会。

自此以后，吴健雄几乎每年都要回国访问和讲学。她十分关心祖国的科学事业，她对北京的正负电子对撞机、合肥的高步辐射加速器等实验设备研制给予了极大的关注。她还时刻关心着祖国的教育事业，并对祖国的高等教育和乡村基础教育作出了重要贡献。伊人已逝，吴健雄的科学精神和崇高品质将永垂人间。天上有颗"吴健雄星"，那是智慧之星在为我们启明。

3. 姚桐斌：胸怀天下守初心，情系祖国担使命

1922年，姚桐斌出生于江苏无锡黄土塘镇。1946年，姚桐斌参加了抗战胜利后的第一次公费留学考试并以优异成绩被录取，他去了工业革命的故乡——英国。1947年，他师从国际铸造学会副主席、伯明翰大学终身教授康德西（V. Kondic）博士，在工业冶金系攻读博士学位。姚桐斌在英国留学时有两个担忧：一是怕在国外的优裕环境中沾染资产阶级习性；二是怕所学的东西对人民大众没有直接的用处。他一直心系祖国并为之积极宣传，他跑遍英伦三岛，被人们誉为"红色信使"。

图2-3　姚桐斌

姚桐斌在留学期间，在宣传社会主义祖国、让人们了解新中国的同时，也为自己的学术研究奠定了坚实的基础：他撰写了关于冶金、铸造方面的8篇科技论文，也写了多篇关于金属黏性及流动性的论文，并自制仪器研究金属黏性，展现了自己扎实严谨的学术基础和工作作风。

（二）"我来自人民，要继续为人民服务"

祖国培育我，人民培育我，我要继续为人民发光发热，这是每一位科学家坚守的初心。在新中国成立初期，有2000多名旅居海外的科学家归国，为的是给祖国建设添砖加瓦，为的是祖国科技事业的腾飞发展，为的是给核工业、军事工业、航空航天、激光、采矿、医药等科学事业发展打下基础，为的是创立诸多国内第一。他们是当时中国科技发展的中流砥柱。

1. 叶培建："我来自人民，要继续为人民服务"

"我来自人民，要继续为人民服务"，这是"人民科学家"叶培建老先生说的一句话。叶培建被授予了"人民科学家"荣誉称号，他说这个称号荣誉太高，自己必须作出点贡献来才配得上这个称号。"人民科学家"是2019年为庆祝中华人民共和国成立70周年，隆重表彰为新中国建设和发展作出杰出贡献的功勋模范人物颁授的国家荣誉称号。谈及这个至高的荣誉称号，叶培建有三个理解：第一点是"这是人民给我的"，第二点是"我是人民的一分子"，第三点是"我要继续为人民服务"。叶培建从事航天事业五十余年，在他的理解中航天强国即为圆梦。他在空间技术、空间科学、空间应用方面成就显著：他是我国第一代传输型对地观测卫星总设计师兼总指挥，我国第一颗月球探测器"嫦娥一号"总设计师兼总指挥，我国第一个月球软着陆无人探测器"嫦娥三号"探测器系统首席科学家，"嫦娥二号""嫦娥四号""嫦娥五号"试验器总指挥和总设计师顾问。面对航天事业，他的眼光极为长远。每一位科学家的成功并不是一帆风顺的，有一次在谈及他在航天事业上遇到的挫折时，他想起了2002年"资源二号"卫星升空后失联的那一次。那是他正式担任总设计师兼总指挥研制的第一颗卫星。卫星上天之后，他却接到了卫星没有按指令工作的消息。叶培建回忆："我希望那个车从山上掉下去，把我摔死。""摔下去，我是烈士，卫星丢了，无法交代。"把卫星看得比命还重要的他振作精神、冷静下来之后，认真分析了其中原因，发现是地面指令出了错误。第二天，在重新检查好一切工作后，重新发射了"这颗命运多舛的卫星"，卫星不但顺利地升空，而且在预计工作两年的基础上增加了三年的工作量。在经历了一次次喜悦与悲伤的洗礼之后，叶培建认识到真正的航天精神是包含爱国主义的精神，是积极向上的精神，是不畏困难勇往直前的精神，是团结的精神。

现在的叶培建虽然工作繁忙，但他还是积极参加科普活动，为祖国的未来播撒航天科学的种子。因为航天话题很受关注，而他的讲解中有很多生动的故事，因此受到观众的欢迎，现场往往座无虚席，甚至连走廊上都坐满了人，远远地看着他拿着皮球、雨伞、泡沫板等道具，展示深奥难懂的航天技术。

图2-4　叶培建

在被问及对青年一代有什么期待时，他向记者展示了前一天刚刚收到的学生回信，认为"这是最好的回答"。信中，小学生以工整的字迹写道："敬爱的叶爷爷，您满腔的爱国情怀，执着不弃的事业追求，敢为人先的担当精神，让我们无比敬仰。您为我们种下的科学种子，一定会茁壮成长，我们全体少先队员，会牢记着您给我们的题词：仰望星空，探索未来。"

在中华民族史册上，有多少仁人志士怀揣着一颗"我要继续为人民服务"的心。从西汉初年的贾谊在他的《治安策》中提出的"国而忘家，公而患私"，到范仲淹的"先天下之忧而忧，后天下之乐而乐"，再到林则徐"苟利国家生死以，岂因祸福避趋之"，而后孙中山的"天下为公"、毛泽东的"为人民服务"以及习近平的"我将无我，不负人民"，无不体现着这种无私奉献的服务精神。新中国成立以来，我国科技事业所取得的每一个辉煌成就，都体现了科学家矢志报国、服务人民的高尚情怀和优秀品质。发展科技的目的在于更好地服务人民。人民的需要和呼唤，是科技进步和创新的时代声音。"穷理以致其知，反躬以践其实。"科学研究既要追求知识和真理，也要服务于社会和人民。广大科技工作者要想人民之所想、急人民之所急，把满足人民对美好生活的向往作为科技创新的落脚点，把惠民、利民、富民、改善民生作为科技创新的重要方向，创造出更多高质量的科技供给，让"物的科学世界"更好地服务于"人的生活世界"。青少年更应该秉持这种观念，时刻提醒自己要用最初的心做永远的事。

科学没有国界，但科学家有祖国。23 位"两弹一星"元勋中，有 21 人是"海归"。从钱学森、朱光亚、邓稼先等老一辈科技工作者，到黄大年、南仁东等当代科技工作者，国家至上、民族至上、人民至上是其不变的信条，胸怀大局、心有大我、以身许国是其共同选择。

2. 钱学森：历经千险，回到祖国

1950 年，钱学森开始争取回归祖国，而当时的美国海军次长金布尔声称："钱学森无论走到哪里，都抵得上 5 个师的兵力。我宁可把他击毙在美国，也不能让他离开。"钱学森由此受到美国政府迫害，遭到软禁，失去自由。1955 年 10 月，经过周恩来总理及外交人员的不懈努力，包括以释放 2 批 15 名在抗美援朝战争中被俘的美军飞行员作为交换条件，钱学森终于冲破重重阻力回到了祖国。自 1958 年 4 月起，他长期担任火箭导弹和航天器研制的技术领导职务，给中国火箭和导弹技术发展提出了极为重要的实施方案，为中国火箭、导弹和航天事业发展作出了不可磨灭的巨大贡献。

3. 朱光亚：回国不可阻挡

1950 年初，朱光亚在返国途中联合 51 名旅美留学生起草的《致全美中国留学生的一封公开信》中写道："让我们回去，把我们的血汗洒在祖国的土地上，灌溉出灿烂的花朵。"

"祖国的建设急切地需要我们"。"听吧！祖国在向我们召唤，四万万五千万的父老兄弟在向我们召唤，五千年的光辉在向我们召唤，我们的人民政府在向我们召唤！"这些都是朱光亚时刻印在脑海里的话语，是胸怀祖国、渴望回到祖国的心声。

图 2-5 朱光亚

黄大年也曾对自己的学生说："你们一定要出去，出去了一定要回来；你们一定要有出息，出息了一定要报国!"他们用

实际行动诠释了心有大我、至诚报国的浓烈情怀，不愧为国家栋梁、民族脊梁。当前，面对高质量发展的重要任务，面对科技革命和产业变革的滚滚潮流，广大科技工作者要坚持把爱国之情、报国之志融入祖国改革发展的伟大事业之中，着力攻克事关国家安全、经济发展、生态保护等的基础前沿难题和关键核心技术，勇攀科技新高峰，建功立业新时代。

4. 梁思礼：践行报效祖国的诺言

国之辉煌，国之骄傲，国之昌盛，科技的腾飞离不开科学家们胸怀祖国、服务人民的爱国精神。正是有了老一辈科学家们坚守"我来自人民，我要继续为人民服务"的爱国情愫，才有今天科技的强盛。2006 年至 2012 年，教育部曾委托一个特殊的协会——中国老教授协会，为高校学生开设"当代中国国情与青年的历史责任"课程。在这个课程上，有一位老教授的讲课内容吸引了线上线下共计 6 万余名学生，他讲课的内容是："我在美国留学时有一个好朋友，我选择了回国，而他留在了美国。他搞的是美国的洲际导弹，我搞的是中国的洲际导弹。他的年薪是 30 万美元，而我的工资只有他的百分之一。他住在西雅图一个小岛的高级别墅里，而我住在普通的单元房里。有人问我对此有何想法？我的回答是，他干的导弹是瞄准中国的，我干的导弹是保卫我们祖国的！从第一颗原子弹、第一枚导弹、第一颗人造地球卫星到第一艘神舟飞船，我回国后和第一代航天战士一起，白手起家、自力更生，创建起完整坚实的中国航天事业。能为此奉献一生，我感到无比的自豪和光荣。"[1]讲话完毕后，整个报告厅响起了经久不息的掌声。这位老教授就是梁思礼，他不仅是梁启超的幼子，更是原航天工业部总工程师。

1941 年，怀着工业救国的梦想，梁思礼赴美留学。寒窗苦读八年获得博士学位后，他毅然选择回到祖国。在拿到毕业证的那天，梁思礼和所有的毕业生一样满心欢喜。但与众人不同的是，他心中埋藏的梦想在隐隐发热。他很快查询了回祖国的轮渡，在 1949 年 9 月乘坐着"克利夫兰总统号"，以新中国成立后第一批旅美归国的中国留学生身份回到祖国。

---

[1] 2009 年 9 月 16 日，梁思礼在北京交通大学"当代中国国情与青年的历史责任"课程讲座上的讲话。

在船行驶的过程中，梁思礼随身携带了一台收音机。在广阔的大海上，25岁的梁思礼低头调试着频道，居然成功地收到了信号。夹杂着电流的声音从简陋的喇叭中传出，但是梁思礼还是听清了从祖国传来的声音："中华人民共和国中央人民政府今天成立了！"

图2-6 梁思礼（右下）

回国之后，梁思礼没有马上从事与自己专业对口的工作。直至1956年，国家制定《十二年科技规划》，梁思礼终于开始从事与自动控制相关的工作。经历了从"少年"到"中年"的磨砺，用了近3年时间，梁思礼和研究人员终于盼来了第一枚研究成型的导弹。经过反复试验，在1960年11月5日，我国第一枚导弹"东风一号"试验成功，其射程比它的参照物苏式导弹远出一倍！"东风速递，使命必达！"梁思礼身体力行践行着报效祖国的诺言，年近六旬时他仍然挑大梁进行远征导弹和"长征二号"研制工作。他被称为航天质量可靠性工程学开创者和学科带头人，也是航天CAD技术倡导者和奠基人，为中国航天事业作出了重大贡献。

"人生并不是短短的一支蜡烛，而是由我们暂时拿着的一支火炬。我们一定要把它燃烧得十分光明灿烂，然后把它交给后一代人们。"这段话出自萧伯纳之口，也是梁思礼的座右铭。科学家们胸怀祖国、服务人民的爱国精神让我们深深折服，我们要从科学家精神中汲取成长的养分，做新时代追梦人。

二、勇攀高峰、敢为人先的创新精神

"创新"一词从进入我们的视野后，就一直是我们关注的重点。"创新"这个词语涉及的领域非常广泛，小到衣食住行等基本需要，大到军事、科技、医疗、航天、教育等各领域。通过创新，我国从高速发展转向高质量发展，我们将主动权和话语权牢牢掌握在自己的手里。熊彼特作为"创新理论"的开创者，他用独有的方式关注着创新，为许多经济学家探讨创新提供了思想源泉和不竭动力。其实早在马克思的《资本论》等著作中就有创新思想的"苗头"，这一点是不可否认的，就连熊彼特本人也承认马克思是创新思想的奠基人。马克思的创新观点并不局限于经济学领域，他将经济发展与社会进步结合起来，而社会发展离不开科技进步。科学家所展示出来的勇攀高峰、敢为人先的创新精神，是我国科技发展的巨大动力。没有科学家精神的脊梁，就难有立得住的科学成果。勇攀高峰、敢为人先的创新精神，是大力弘扬新时代科学家精神的重要方面。

2019年1月，习近平总书记对科技工作者的谈话，再次强调了创新事业的重要性。牢记使命担当，不惧艰难困苦，坚定创新勇气，探索创新道路，广大科技工作者才能在新的长征路上谱写豪情万丈的新篇章。

勇攀高峰、敢为人先，首要的是责任担当。科技创新是破解国家发展中面临的诸多困局与难题的金钥匙。当下，科技越来越深刻地影响着经济、政治、文化、社会、生态等方方面面，国家和人民对科技工作者承担的社会责任有了更高的要求和期待。从"科技报国""科教兴国"到"科技强国"，科技工作者的时代使命也随着国家发展不断更新。"凡益之道，与时偕行。"锚定自身工作在社会、历史上的坐标位置，坚定敢为天下先的自信和勇气，面向世界科技前沿，面向国民经济主战场，面向国家重大战略需求，抢占科技竞争和未来发展制高点，是新时代科技工作者当仁不让的使命所在、责任所在。

勇攀高峰、敢为人先，要有卓绝的勇气。无限风光在险峰。科技工作者要有志在最高峰的心气。正因为攀登高峰危险而艰辛，山顶的风景才格外高远而壮阔。科技工作者要有不畏挫折的勇气。科技创新要想人之不敢想，做人之不敢做，凡要突破必然面临风险；成功之路没有捷径和坦途，必然需无数次试错和失败铺就。"时代楷模"南仁东花费22年让"中国天眼"从设想变成现实，他用自己的腿脚丈量每一座塔的塔顶高度，在近70岁高龄时还亲自参与"小飞人"载人试验；诺贝尔生理学或医学奖得主屠呦呦，为研发抗疟疾新药，对200多种中药的380多个提取物进行筛选，并经过190多次实验失败，最终才成功得到青蒿中性提取物"191号样品"。搞科研，科技工作者须得拿出"狭路相逢勇者胜"的决心与"吃得草根，百事可做"的韧劲。

勇攀高峰、敢为人先，要紧紧咬住创新。科技工作者的目光要永远注视着新的地平线。我国科技发展的方向就是创新、创新、再创新。当今世界，国家之间的竞争更多地是科技力量的竞争，新时代科技工作者要树立独立自主意识，做好挑战权威的思想准备。走别人的路永远只能做追随者，掌握核心技术，敢于开拓自己的路，才能走在别人前面。新一轮科技革命和产业变革已风起云涌，世界经济格局重塑已势不可挡，科技工作者要坚持创新发展理念，抓住科技自立时机，在独创独有上下功夫，尤其要在解决受制于人的重大瓶颈问题上闯出新路来，把主动权牢牢掌握在自己手中。

（一）"无限风光在险峰"

吾志犹在砥砺行，时刻谨记初心与使命。只有砥砺前行再登高，才能奋进科学的新时代。在不断学习过程中，热爱引导我们进入感兴趣的研究领域，我们在此研究方向上一以贯之、孜孜以求。在科学研究的道路上没有平坦的大道，科学家们勇攀科学高峰，是为人民、为祖国，为欣赏险峰上的无限风光！

1. 刘廷析：吾志犹在砥砺行

刘廷析是一位"泡"在实验室里勇攀科学高峰的青年科学家，他是中国科学院上海生命科学研究院健康科学研究所/上海交通大学医学院健康科学研究所发育与疾病实验室研究组长。刘廷析一生致力于使用斑马鱼发育–疾病模式生物体进行人类造血系统发育、造血干细胞和白血病肿瘤干细胞的分子遗传学研究和转化型医学研究。

2011年7月16日，刘廷析病逝，年仅44岁。让他依依不舍的是他的学生、爱妻、幼子，还有未竟的事业和5万条斑马鱼。"炎夏夜梦长，忽惊晨星落；难别手足情，浊泪忍愈多。攻坚君犹在，坦荡兼执着；丹心化神奇，科学终伏魔。"刘廷析英年早逝，令他的恩师陈竺院士十分悲痛，含泪写下一首五律诗悼念爱徒。拥有加、美、英、意、德五国院士头衔的生命科学界权威麦德华教授不禁扼腕叹息："他是一个很好很好的科学家，一个真正的科学家啊！"

刘廷析成长于一个普通的医务工作者家庭，在本科刚毕业的时候他一度对临床医学非常感兴趣，但在贵阳医学院附属医院轮转到血液科时，目睹一个个年轻的白血病患者离世，他感受到了挑战。当时有一个得了急性早幼粒细胞白血病的女孩，凝血机制很差，一出血就会有生命危险。女孩初潮，出血不止，她拉着刘廷析的手说："医生叔叔，我好害怕，救救我。"结果第二天，女孩就去世了。这件事之后，刘廷析立志向血液病宣战。刘廷析在美国进行博士后研究时被斑马鱼这种脊椎动物迷住了，这种动物非常适合用于研究早期发育事

图2-7　刘廷析在喂斑马鱼

件。他说，在观察斑马鱼整个发育过程时，看到斑马鱼的心脏第一次起跳，看到它的全身血液第一次灌流，那种震撼是永远也忘不了的。在哈佛的五年半时间，刘廷析几乎都用在钻研斑马鱼上。实验结果证实，斑马鱼是一种很好的疾病模式生物，在白血病研究中将会创造极大的价值。

回国后，他从零开始，和妻子一起筹建斑马鱼模式生物平台。经过两个多月的辛勤努力建成了占地250平方米、整齐排列着2500个鱼缸、可养殖约5万条斑马鱼的鱼房，为研究创造了条件。从那以后，刘廷析几乎天天"泡"在实验室和鱼房。在刘廷析的实验室门口，养着一缸斑马鱼供观赏；在瑞金医院的地下室里，刘廷析更是养了5万条斑马鱼用于研究工作。这些斑马鱼凝结着他毕生的心血。当时，国内的斑马鱼平台还不多。他和他的研究团队在6年时间内筹建"发育与疾病"研究组并建立斑马鱼技术平台，使用斑马鱼这一发育-疾病模式生物，进行造血系统发育与疾病的分子遗传学、发育生物学研究和转化医学研究。刘廷析也被聘为科技部国家重大科学研究计划项目首席科学家，并入选多项人才计划，获得诸多奖项。

斑马鱼是他的"命根子"，他对斑马鱼平台管理的苛刻很出名。刘廷析的斑马鱼资源库和技术平台已为国内多个科研单位提供了斑马鱼正常或突变品系

图2-8　刘廷析和学生在实验室

资源、人员技术培训及课题合作。由他率先创建的有效的、可遗传的斑马鱼基因敲减技术为解决斑马鱼基因功能研究所面临的瓶颈提供了新的方法和手段，在国际上引起了很大反响，已有美国、英国、法国、日本、德国、加拿大等国家的52个实验室相继前来索取实验资源。

"一个实验室没有文化就等于没有灵魂。"刘廷析曾说，他的实验室就是要让想做事的人能做事，让能做事的人做成事，让能做成事的人做大事。病逝前，他躺在病榻上仍不忘鼓励他的学生勇攀科学高峰。他在2011年6月18日给学生的一封邮件中写道："每一个人都带着天生的才能来到这个世界，同时每一个人也有着自身的限制（内心的限制和环境的限制）。一个英雄的成长过程不仅包括对自身天生才能的发挥，更是包含了对这些限制的不断克服！"当我们对他的事迹介绍告一段落之际，我们对他英年早逝深深地感到惋惜，同时也为他开拓创新、严谨求实的科学精神所折服，为他那忠诚爱国、无私奉献的高尚品德所感动。实验室是科学家的"家"，是培养创新人才的摇篮。刘廷析以实验室为家，以斑马鱼房为家，全身心地"泡"在实验室里，视事业为生命，毕生致力于科学研究。他在回国后的6年里，取得了非常丰硕的科研成果，同时又为培养学生呕心沥血，言传身教、宽严相济，把自己的科学精神、道德品质传承给了学生。刘廷析几乎是用生命托举起他的学生的未来。他常常讲，在实验室里,学生永远是第一位的,培养学生是这个实验室的使命,是这个实验室存在的理由。实验室的每一名工作人员,包括他自己,都是为学生服务的。他对培育人才的炽热情感,他对学生大爱无疆的师德风范,值得我们永远学习。他是一位怀着赤子之心报效国家的当代科研工作者的杰出代表,他的实验室未竟的事业仍在延续。

刘廷析用他的事迹告诉我们,创新与现有的、常规的不同,很多时候是从空白起步、从零开始,通过持之以恒的努力实现突破,走出一片新天地。因为与众不同,所以成功不易。现实中,许多科技工作者花费大量的时间和精力,投入巨大的资源,矢志不渝推进创新。但理想很丰满,现实很骨感,成功的不多,失败的不少,创新路上留下了许多失败的无奈。可见,"创新从来都是九死一生"并不是一句空话,而是对现实的深刻总结。可以说,勇攀科学高峰实属不易!

2. 张改平:勇攀动物免疫学高峰

岁月如絮如烟,潮汐亦起亦伏,事业可歌可泣。张改平,这位年轻的中国工程院院士,现任农业农村部动物免疫学重点开放实验室主任、河南省农业科学院副院长。多年来,他热爱科学,长期从事动物病毒致病机制、动物重大疫病快速监测技术和食品安全快速检测技术研究。在科学探索的道路上,他勇于攀登、敢于创新。他开创的"畜禽疫病快速诊断试纸技术"填补了国内外的空白,实现了动物疫病快速检测领域多年来梦寐以求的一步法检测的愿望,为我国动物疫病诊断、免疫评价和食品安全监控作出了重要贡献。

张改平为研制治疗人类免疫病的新药提供了新途径,在人类免疫问题上不断创新。如此年轻就取得这么大的成就,张改平奋斗的脚步从未就此停止。他建立了半抗原免疫试纸快速检测技术体系,研制出5大类15种违禁药物快速检测试纸系列产品,实现了药物残留的简便、低成本快速检测,为动物源性食品安全监控提供了技术保障。2008年,"生猪违禁药物残留免疫试纸快速检测技术"获得国家科技进步二等奖。他建立了抗体免疫试纸快速检测技术体系,研制出动物疫病及人畜共患病抗体快速检测试纸系列产品,实现了动物疫病抗体水平实时监测,为疫苗免疫效果评价和动物疫病监测提供了先进的技术手段。2008年,"猪旋毛虫病快速诊断试纸的研究"获得河南省科技进步一等奖(抗

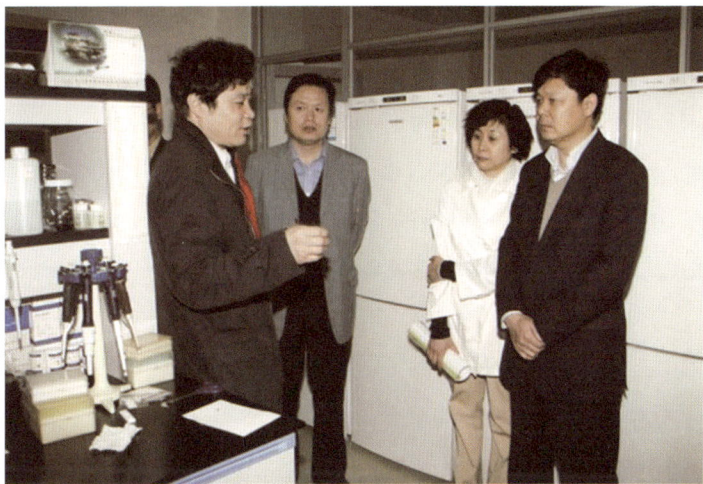

图 2-9 张改平（左一）

体检测）。

当时国际上共发现 11 个猪、牛、羊动物免疫球蛋白 Fc 受体分子，其中 10 个是张改平的研究团队发现的。他们的研究不仅揭示了猪繁殖呼吸综合征（蓝耳病）病毒感染抗体依赖性增强作用的分子机制，还建立了蓝耳病病毒 ADE 感染检测的新方法，对该重大疫病防控具有重要意义。更为重要的是，这些研究还为研制治疗人类自身免疫病这类疑难疾病的新药提供了新途径。[①]

（二）"丹心未泯创新愿，白发犹残求是辉"

勇攀高峰敢为人先，敢为人所不愿为。我国进入新的发展阶段，当今世界也正经历百年未有之大变局。这样的局面对加快科技创新提出更为急迫的要求。"我们必须走出适合国情的创新路子，特别是要把原始创新能力提升摆在更加突出的位置，努力实现更多'从 0 到 1'的突破。"[②]要摆脱"跟着别人走"的窘境，必须以科学家精神引领创新之路。我国科技事业取得的一系列辉煌成就，是一代又一代科学家前仆后继、接续奋斗的结果。他们让敢为人先的

[①] 马君珂、邢广旭：《勇攀动物免疫学高峰的科学家——张改平》，《农家参谋》2010 年第 8 期，第 6-7 页。

[②] 余建斌：《坚持向科技创新要答案（人民时评）》，《人民日报》2020 年 12 月 16 日，第 5 版。

创新精神和胸怀祖国、服务人民的爱国精神熠熠生辉，成为新时代广大科学家和科技工作者不断向科学技术广度和深度进军的永恒动力。

唯有以科学家精神为引领，不断提升原始创新能力，让科技创新的底气更足、更强劲，把握大势、抢占先机，直面问题、迎难而上，用更多"从0到1"的突破再树科技创新的丰碑，才能真正肩负起历史赋予的重任，把科技自主权、发展主动权牢牢掌握在自己手中。

1."中国量子化学之父"唐敖庆

苏步青老先生曾说："丹心未泯创新愿，白发犹残求是辉。"意思是，雄心未灭而且有新的期望，虽然白发苍苍但还要寻找真理和新的辉煌。现如今，唱响《跟着共产党走向新辉煌》的胜利强音，是"丹心未泯创新愿，白发犹残求是辉"的劲头，是一部用使命引领前进道路的百年辉煌史。牢记使命，方可笃行致远。谈及创新精神，尤其谈及敢为人先的科学家创新精神，让人首先想到的是这样一句话："国家需要我便义无反顾"。1950年，新中国成立伊始，百废待兴。1952年，他漂洋过海，从美国回到祖国。1954年，他前往东北人民大学（吉林大学前身），与物理化学家蔡镏生等人合作，白手起家创建化学系。他就是中国现代理论化学的开拓者和奠基人、"中国量子化学之父"、中国科学院院士唐敖庆。科研工作最重要的是敢为人先。在建系的艰苦年代，化学系可谓"一穷二白"，唐敖庆、徐如人以及孙家钟、沈家骢等人只能因陋就简。在非常简陋的条件下，唐敖庆作为开拓者创立了我国量子化学学派，两次获国家自然科学奖一等奖，并与钱学森、王大珩等科学家一样，成为新中国首批世界级的学者。

"科研工作在哪里搞不重要，重要的是无中生有，敢为天下先。"20世纪30年代，随着相对论和量子力学的发展，化学从积累实验事实对化学变化现象做分类、描述工作的实验科学逐渐进入对原子、分子结构的理论研究中，理论化学应运而生。20世纪30年代后，随着量子力学的成熟，人们又努力将其基本原理具体运用于化学，通过严密的理论计算研究化学体系的性质和行为，从而诞生了量子化学。量子化学的诞生是现代化学发展中的一个重要里程碑，它使化学研究方法从描述向推理迈进，成为理论化学最重要的研究领域。量子化学以数学物理方法研究原子和分子结构，其时，鲍林的化学键理论、穆利肯等人的分子轨道理论、霍夫曼等人的分子轨道守恒理论代表了世界一流的理论化学研究传统。

20世纪50年代以后，经过新中国成立后第一代归国学者的努力，世界一流理论化学传统被移植到中国，并在其后的不断发展过程中形成了以唐敖庆为核心的中国理论化学谱系。当时国际理论化学界在研究分子结构和化学键方面的前沿理论有价键理论、分子轨道理论和配位场理论。内容分属分子结构与化学键函数、分子结构与性能、分子间作用力、原子结构与性能等方面。唐敖庆在配位场理论、分子内旋转、杂化轨道理论方面作出了达到或接近世界一流水平的研究。①

唐敖庆的贡献在国际上产生了广泛的影响。唐敖庆和江元生等一起对分子轨道对称守恒原理进行了深入细致的研究。他们运用唯物辩证法分析了分子的局部与整体的关系，并把这种关系和简单分子轨道理论的电子能级、分子轨道这两个基本问题紧密联系起来，建立了分子轨道图形理论。这个理论以三条定理的形式简明、直观地概括了简单分子轨道的基本内容。用它来研究分子结构，只需画出分子的结构简图，用很少的运算就可以得到所需的结果。图形理论的出现，使分子轨道理论更具有普遍性，趋向简明扼要和具体化，这样，也就便于有关专业人员能较快地掌握分子轨道理论，使之在我国有机合成的研究和生产上得到应用。通过有机合成的丰富科学实验，人们得到了许多经验规律。如何把这些规律总结提高，上升为更普遍的理论，用以指导生产和科学实践，是一项迫切的任务。科学工作者针对有机反应中的协同过程做了总结。这类协同过程是某些典型反应，如电环化、环加成和分子重排所遵循的代表性机理，其产物随着反应条件的不同（加热或光照），具有严格的立体特征性。他们根据量子化学理论提出了一条较普遍的定理，称为分子轨道对称守恒原理。唐敖庆认为，这条原理不但解释了以往的实验数据，而且经过许多新的科学实验的印证，说明它是正确的。分子轨道对称守恒原理在生产和科学实验中也起到了指导作用，例如维生素B_{12}的合成工作就是在这条原理指导下完成的。

---

① 中国化学会编《中国化学五十年：1932—1982》，科学出版社，1985，第179-183页。

2. 中国地质工作先驱李四光

说到中国地质领域"敢为人先，不断创新"的科学家，我们首先会想到李四光。李四光的一家是传奇的一家：李四光创建了地质力学，是中国现代地球科学、地质工作的奠基人之一；女婿邹承鲁是刚正不阿、直言不讳，有实力不避讳的中国科学院院士；女儿李林是科学脚步紧随其父，不断要求自己进步，又辅佐丈夫的科学界"花木兰"。截至2020年9月，中国能够达到院士级别的人物只有1662人，而李四光一家出三位院士。传奇般的事迹值得我们去颂扬，去传承，去借鉴。李四光以独到的学术见解创立的地质力学，不仅圆满地解决了各种地质构造型式的形成机制，而且成功地指导了找矿工作。根据他的理论，我国相继发现了大庆油田、胜利油田、大港油田等重要油田，为祖国的社会主义建设作出了卓越贡献。在国际上他也享有很高的声誉。李四光的女儿李林与父亲一样，具有敢为人先的创新精神。她从事放射性高的核事业。在为数不多的女性科研工作者中，李林不但表现优秀，而且发挥了示范作用，在进行大量的原子反应堆材料辐照实验中贡献巨大。

"在科学上没有平坦的大道，只有不畏劳苦沿着陡峭山路攀登的人，才有希望达到光辉的顶点。"[①]一切成就的背后是深植于一代代科技工作者基因中"敢闯""善创"精神的支撑。大力弘扬勇攀高峰、敢为人先的创新精神，我们必能征服一座又一座科技高峰，继续书写科学创新神话和发展的新篇章！

三、追求真理、严谨治学的求实精神

科学成就离不开精神支撑，科学进步离不开上下求索。数学家华罗庚曾说："科学上没有平坦的大道，真理的长河中有无数礁石险滩。只有不畏攀登的采药者，只有不怕巨浪的弄潮儿，才能登上高峰采得仙草，深入水底觅得骊珠。"

---

① 马克思：《〈资本论〉法文版序言和跋》，载《马克思恩格斯全集》第1卷，人民出版社，2018，第24页。

（一）"爱智求真敢问真"

1. "爱智"者孙正聿

1946年，孙正聿出生于吉林省吉林市，哲学博士，吉林大学哲学社会科学资深教授、博士生导师，全国政协委员，教育部人文社会科学重点科研基地吉林大学哲学基础理论研究中心主任，教育部社会科学委员会委员，教育部学风建设委员会副主任委员，吉林省社科联副主席，主要从事马克思主义哲学和哲学基础理论研究。他在哲学研究和哲学教学方面取得重要成果，为完善我国哲学社会科学、推动我国高等教育改革、培育和弘扬社会主义核心价值观作出了重大贡献。

拜读孙正聿教授的著作，面前总是能浮现一位身姿挺拔、目光炯炯的身影，那是孙正聿教授作为一位"爱智"者在苦苦地求索。从事教育工作近40年，每次为学生们上课，他都是一个人、一支粉笔、一腔热血，从不借助任何材料。从宏观到微观，从理论到思想，他带领着学生们畅意地遨游在哲学的海洋，从容不迫，娓娓道来。

如果用两个字概括孙正聿教授的性格特征，那就是"认真"。教学科研，对人对己，一言一行，孙正聿教授身体力行地阐述了"认真"二字。40岁之

图 2-10　孙正聿

初，孙正聿教授曾经写下"年过不惑亦有惑，爱智求真敢问真，是是非非雕虫技，堂堂正正方为人"。这是孙正聿教授的为人为学之道，也是他的人生写照。只有在科学研究上具有追求真理的求实精神，我们在科学之道上才能越走越远，取得的成就才能不断刷新纪录。

2. 真理追求者屠呦呦

她是在实验室兢兢业业"摇瓶子"的研究员，是在野外"一头汗两腿泥"的老人，也是诺贝尔生理学或医学奖获得者。她就是屠呦呦。1972年，她带领的团队成功提取了青蒿素。青蒿素的发现对于疟疾治疗起到了至关重要的作用，挽救了数以万计患者的生命。自幼对中医感兴趣的她从小便立志从医，并于1951年考入北京大学医学院（现为北京大学医学部）药学系。毕业之后她被分配到卫生部直属的中医研究院工作，从事生药、炮制及化学等中药研究，开始了她追求真理之路。当时实验室的条件简陋，长期在实验室中的屠呦呦甚至一度患上了中毒性肝炎。面对实验室中的刺鼻气味，她没有退缩，反而更加全身心地投入到研究中，终于在1971年第191次实验时，发现了抗疟疾效果为100%的青蒿提取物。如此伟大的成就并没有让屠呦呦停下追求真理的脚步，她于1992年发现了双氢青蒿素——抗疟疾药物的"升级版"。她曾说："一个科研工作者，是不该满足现状的，要对党、对人民不断有新的奉献。"生命不息，奋斗不止，追求真理的脚步不止，这是屠呦呦的人生写照，也是千千万万个中国科学家的座右铭。

3. "癌症诱导分化之父"王振义

在医学界，科学家精神也在熠熠生辉！王振义，江苏兴化人，内科血液学专家，中国血栓与止血专业开创者之一，被誉为"癌症诱导分化之父"。他的研究在素有"血癌"之称的白血病治疗方面取得了重大突破。有人赞美王振义"改变了这个死亡游戏的结果"。面对人们的溢美之词，王振义非常冷静地说："没有解决白血病，是解决了其中一个（类型）。这一个是二十几种急性白血病中的一种。"王老先生的话发人深省，纵使已经取得了如此瞩目的成果，他仍未骄傲自满、止步不前。

4. 中国 "量子之父" 潘建伟

潘建伟在追求真理的道路上永远"保持着孩童般的好奇"。2017年12月19日，国际顶尖学术期刊《自然》发布了2017年度十大人物（在过去一年里对科学产生重大影响的十人），中国科学技术大学教授、"墨子号"量子科学实验卫星首席科学家潘建伟上榜。

在很多人眼里，潘建伟是个传奇人物：29岁，他参与的有关量子隐形传态的研究成果，同伦琴发现X射线、爱因斯坦建立相对论等世界重大研究成果一起，被《自然》杂志评为"百年物理学21篇经典论文"；31岁，任中国科学技术大学教授；41岁，成为中国当时最年轻院士；45岁，获国家自然科学奖一等奖……

《自然》杂志以《量子之父》为题报道了潘建伟，开头这样写道："在中国，有人称他为'量子之父'。对于这一称呼，潘建伟当之无愧。在他的带领下，中国成为远距离量子通信技术的领导者。"在刘慈欣的小说《三体》里，三体人就是使用量子纠缠技术通过智子对人类言行实时监控的。而且，在太空中飞行的人类舰队也是通过这一技术与地球保持联系的。还记得这样的场景吗？主人公走入一扇"任意门"，瞬间就穿越到另一个空间……我们平时所说的"穿越时空"，其实属于量子力学范畴。在量子世界里，这或许不是幻想。潘建伟是世界量子力学研究领域的领军人物，说不定哪一天，他将成为穿越时空的那个人。他使中国在量子领域从落后到完美实现对美国弯道超车，是当之无愧的"量子之父"！

1970年，他出生在浙江东阳农村。初中时家里搬到了县城，来自农村的潘建伟的学习成绩和别人差了一大截，不仅语文基础差，第一次写的英语作文才得了40分。但是他有一种不服输的精神。为了学好英语，他时不时缠着同学练口语，还经常向老师请教。很快，他进步神速。凭着这种不放弃、不服输的精神，1987年他顺利考上了中国科技大学。那时的班上可谓藏龙卧虎，同学们的水平都很高，而他却不想再去拼分数，还和儿时一样，去钻研学习自己真正感兴趣的东西。那时，他是爱因斯坦的崇拜者，他说："爱因斯坦的散文是最深刻最美的，让我坚定了研究物理的决心，让我感觉从简单的事实后面，可以找到一个规律，现在、将来不会变。"后来他对量子叠加态的问题产生了浓厚的兴趣，可当时的他怎么也想不明白为什么会有量子叠加态。在他看来，一个人要么在上海，要么在北京，怎么可能同时既在上海又在北京呢？量子世界的奇怪与陌生，让他陷入了苦思。想不明白就一直想，上课也想，吃饭也想，于是在期中考试的时候他差点"挂科"。量子世界越古怪，他越想搞明白，于是他决定和量子"纠缠"下去。这一"纠缠"，就是20多年。在获得理论物理硕士后，他决定出国读博士。可眼看其他同学都顺利出国了，他却连方向和导师都没选好，很多人不断催促他。他却说，我是要选准方向，选对导师，不是为了出国而出国，而是要把最先进的技术学回来。

当时他确保能选的导师是一位诺贝尔奖得主，如果跟着他，以后的发展肯定不是问题。亲朋好友都高兴极了，想着他以后会有大出息。不承想，他再三斟酌后，竟放弃选择这位诺贝尔奖得主，转而选择了这位诺贝尔奖得主的弟子，名不见经传的塞林格教授。那时的塞林格还只是一位普通的教授，可在潘建伟眼里，他却是量子力学方面最好的导师。果不其然，如今的塞林格教授已是世界量子力学的顶级大师。

带着对知识的渴求，他来到奥地利维也纳大学。当他第一次见到塞林格教授时，这位导师问他，"你的梦想是什么？"他脱口而出："我要在中国建一个世界一流的量子物理实验室。"年轻人的豪言壮语在外人看来不切实际，但他此后的每一步，都是在朝着这个方向努力地迈进。来到欧洲后，潘建伟就像饿牛进入干草地一般，整日"泡"在实验室里。一个理论物理专业的硕士要进入实验量子物理的前沿，其困难可想而知，而他却丝毫不怕。

1997年，在塞林格的指导下，他在世界权威杂志《自然》上发表论文，宣布实现了量子态的隐形传输。这一实验被学术界公认是量子信息实验领域的开山之作，《科学》杂志也将这一成就列为年度全球十大科技进展。这一年，他才27岁。

潘建伟毕业后，国外实验室纷纷向他抛来橄榄枝，可他却做了一个令所有人震惊的决定——回祖国！他说，从出国的那天起，他就没想过会在国外待下去。他一直都在思考，中国该如何抓住这次机会，在信息技术领域赶超发达国家。那时欧洲发达的量子信息研究在国内还是一片空白，不仅不被承认，还被认为是伪科学。一心想做研究的他处处碰壁，连基础科研经费都申请不到。无奈之下，他应聘了几个国外大学的教职，打算安安心心讲学做实验。没想到就在这时，他发表的《量子态隐形传输》论文被《自然》杂志选为"百年物理学21篇经典论文"，与它一同入选的还有"爱因斯坦建立相对论"等重大成果。消息传到国内，立刻引起了轰动，他提交的科研项目申请也迅速获得了批准。2001年，他在中国科技大学组建了量子物理和量子信息实验室。那时，他感叹道："过去，我们在科研领域，常常扮演追随者和模仿者的角色，研究方向的选定、科研项目的设立，都要先看看国际上有没有人做过。量子信息是一个全新的学科，我们必须学会和习惯做领跑者和引领者。"

潘建伟在国内做过科普演讲，演讲中，他用最生动浅显的方法讲量子叠加态、量子纠缠。在与学生的沟通中他发现，人类对科学是有一种天生好奇心的。他认为，如果现在中国人对科学都没有这种原始冲动了，没有兴趣了，那我们怎么可能变成一个真正有创新的国家呢？于是，回国后他就想方设法去激发学生们的求知欲和好奇心。他会将学生送到世界上最好的实验室去深造。而他的弟子学成之后，没有一个人留在国外，都毫不犹豫地回到他的身边。2009年9月，潘建伟在人民大会堂观看大型音乐舞蹈史诗《复兴之路》时，心潮澎湃地给自己的学生陈宇翱发了一条短信："宇翱，我正在人民大会堂看《复兴之路》，感触良多！甚望你能努力学习提升自己，早日学成归国为民族复兴、科技强国尽力！"这条短信，陈宇翱一直保存到了今天，他说，"我能感受到老师当时心情的激动，他是多么迫切为祖国科技建设作出贡献。"而这些年轻的量子物理学家们更知道，潘建伟组建的团队，就是他们成长和工作最好的地方。老师所传达的信念"在中国做出世界一流科研成果"，也是他们的初心。带领"梦之队"实现弯道超车正是因为他的这份执着和努力，他的团队掌握了国际上最好的冷原子技术、最好的精密测量技术、最好的多光子纠缠操纵技术。

如今，他的团队被称作"梦之队"，是有着中国最顶尖的物理学家的团队。2005年和2013年，他和团队成员陈宇翱先后获得欧洲物理学会"菲涅尔奖"。2012年，潘建伟荣获国际量子通信奖，成为获此奖项的首位华人物理学家。2016年，潘建伟团队荣获年度"国家自然科学奖一等奖"，此奖被认为是中国自然科学领域最高奖项。那时他才45岁，他也成为拿到国家自然科学奖最年轻的科学家。没有信息安全就没有我们国家的安全！之后，他的科研创新不断。2016年，他和团队自主研制的世界首颗量子科学实验卫星"墨子号"

在酒泉卫星发射中心发射成功，这意味着中国量子保密通信技术成功了一半。

量子通信是目前理论上被证明无条件安全的通信手段。潘建伟说，量子其实就是一个小小的颗粒，比如15瓦的小灯泡，每秒钟都会发射出万万亿颗小颗粒，我们把这个小颗粒称为量子。平时我们上网，都是通过光通信把信息在网络里传来传去。但是在传输的过程中，如果旁边有一个窃听者，就可以拿走一点能量，他就会知道我们在说什么。而量子颗粒因为非常小，是在用最小的颗粒传输信息。量子卫星的一个主要任务，就是量子保密通信。这可以在很大程度上改善我们的信息安全。在信息安全的传统领域，中国一直落后，长期受制于人。潘建伟曾迫切又焦急地说："我想我们至少应该有一种需求，一种强烈的动机，尽快找到一种手段，不要让别人看我们。没有信息安全，就没有我们国家的安全。"潘建伟说，在我们之前，没有任何可以借鉴的成功经验。世界第一颗量子卫星发射成功，给了中国科学家极大的信心。将来，中国还会尝试发射更多量子通信卫星。在5至10年的时间里构建包含国防、金融、政务、商业等领域的绝对安全的全球量子保密通信网。现在，卫星已相继完成星地高速量子密钥分发、量子纠缠分发和地星量子隐形传态实验三大科学目标，成为量子通信迈向实用化的"关键一步"。中国能够率先在量子领域实现突破，对美国实现相关技术的弯道超车有着重要意义。潘建伟团队在量子领域的成果已经用在了中国的潜艇上。潜艇最大的特点是隐蔽性，作战时需要长时间在水下潜航，但潜艇在深水中的通信和导航却受到严重影响。而中国完成了一项试验，潜艇在海里不用上浮，连续航行数月，最后到达指定位置，而且还可以传输大量数据。这一切都是因为潘建伟为潜艇研制的专用量子导航定位系统，使其能在水下完整接收卫星信号。鉴于中国在水下通信和导航技术上获得的突破，日媒希望同中国在该领域进行相关技术深度合作。而美媒则呼吁中国能够针对该技术同其他国家进行分享。

随后，世界首条量子保密通信干线"京沪干线"正式开通。结合"京沪干线"与"墨子号"的天地链路，我国科学家成功实现了洲际量子保密通信。该线路开通后，实现了连接北京、上海，贯穿济南和合肥，全长2000多千米的量子通信骨干网络，并已在交通银行、工商银行京沪间远程应用。

凭借对祖国保密事业的巨大贡献，潘建伟成为2016年感动中国十大人物之一。"他嗅每一片落叶的味道，对世界保持着孩童般的好奇，只是和科学纠缠，保持与名利的距离，站在世界的最前排，和宇宙对话，以先贤的名义，做前无古人的事业!"这是感动中国人物颁奖典礼上对他的赞美之词。

奖项众多，盛誉不断，可是在他眼里，他对物理学的钻研跟这些奖没有任何关系，他甚至提议，科学的成就不需要奖来肯定。在他看来，自己所做的努力只是来自最初的好奇心。在他眼里，在和自然近距离接触的状态下，还原人类最初的状态，和自然没有隔阂，与自然融为一体，保持初心，这才是真正对物理学的追求。现在的他还希望，在地月拉格朗日点上放一个纠缠光源，向地球和月球分发量子纠缠。如果这个梦想能实现，潘建伟将摘取这个领域"皇冠上的明珠"。

他说："发展量子通信、量子计算技术是国家重大需求，是我义不容辞的责任，而把量子世界最奇怪的问题搞清楚，也是我内心最大的原动力。"在巨大的名利声望前，潘建伟坚守学术的真谛，这是学者最难能可贵的。一个真正的科学家，必须保持初心，必须有责任心，必须有无穷的耐心，去理解这个宇宙是怎么样的。这就是科学探索的动机，而这也一定是他能成为中国最好的量子物理学家的动机。

5. 中国"卫星之父"孙家栋

科学精神的本质特征是追求真理。只有把对真理的追求作为一种境界、一种信念，才能在推进我国现代化发展建设中勇攀高峰、潜心研究，才能在探索自然、认识社会、领悟人生中摆脱愚昧和狭隘，从而树立起坚定的信念、实现人生的价值。

1970年4月24日，酒泉卫星发射中心，我国独立研制并发射的人造卫星"东方红一号"成功发射。"东方红一号"卫星总体设计负责人孙家栋松了一口气，但这只是我国卫星事业的开端，也是孙家栋科研生涯的开端。2009年，在中国自主研制发射的100个航天飞行器中，由孙家栋担任技术负责人、总设计师或工程总师的就有34个，占当时整个中国航天飞行器的三分之一，他被业界公认为中国的"卫星之父"。在研究过程中，他带领科研人员深入研究，反复试验，攻克了一个又一个难关。发射试验失败，他带领团队在冰天雪地的沙漠中用筛子把火箭残骸筛出来，分析失败原因。他曾说："嫦娥舒袖多浪漫，卫星探月路艰辛。"虽艰辛但犹前行。2019年9月17日，国家主席习近平签署主席令，授予孙家栋"共和国勋章"。感动中国颁奖词这样评价他："少年勤学，青年担纲，你是国家的栋梁。导弹、卫星、嫦娥、北斗、满天星斗璀璨，写下你的传奇。年近古稀未伏枥，犹向苍穹寄深情。"

以前，尽管"一穷二白"，但科学家们仍无畏前行。现在进入新时代，我国各项事业发展更为迅速，"路漫漫其修远兮"，只有追求真理的步伐不断前进，中国的科研事业才能不断发展。

（二）"笃学而不趋新，征实而不蹈虚"

1. 一代国学大师黄侃

黄侃先生是我国近代著名的语言文字学家，与章太炎、刘师培两先生齐名，被称为"国学大师"，为学界所推重。他曾说："笃学而不趋新，征实而不蹈虚。"每一项科研成果的问世都离不开科学家们脚踏实地、笃行务实的治学态度。

2. "杂交水稻之父"袁隆平

"作为一个科学家，不能因为取得一丁点成绩就沾沾自喜、居功自傲。"尽管天上有一颗以他的名字命名的行星，地上到处有他的画像，各种媒体常借他的名字宣传，但袁隆平却颠覆了大众对大科学家的印象。他没有穿着正装坐在办公室里，而是常年奔波在试验田中，经常能在田间地头发现戴着草帽、穿着汗衫、"比农民还农民"的他。

3. 双聘院士张培震

"从事科学研究要耐得住寂寞，不怕坐'冷板凳'，既要'仰望星空'，也要'脚踏实地'。"这是国际知名震动力学专家、中国科学院院士张培震教授给大学师生的寄语。新时代中国青年更应在科学的想象中脚踏实地，拓展生命，逐梦前行。每一项科研成果的问世都离不开科学家们脚踏实地、笃行务实的治学态度。

4."两弹一星"功勋钱三强

钱三强曾说:"勤奋和创新是科学发现的共同点。"1969年,在奥地利维也纳举行的裂变物理和化学国际会议上,已是满头华发的英国科学家费瑟在回顾原子裂变研究历史时,指着演讲屏幕上的一张照片说:"这个年轻人的结论,是对的。"照片上的年轻人是钱三强,"结论"指的是他20多年前提出的原子核三分裂解释机制。

1946年夏,钱三强正在法国巴黎大学居里实验室做研究。在参加英国皇家学会举行的纪念牛顿诞辰300周年庆祝会上,他注意到,报告中的一张照片清晰地记录了核乳胶研究原子核裂变实验的径迹。在展示二分裂变碎片径迹时,投影中突然出现了一个三叉形状的径迹。报告人未做解释,与会专家们也没有提出异议。

当时国际上一般认为,原子核分裂只可能分为两个碎片,为什么照片上会出现三叉形状?钱三强默默将这个问题记在心里。

回到巴黎,钱三强马上请来助手开展裂变实验,妻子何泽慧也加入了研究团队。因为长时间集中注意力观测,钱三强时不时头痛,身体也因为姿势固定而僵化,周身各部位酸胀,或像针刺一样难忍。一向不叫苦的他开玩笑地说:"这确实是一种需要一点毅力的工作。"

1946年11月18日,钱三强领导研究小组整理出第一篇关于三分裂的实验报告。短短两页纸的报告,附注了5例三分裂径迹照片和翔实的测量数据,均指向一个结论:原子核裂变可能一分为三。

这篇题为《俘获中子引起的铀的三分裂》的文章很快引起国际关注。紧接着,钱三强夫妇的研究成果再次震惊世界:他们给出了四分叉形状的径迹,提出四分裂存在的可能性。

这一系列工作被他的导师约里奥·居里夫妇称作第二次世界大战以后居里实验室第一个最重要的工作。虽然有权威科学家的肯定,但当时多个国家的核物理实验室并不买账。他们不相信一个名不见经传的研究组能够推翻前人的结论,在核物理领域有如此重要的发现。

英国科学家费瑟就是其中之一。他看到关于四分裂的报道后,致电钱三强,表示想到巴黎实地看一看。钱三强原原本本地向费瑟和他的团队展示了详细的径迹测量、分析和回归计算方法。结果费瑟和他的团队回到英国后，自己做实验，只找到了足够多的三分裂径迹，没有四分裂。1947年，他发文否定钱三强的结论。

这些不同的声音并没有动摇钱三强对自己工作的判断。随着三分裂、四分裂被更多人发现，国际科技界认可了这两个中国年轻人的贡献，钱三强和何泽慧被誉为"中国的居里夫妇"。

1947年，钱三强在法国科学界已经有了一定的地位，同事们都以为他一定会继续留在法国。在钱三强的自传《重原子核三分裂和四分裂的发现》中，他这样写道："我和泽慧都很清楚，继续留在巴黎，对自己的科学工作当然是十分有利的，回到贫穷落后、战火纷飞的中国，恐怕很难在科学实验上有所作为。"尽管如此，钱三强夫妇仍怀着建设祖国的愿望，于1948年5月抱着刚刚半岁的女儿告别老师，跨越重洋返回故土。新中国成立后，他参与了中国科学院组建工作，为中国原子能科学事业创立、发展奠定了基础。1999年，钱三强被追授"两弹一星功勋奖章"。钱三强是一位学识渊博、治学严谨、卓有成就的科学家，也是一名立场坚定的无产阶级战士，他艰辛开拓，毕生致力于祖国的科学技术事业，特别是为中国原子能科学事业创立和"两弹"研制，为中国科学院及中国科学院学部建立与发展，为培养和吸引人才，为国际学术交流，作出了卓越贡献。钱三强与钱骥、钱学森并称为中国科技界的"三钱"。他曾说："凡事都要脚踏实地去做，不驰于空想，不骛于虚声，而惟以求真的态度做踏实的工夫。以此态度求学，则真理可明；以此态度做事，则功业可就。"人民网曾这样评价他："钱三强的一生有明确的目标和追求，有人生的理想和规范。77岁的高龄，历经风风雨雨，仍然巍然挺立，不为世俗所扰。"

四、淡泊名利、潜心研究的奉献精神

（一）"淡泊以明志，宁静以致远"

不为名利遮望眼，奉献精神是科学家最可宝贵的品质，是需要大力弘扬的一种科学家精神。

"两弹一星"功勋科学家"许身国威壮河山"，扎根戈壁大漠默默奉献；黄旭华为研制核潜艇"甘做隐姓埋名人"，30年"水下长征"无怨无悔；黄大年"加入献身者的滚滚洪流中"，用生命开拓中国的地球深部探测事业……新中国成立70多年来，一代一代科学家，为科学事业舍身探索，为国家民族鞠躬尽瘁，为造福人类无私奉献，不仅推动了中国科研事业的长足进步，而且在人们心中耸立起矢志奉献的丰碑。这一个个光辉名字的背后都有一段段感人肺腑的故事。他们贡献卓著，却从不计较名利得失，而是专心致志、潜心科研，至诚报国、乐于奉献，在中国科技界树立了典范。

大力弘扬淡泊名利、潜心研究的奉献精神，须树立正确的名利观。泰戈尔曾有诗云："翅膀坠上黄金的鸟儿飞不高远。"假如科学家盲目追逐热点，随意变换研究方向，陷入拜金主义的"泥淖"，即便侥幸一时名利双收，也终难长久。科学研究规律表明，重大科研成果的取得需要科学家长期钻研、持续关注，甚至要几辈人的努力，没有甘坐"冷板凳"的精神，不下"数十年磨一剑"的苦功夫，是难以取得突破的。2015年12月10日，屠呦呦站上了诺贝尔奖的领奖台，高光时刻的背后是她46年的无声坚守。屠呦呦对中国科技界的贡献，不仅在于她取得的科研成果，还在于她以自身的经历和成就证明了，淡泊名利、不骄不躁、矢志科研是科学家的重要品质。这种品质让科学家的人格与情操变得更加纯粹，科学界的工作作风、科研风气也因此更加纯正。

大力弘扬淡泊名利、潜心研究的奉献精神，须培养高尚的科研志趣。从事基础研究，就要瞄准世界一流，敢于在世界舞台上与同行对话；从事应用研究，则要突出解决实际问题，力争实现关键核心技术自主可控。这是党和国家对广大科技工作者的殷切期望。现代科技没有坚实的基础研究做支撑，关键核心技术就难以取得实质性突破。华为之所以强大，不畏打压，其中一个重要原因，就是其在基础研究上有着长期巨额投入，在编的15000多名从事基础研究的科学家和专家是华为的信心所在。基础研究极其重要，但很难将研究成果与科学家的个人利益直接挂钩；应用研究也重在有的放矢，须得把关键核心技术握在自己手中。这都需要广大科技工作者树立高远的科研志向，从个人得失的小圈子中超脱出来，视自主创新、科技强国为己任，享受科研本身带来的乐趣，把追求人生梦想、实现个人价值和高尚的科研志趣统一起来。

我国除了要继续支持、鼓励涌现更多重视基础研究、力争掌握关键核心技术的高科技企业之外，更应当从制度创新着眼，深化科技管理体制机制改革，正确发挥评价引导作用，大力减轻科研人员负担，为广大科技工作者淡泊名利、潜心研究，在新时代更好地发挥个人才干与智慧创造良好环境。当良好的科研作风、卓越的科学家精神形成风气时，我们就能迎来科学大发展、科技大进步的一个又一个春天。

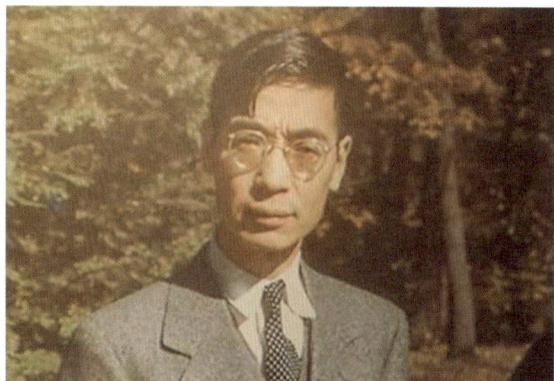

图2-11　郭永怀

"两弹一星"元勋郭永怀，甘做祖国力学事业的铺路石。2018年7月，国际小行星中心正式将编号为212796号小行星命名为"郭永怀星"。郭永怀，中国力学科学奠基人和空气动力研究开拓者，也是以烈士身份被追授"两弹一星功勋奖章"的科学家。他的名字以这样的形式继续熠熠发光。

赤诚之心，为国捐躯。1968年12月5日凌晨，郭永怀在青海基地发现一个重要数据，急于赶回北京研究，便搭乘了夜班飞机。不幸的是，飞机在北京机场距地面约400米时，突然失衡坠毁。从机身残骸中寻找到郭永怀，他在飞机遇险、生命将尽的瞬间，同警卫员紧紧抱在一起。郭永怀用身体保护着国家重要的科研资料！周恩来得知郭永怀牺牲的消息，眼睛顿时湿润了。钱学森更是伤感不已地叹息："一个全世界知名的优秀力学专家离开了人世。"是啊，他是力学界的铺路石，更是中国力学科技的奠基人。他用一生诠释着什么是爱国奉献。他的事迹我们永远铭记，他的奉献精神影响着一代又一代中国人。

苦心钻研，坚韧不拔。20世纪50年代末，一批中国科学家突然"神秘消失"。时隔多年，人们才知道他们是隐姓埋名投身于我国的核武器研制。"两弹"研制所在的青海基地，海拔3000多米，最低气温零下40摄氏度，生存环境极其恶劣。50多岁的郭永怀经常和其他科研人员一起喝碱水、住帐篷、睡铁床。不仅工作条件和生活条件艰苦，还有精神上的孤独与无奈。长期从事绝密工作，和家人聚少离多，郭永怀年幼的女儿过生日时向他要礼物，他只好满怀歉意地指着天上的星星说，以后天上会多一颗星星，那就是爸爸送你的礼物。多么温暖而又心酸的故事，相信当时的郭永怀先生肯定百感交集。可他肩负着国家的使命，不得不舍"小家"为"大家"。他坚韧不拔、不屈不挠，为中国的科技事业作出伟大奉献。

淡泊名利，爱国奉献。新中国成立后，他放弃了美国康奈尔大学教授的优厚待遇，冲破重重阻力，义无反顾地回到国内，将毕生所学贡献给祖国的科研事业。为了祖国的未来，他将毕生的精力投入到科研工作中。他无私奉献、淡泊名利，吃苦耐劳、艰苦奋斗。他不仅是祖国力学事业的铺路石，更是祖国科研发展的脊梁。他用行动诠释着什么是"爱国奉献精神"，郭永怀先生的种种事迹造就了"郭永怀精神"。斯人已逝，事迹不灭，精神长存。

踏实进取，发扬"郭永怀精神"。郭永怀对他的两个研究生说："我们这一代，你们及以后的二、三代要成为祖国力学事业的铺路石子。"他淡泊名利、默默奉献，甘做普通的铺路石。"郭永怀精神"催人奋进，激励着我们奋发向上，促使我们铭记和传承。

（二）潜心潜意图克坚

科学成就离不开精神支撑。科学家精神是科技工作者在长期科学实践中积累的宝贵精神财富。潜心潜意图克坚，潜心钻研，砥砺前行，科学的灯塔将永远明亮。

1. 潜心"炼"镁的材料科学家丁文江

镁有易燃烧、易腐蚀、强度低等瓶颈问题。上海交通大学材料学院教授、中国工程院院士丁文江在镁材料领域研究了整整 31 年，带领团队在稀土镁合金、医用生物镁、镁基能源材料等多个领域取得成果，实现了应用突破。

从种田到读研，从工厂一线到院士殿堂，从铸造装备专业"学徒"到高性能镁合金缔造者……当选2015年度"上海市科技功臣"的丁文江用几十年的人生路，实践着一位材料科学家自我精诚的"材料精神"——"料要成材，材要成器，器要好用"。

中国缺油少气，却是十分难得的镁资源大国——无论储量还是产量，均占全球的90%以上。镁在实用金属结构材料中，密度最小（密度为铝的2/3、钢的1/4）。这一特性，让它在全球范围内刮起了强劲的"轻旋风"——电子产品越来越轻巧，飞机、汽车、轮船越来越先进。

"材料就是有用的物质，有用是材料研究的灵魂。"身在高校搞科研的丁文江，能跳出书本、论文，从企业生产看科研。20世纪80年代有一次访问日本企业，他看到镁合金作为最轻的、资源丰富的结构材料大有用武之地，就在国内率先倡导并从事镁合金研究。1987年底回国，他参与了上海大众桑塔纳轿车镁合金变速箱国产化研究，努力扶起"中国镁"。丁文江心里清楚，我国镁合金技术和产品正是受困于镁的三大"劣根性"——易燃烧、易腐蚀、强度低。中国镁合金技术要想"挑大梁"，必须让"易燃"的镁不再易燃，"软质"的镁不再软质，"不稳定"的镁合金不再"活跃"。

常规镁合金的燃点仅520 ℃，远低于其他合金的熔点，导致其易燃而生产困难。丁文江带领科研团队在国际上较早地开展阻燃镁合金的研究，让镁合金燃点提高至935℃以上。燃点大大提升，使得在大气中无保护的镁合金熔炼与生产成为可能，还显著降低了熔炼和生产过程中对环境的污染。目前，该技术已应用于电子产品外壳和汽车变速箱等产品。常规镁合金承力比较差，在汽车轮毂、缸体、发动机支架等最需要轻合金的地方难堪重任。经过反复试验，丁文江找到两个"好帮手"：采用稀土与锌固溶时效强化和锆细化的方法，创造出一系列新型高强度的镁合金材料。它们不仅在汽车中坚强耐用，更推广应用于航空航天等领域的关键承力件。

最终，就连镁活性大、易反应、产生大量氧化渣的这一世界性难题，也在几十年不断探索、研发中，被丁文江团队一举攻破了。随着中国镁的层层"修炼"，从手机外壳到飞机框架，再到实现装备大幅度减重，中国的镁技术及制品越来越"高大上"。美国通用汽车37套模芯组成的全镁V6发动机缸体、日立公司实现减重30%的耐热镁合金活塞、波音公司的民机座椅骨架高强镁型材……丁文江团队的研究，让许多响当当的国际巨头，心甘情愿来到镁大国，求助于中国"镁"。

"寓精于料，料要成材，材要成器，器要好用"。位于上海交通大学闵行校区丁文江院士团队的办公楼里，这句"材料箴言"凝练着丁文江几十年的学术理念。在他眼里，材料研究如果不是瞄准应用，就不能算是在研究材料。

一次在和医生的闲聊中，丁文江注意到，许多骨折病人及心脏病患者在肌体康复后，身体里却埋下了一种说不出的"痛"——金属支架留在体内难以降解，许多人不得不忍受二次手术的痛苦才能取出。而镁可降解，还是人体所需的有益元素，能不能让镁合金替代传统的医用金属支架呢？

他带领团队基于"生物安全性、力学相容性、降解可控性"原则，着手研发新一代可控降解的医用镁合金，终于开发出具有国际先进水平的骨内植物器械和心血管原型，并在动物体内试验获得成功，解决了过去医用金属不可降解的烦恼。目前，相关产品正在申请人体临床试验，并被列为候选的国家认可镁基生物材料，有望引发该领域医疗器件的升级换代。

在镁基能源材料领域，丁文江院士团队发明了氢化镁水解燃料电池等，大大升级了人们爱玩的无人机，使无人机的飞行时间从一次只能半小时提升至4~6小时，一次可以飞行300千米。这正是丁文江院士潜心研究、不断突破的成果。

2. 虚怀若谷、潜心耕耘的大气科学家曾庆存

他身穿一套普通的布便装，夹着一只鼓鼓囊囊的书包，与其他人没有什么不一样；可是，他的名字、他的学术成就超越了国界，在国际学术讲坛上经常可以看到他的身影，在国内外一流的科学杂志上经常可以看到他的学术论文，美国的《世界名人录》、英国的《国际上有突出成就的科学家》都载有他的事迹，《中国人物年鉴》则列有他的详细介绍。他就是中国科学院学部委员（院

士）、大气物理研究所所长曾庆存。

曾庆存1935年5月出生于广东省阳江县一个贫苦的农民家庭。这个贫农的儿子光着脚板、穿着单衣，从广东来到北京大学物理系气象专业学习。天气变幻无常，风雨雷电，冷热干湿。如何预测这些大自然的变化，深深吸引着这个刚踏上科学征途的青年人。可是，当时气象科学还处于半理论半经验阶段，国际上的天气预报刚从定性向客观定量化起步。即将毕业的曾庆存到中央气象台实习时，看到气象员们废寝忘食地守候在天气图旁，进行分析判断，发布天气预报。但由于缺少精确的计算，相当多的分析判断还是凭经验办事，以致时常出现误报。曾庆存看在眼里、记在心上，下决心要去攻克数值天气预报的难关，提高天气预报的准确性，增强人们战胜自然灾害的能力。

大学毕业后，他被派赴苏联科学院读研究生。当时，国际气象界已根据流体力学定律、能量转化与守恒定律建立了反映天气变化规律的原始方程组，但不能算出结果来，这成为攻克数值天气预报的"拦路虎"。面对这个世界著名难题，曾庆存知难而上，反复研究，巧妙运筹，成功地建立了"半隐式差分方案"，并应用到数值天气预报中。他首创的这个方法气象界至今仍在广泛应用。他获得苏联科学院数理科学副博士学位后回到祖国，先后在中国科学院地球物理研究所和大气物理研究所工作。他的科研论文一篇一篇地发表在有关大气科学的刊物上。可是，没过几年，十年浩劫扰乱了整个中华大地。在那样的环境里，想要钻研学问需要何等的勇气和毅力。然而，曾庆存凭着一个共产党员的信念、理想和觉悟，坚信历史总会前进，科技总要发展。他甘愿遭冷落，不怕冒风险，更加兢兢业业地埋头于科研事业中，要把多年学到的、研究得到的成果总结出来，以丰硕的科研成果迎接未来。他不分昼夜地翻阅资料、演算和推导公式，书写文稿。由于超负荷地耕耘，以及当时艰难的工作和生活条件，本来就患有慢性肝炎及心脏病的曾庆存，身体健康每况愈下，一度达到危险的边缘，有半年多的时间卧床不起，有时病情严重到需要派人陪睡，把氧气袋准备在枕边。即使在这种情况下，他也没有停止思考。只要能起床，就在他那几平方米的小屋里，手不释卷，笔耕不辍。

后来，他以惊人的毅力战胜疾病，以顽强的勇气克服困难，终于完成了两本巨著。一本是《大气红外遥测原理》，于1974年出版，是我国最早的一部大气遥感专著。该书系统地发展了大气遥感理论，提出的"最佳信息层"等概念和方法清楚地说明测湿和测温的原则差别，澄清了当时的模糊和错误观念，为选择遥感通道提供了合理的原则。另一本是整整花了5年时间于1979年出版的长达80万字的《数值天气预报的数学物理基础》第一卷，这是一部将数学、流体力学和气象学等学科有机地结合起来，关于大气动力学和数值天气预报的专著。该书一经问世，便受到国内外同行的高度评价。1981年日本《天气》杂志刊登日本科学家的评价，称它是"世界上第一本这方面的著作，是气象理论化的代表作"。1982年，美国著名气象学家斯马戈林斯基在为该书英文版所写的序言中指出，"这卷书的出版对发展动力气象学文献有突出的贡献，将立于世界优秀名著之林"。尽管科学发展很快，该书的选材、组织和给出的结果却具有持久的价值。苏联等国的学者也有类似的评价。

十年动乱结束后，中国迎来了科学的春天，他的工作劲头更大了。他发表了多篇论文和报告，完成了《数值天气预报的数学物理基础》第二卷的手稿，开拓了大气科学及与之相关的海洋和环境科学研究，并取得了一批有国际影响的成果。曾庆存和他领导的研究集体致力于大气环流、大洋环流和气候数值模拟研究，其目的之一是试作气候预测，中国科学院大气物理研究所由此发展出来的各种环流数值模式具有许多独特的优点，已为世界所瞩目。在大气动力学和地球流体力学方面，他和叶笃正教授一起发展了前人对旋转大气中运动的适应观点，形成了系统的理论，既严谨深刻，又能在天气分析预报和数值天气预报中广泛应用，是国内外公认的一项重要成果。

此外，他发展了"波包动力学"理论，简明而又深刻地说明大气中扰动的演变过程，给出高空天气系统的波幅、波长、槽脊指向和传播速度随时间变化的规律性。该理论和他另一项关于连续谱的理论深刻地说明扰动和基流的相互作用机理，指出大气和海洋大环流"负黏性"现象主要是由波包或连续谱扰动所致。他还推广了运动不稳定性问题的变分原理。这些都是国际当代地球流体力学研究的最新成就。在计算地球流体力学方面，他和他所指导的研究集体的成果是奠基性的，形成了关于计算不稳定问题和构造稳定的计算格式的理论体系，并提出了一套方便灵活的求解方法。这些结果已广泛应用于数值天气预报、海洋环流、气候预测、大气污染和数值模拟等各个方面。

曾庆存学识渊博，能诗善字，常引用中国科学院老院长郭沫若对科学家要学点文学的一再劝诫"言之无文，行之不远"，告诫青年人要学点文学、历史、地理。他自己常在紧张的科研工作之余赋诗自励,我们可以不时看到、听到他寓意深刻的诗篇。"男儿若个真英俊,攀上珠峰踏北边","革命不忘常励志,为攻科学请长缨"。这是他的也是新中国培养的一代代科学家的和声,是他们的共同抱负。在向科学进军的新征途中,他走在队伍的最前列,必将为党为祖国为人民作出更优异的成绩,必将放射出越来越灿烂的光辉。

五、集智攻关、团结协作的协同精神

(一)集思广益,攻克难关

2018年,瑞典皇家科学院授予上海交通大学医学院附属瑞金医院、上海血液学研究所(简称"上海血研所")陈竺院士舍贝里奖。治疗急性早幼粒细胞白血病的"中国方案"再一次为世界医学界所瞩目。为了攻克这种恶性、复发程度最高的白血病,经过四代学人30余年的努力,陈竺及其团队运用东方智慧让癌细胞"改邪归正",使患者五年生存率达到90%以上。从"单兵作战"到"联合出击",是什么力量引领这支中国科学家团队一步步攻克难关?该团队主要成员陈赛娟院士说,几十年来,每个困难的逆袭都得益于中国文化孕育的东方智慧,特别是中医理论中辨证施治、以毒攻毒、方药配伍、驯化诱导的东方思维,让他们在病理认识与治疗手段上,都有别于西方学者的病理认识方法。

20世纪70年代末,国际上肿瘤治疗的主要方式是手术和化疗,白血病也不例外,通常采取杀灭肿瘤细胞的化疗策略达到治疗目的。而在上海血研所原所长王振义院士的引领下,陈竺及其团队开始思考:"被杀死的癌细胞是所有成分都坏掉了,还是只是少数基因或少数蛋白出现了问题呢?"癌症细胞的一个特征就是无限增殖,同时分化成熟程度很低,是"很年轻、很幼稚的细胞",而在白血病上这个特点更甚。因此,这支研究团队追问,"有没有可能诱导这个细胞恢复它的分化、成熟能力,同时又抑制它过度增殖?"简言之,"让癌细胞改邪归正"。

20世纪80年代中期，经过探索，团队幸运地找到一个名叫全反式维甲酸的维生素A的衍生物，首创了全反式维甲酸治疗急性早幼粒细胞白血病的方法，并在临床上取得了巨大成功。然而，临床观察发现，该方法联合化疗治疗的许多病人在几个月后出现了复发和耐药性，"单兵作战"这一策略需要调整。还有更好的办法来对付病魔吗？当获知哈尔滨医科大学张庭栋教授用俗称砒霜的三氧化二砷"以毒攻毒"治疗早幼粒细胞白血病患者时，两个团队开始合作，进一步验证和发现了砒霜的相关疗效，阐明了三氧化二砷治疗急性早幼粒细胞白血病的机理。为了进一步提高这种白血病治疗效果，陈竺团队在国际上又提出了"协同靶向治疗"方法。经过多年努力，在2000年，陈竺及其团队使用全反式维甲酸和三氧化二砷两药联合治疗早幼粒细胞白血病，使病人的五年生存率达到90%以上。这些成果被国内外学者的临床试验证实，且不用化疗也可以取得同样的治疗效果。全反式维甲酸和三氧化二砷两药联用的治疗方案得到了国内外学者的一致认可，逐渐成为国际上治疗该病的标准方案。

为了攻克疾病，不但治疗方式需要协同作战，科研团队更需如此。说起集体，该团队主要成员陈国强院士曾说，如果把团队比作一棵大树，王振义院士称得上树之"根"，陈竺老师就是树之"干"，他们就是这棵树上的枝杈，是吸收几位院士的营养成长起来的。在医学科学界，曾经获得2010年国家最高科学技术奖的王振义院士先后培养出陈竺院士、陈赛娟院士、陈国强院士，"一门四院士"被传为佳话。在上海血研所，师徒接力攻克白血病，让中国声音传向了世界。

1979年，王振义开创白血病治疗的"诱导分化"理念，尝试将癌细胞改造成正常细胞，为癌症治疗提供了全新路径，并于1988年在国际权威学术期刊《血液》上发表了第一篇关于全反式维甲酸临床应用论文，引起国际血液学界的震动。作为靶向治疗新方法，虽然全反式维甲酸治疗急性早幼粒细胞白血病获得了临床效果，但是还要搞清楚机制。王振义把弄清机制、降低复发率的任务交给了陈竺和陈赛娟。经过10余年的不懈努力，陈竺和陈赛娟不仅阐明了急性早幼粒细胞白血病发病的分子机理，同时借助东方思维用砒霜"以毒攻毒"，按照方药配伍原则联合全反式维甲酸和三氧化二砷两药协同靶向致癌蛋白治疗早幼粒细胞白血病取得了显著效果。据上海血研所介绍，法国德戴教授和德尚教授因发现了早幼粒细胞白血病的融合基因，同时，德戴还在三氧化二砷的作用机制研究方面作出了贡献，因此，他们和陈竺一起获得舍贝里奖。科学研究强调协作与团队精神，但是一旦有了研究成果，尤其涉及晋升、评奖时，团队精神就面临着严峻的考验。

在这个"一门四院士"的国际顶尖血液病研究团队中，团队协作精神有着非常好的传承。该团队主要成员周光飚教授介绍，从王振义到陈竺、陈赛娟、陈国强，凡不是他们指导的课题，他们一律不署名通讯作者，而把机会让给比他们更年轻的学术带头人。不仅如此，这里还有良好的学术氛围。这个有活力的团队支持青年医师参加国际会议、进行短期合作研究或技术培训，帮助他们认识到自己肩负的使命，并增强在国内创业的信心。很快，又一批年轻人成长起来了。近17年，上海血研所有12人获得国家自然科学基金杰出青年科学基金，培养的博士生有5人的论文入选全国优秀博士学位论文，在《自然》《科学》《血液》等国际权威学术期刊上发表论文近600篇，论文引证率高达3万次以上。

转化医学高地再启程。上海血研所通过30多年的艰苦奋斗和与国内外同行携手合作，受到全世界血液病科研人员的关注，同时该所在血液病方面的探索和成就也使其成为世界转化医学的典范。从上海交通大学医学院附属瑞金医院老门诊楼五层的楼道起步，从与别的实验室共用一张操作台开始，上海血研所在转化医学上获得的成就，引领着世界血液疾病研究和转化医学发展。

何谓转化医学？21世纪初，"转化医学"概念由美国国立卫生研究院提出，如今已是世界医学科研的主流趋势。其核心是将医学生物学基础研究成果迅速有效地转化为可在临床实践中应用的理论、技术、方法和药物，并在实验室与病房之间架起一条快速通道，实现基础研究与临床应用的双向转化。在这方面，上海血研所急性早幼粒细胞白血病"中国方案"的成功，让国际同行看到了中国在转化医学上的创新能力，证明了实验研究与临床治疗结合可以取得开创性的成果。2016年，美国血液学会（ASH）赞誉这一工作是"实验室到临床转化医学概念的遗产和框架性成果"，并授予陈竺院士欧尼斯特·博特勒奖。这个奖项只授予在转化医学研究中取得重大进展的成就者。

如今，这支团队还在思考着如何将这一治疗方案的成功经验拓展到其他类型白血病上，包括M2b型急性髓性白血病、慢性粒细胞性白血病、急性淋巴细胞白血病、多发性骨髓瘤等，找到攻克这些血液病的方法。他们的目标是，努力争取在2025年使我国恶性血液病患者五年生存率较目前提高50%，到2035年基本攻克血液系统恶性肿瘤。陈赛娟指出，白血病研究中，临床与基础相互转化的成功经验，必将启发其他恶性血液疾病研究，也会对其他学科起到示范性的作用，推动"健康中国"战略实施。她希望，上海血研所能以攻克急性早幼粒细胞白血病为起点，依托转化医学中心这个国家级的平台，找到治疗更多疾病的有效方法，造福更多患者，让世界医学界听到更多来自中国的声音。

（二）"万夫一力，天下无敌"

1. 探月天团

2020年6月，由中国宇航学会推荐，经过国际宇航联合会两轮投票表决，"嫦娥四号"任务团队优秀代表中国探月工程总设计师、中国工程院院士吴伟仁，中国探月工程副总设计师、中国航天科技集团有限公司科学技术委员会副主任于登云，"嫦娥四号"任务探测器系统总设计师、中国空间技术研究院研究员孙泽洲，获得国际宇航联合会2020年度最高奖——"世界航天奖"。这也是该国际组织成立70年来首次把这一奖项授予中国航天科学家。6月15日，"嫦娥四号"已经高效工作十八个月昼，进入第十九个月昼工作期，月面生存超过500天，成为世界上在月球表面工作时间最长的人类探测器。

2008年，吴伟仁接棒孙家栋院士担任中国探月工程总设计师。在实施"嫦娥四号"任务时，一个难题摆在大家面前：月球总是一面朝向地球，人类在地球上看到的永远是月球的正面，飞临月球背面的人类探测器将如何与地球保持通信？吴伟仁和团队用了近两年时间，解决了中继星通信的最佳空间点问题，卫星相对于地球和月球保持相对静止的地月拉格朗日L2点被找到。在吴伟仁的带领下，我国目前只进行了5次探月，"五战五捷"。他表示，深空探测永无止境，既充满风险，也充满挑战和机遇，需要一代又一代人接续奋斗，"我希望全国青少年都能投入到这项伟大事业中，去迎接挑战、开创未来。"

"登云步月"——这是于登云办公室挂着的一幅字。1988年，于登云研究生毕业后，如愿进入航天系统，在面对国外技术封锁、资料有限的情况下，利用两年多时间完成了新型卫星的相关课题，并赶上了国际先进水平。2008年9月，于登云开始担任中国探月工程副总设计师，向自己的"探月梦"进发。凭借对航天梦的执着与对科研的极度严谨，为推进中国探月事业作出了巨大贡献。

"嫦娥四号"探测器总设计师孙泽洲是一位"70后"，出身于航空航天家庭，是一位"航二代"。"嫦娥四号"登月成功后，他拿起手机先给妈妈发了条短信报喜。2004年他被任命为"嫦娥一号"探月工程副总设计师；2008年"嫦娥三号"探测器系统研发时，年仅38岁的他接过"中国探月"的接力棒，成为当时航天系统最年轻的总设计师。作为"嫦娥四号"探测器系统、火星探测器系统双料总设计师，孙泽洲说："不久的将来，对于木星，甚至更远的土星、天王星等，我相信我们的航天器也能近距离接触，获得更多数据，来实现我们的航天梦，同时也是为人类认知宇宙和世界贡献中国力量。"

作为全球航天学界的最高奖项，"世界航天奖"能够花落中国"探月天团"，再次说明中国在月球探测领域取得的成就意义重大，也代表着中国在月球探测领域处于世界领先水平，而这离不开中国航天人的航天精神。无数中国航天人对中国航天梦的执念，无数航天科学家的忘我付出，才成就了如今的航天强国！

2. 载人潜水器"奋斗者"号

2020年11月19日6时47分，由中国自主研发的全海域深海载人潜水器"奋斗者"号部署入海。10时09分，它坐在马里亚纳海沟（Mariana Trench）底部。这是经过11月10日、13日、16日三次万米海试，"奋斗者"号再次探索万米海底。这意味着在探索深蓝的道路上，中国人又前进了一大步。

马里亚纳海沟是世界上最深的海沟，就像一座倒置在海底的山。"挑战者深渊"在最深海沟测得的最大深度为11034米，相当于已知最深海洋珠穆朗玛峰的海拔高度。11月10日，"奋斗者"号坐在"挑战者深渊"底部，创下中国载人深潜新纪录。这也是世界上第一次三个人同时被带到海洋的最深处。

"奋斗者"号由中国船舶重工集团公司第702研究所（以下简称"702研究所"）设计整合，中国科学院深海科学与工程研究所作为业主牵头试航。

1万米的深海可以说是科研的"无人区",而载人潜水器则是进入"无人区"的科研工具。"奋斗者"号可搭载三艘潜水器和科学家同时下潜,作业能力覆盖全球海洋的100%。

潜水的深度标志着中国深海潜水的创新高度。"奋斗者"号能够在1万米的海底勇敢地"潜水",这要归功于中国人强大的"心"。"奋斗者"号作为国内唯一能载人潜至海底1万米的科研设备,代表了目前深海工程技术领域的顶级水平,在很多关键技术和重要材料上都有国产化核心,国产化率超过96.5%。

未知多,风险大,潜到1万米海底的路是堵的、危险的。中国深海勘探技术起步较晚,始于20世纪70年代。1971年成立"深潜救生艇发展工作组",即"7103发展工作组"。5年后,深潜救生艇设计完成。1986年,中国第一艘深潜救生艇完成300米深度试验,揭开了中国载人深潜新篇章。

从无到有,由浅入深。科学家们不断克服高压、密封、腐蚀、绝缘等技术难题,缩小我国深海勘探技术与国际先进水平的差距,自主开发载人潜水器。在惊涛骇浪中,大海充满了对生命极限的考验,但并没有阻止中国科学家们的勇敢前行。习近平总书记在贺信中指出,"奋斗者"号研制及海试的成功,标志着我国具有了进入世界海洋最深处开展科学探索和研究的能力,体现了我国在海洋高技术领域的综合实力。从"蛟龙"号、"深海勇士"号到今天的"奋斗者"号,你们以严谨科学的态度和自立自强的勇气,践行"严谨求实、团结协作、拼搏奉献、勇攀高峰"的中国载人深潜精神,为科技创新树立了典范。

六、甘为人梯、奖掖后学的育人精神

在向世界科技强国进军的征程中,需要"长江后浪推前浪"的新生力量。大力弘扬甘为人梯、奖掖后学的育人精神,为年轻一代插上科技翅膀,国家的创新发展才能获得源源不断的动力。

甘为孺子育英才,克勤尽力细心裁。未来科学的浩瀚星空群星闪耀,离不开广大科技工作者甘为人梯、奖掖后学的育人精神。

"桐花万里丹山路，雏凤清于老凤声。"科技创新，贵在接力。叶企孙被誉为"大师中的大师"，23位"两弹一星"功勋奖章获得者中，有半数以上是他的学生。黄大年常说，与科学家的身份相比，自己更看重教师这个身份，并用战略视野和高尚人格培养了一批高端人才。一代又一代科学家甘做致力提携后学的"铺路石"和领路人，言传身教、慧眼识才，将科研的火种传递下去，让创新的火炬熊熊燃烧。

一代人有一代人的奋斗，一个时代有一个时代的担当。当今之中国，正在向世界科技强国进军的征程中。实现这个伟大梦想，归根结底要靠一代代科技工作者接续努力，需要"长江后浪推前浪"的新生力量。只有大力弘扬甘为人梯、奖掖后学的育人精神，为年轻一代插上科技翅膀，国家的创新发展才能获得源源不断的动力。

甘为人梯、奖掖后学，应有"功成不必在我"的胸怀。在很长一段时间内，中国科研领域存在"论资排辈""圈子文化"等不良风气，一定程度上制约了科技创新的步伐。科学有"学派"之分，但无"门户"之别。既要坚决破除论资排辈的陈旧观念，打破各种利益纽带和裙带关系，防止和反对科研领域的"圈子文化"，更要尊重他人的学术话语权，反对门户偏见和"学阀"作风，鼓励年轻人大胆提出自己的学术观点。只有营造风清气正的科研环境，才能形成良好的科研文化，助推创新科研成果充分涌现。

甘为人梯、奖掖后学，须有"慧眼识英才、用英才"的伯乐之能。"创新之道，唯在得人。得人之要，必广其途以储之。"对于科研团队而言，识人善用、"纵马驰骋"，燃烧自己、照亮别人，方能激活创新的"第一动力"。要有识才的慧眼、爱才的诚意、用才的胆识、容才的雅量、聚才的良方，善于发现和培养青年科技人才，敢于放手，支持其在重大科研任务中"挑大梁"；要有在科研实践中做"传帮带"的奉献精神、当"铺路石"的牺牲精神，为青年人才施展才干提供更多机会和更大舞台。让优秀青年人才脱颖而出，必将为科技创新注入源源不断的动力。

甘为人梯、奖掖后学，也需积极履行科学普及的社会责任。科技创新也必须扎根在公众科学素质和能力不断增强的沃土中。建设世界科技强国，既需要一批有建树的科学家，更要让越来越多的人学会"像科学家一样思考"。弘扬新时代科学家精神，要在传播科学知识上学为人师、在弘扬科学精神上身体力行，积极履行社会责任，主动走近大中小学生，传播爱国奉献的价值理念，开展科普活动，引领更多青少年投身科技事业。只有人人都成为科学共同体的一分子，才能让科学素养成为推动中华民族复兴巨轮的强大能量。

（一）"燃烧自己，照亮他人"

有人说，教师像蜡烛，燃尽自己，照亮别人。其实，各行各业的人，谁又能不像蜡烛呢？一个人来到世间，便像一支蜡烛点燃，燃尽自己是必然的，大家都相同。不同点在于，有的人只燃烧自己却不肯照亮别人，甚至去伤害别人；有的人却想方设法去照亮别人。同样是燃尽自己，为什么不去照亮别人呢？照亮别人不是一种幸福吗？教师的职业恰恰是最有利于照亮别人的职业。从文化积累对社会发展的意义上说，我们的理想社会，也是在人们的心灵不断地被照亮的过程中，通过无数心明眼亮的人去拼搏、去奋斗、去牺牲才实现的。科学家是对真实自然及未知生命、环境、现象及其相关现象统一性的数字化重现与认识、探索、实践、定义的专业工作者。科学家用科技改变世界，改变人们的生活方式，发现未知的世界。世界上有这样一群科学家，他们从事不同的行业，为不同的领域带来新技术和推动世界生产力水平提高，为国家奉献自己的力量。

1. 王承书：隐姓埋名献忠诚

在科学道路上，有这样一位女士，放弃了获得诺贝尔奖的机会，毅然选择回到自己的祖国，隐姓埋名30年，连钱学森对她都尊敬无比。她就是王承书。她是一位核物理学家，毕业于燕京大学，曾赴美国密歇根大学攻读博士，后在密歇根大学从事博士后工作，曾两次就职于普林斯顿高级研究所。新中国成立后，为了建设自己的祖国，她

图2-12　王承书

放弃了获得诺贝尔奖的机会，毅然决然地回到祖国的怀抱。为了帮助中国研制原子弹，她不惜隐姓埋名30年。这30年间，她兢兢业业，每天都进行大量的工作。虽然取得了大量的科技成果，但是为了祖国的原子弹事业，她选择了默默奉献，不发表任何一篇论文。在我国首颗原子弹爆炸成功之前，甚至没有人知道她的名字。她把一生奉献给了祖国的科研事业，一辈子任劳任怨安于清贫。让我们为这样伟大的科学家点赞。她隐姓埋名只为祖国荣耀；燃烧了自己，照亮的是前方平坦的科学大道。

2. 屠呦呦：为科学以身试药

"呦呦鹿鸣，食野之蒿"，《诗经》中的名句是屠呦呦名字的出处，而鹿儿所食的野草便是青蒿。如同冥冥之中的安排，她的人生注定要与青蒿联系在一起。20世纪60年代，抗性疟蔓延，抗疟新药研发在国内外都处于困境。1969年1月，屠呦呦接受了国家"523"抗疟药物研究的艰巨任务，被任命为中药抗疟科研组组长，开始了抗疟药研制。1972年，为了保证患者用药安全，屠呦呦与课题组的其他两位同志不顾安危，亲自试服青蒿提取物，证明了其安全性。她以身试药的精神正是科学家所不可缺少的奉献精神。1986年，中国中医研究院中药研究所获得自我国新药审批办法实施以来的第一个一类新药的新药证书——青蒿素。至今基于青蒿素类的复方药物仍是世界卫生组织推荐的抗疟一线用药，用以治疗约70%的疟疾患者，挽救了全球特别是发展中国家数百万人的生命。她用科学谱写传奇，用一生去治愈病痛。

3. 黄旭华：终生报国不言悔

"从一开始参与研制核潜艇，我就知道这将是一辈子的事业。"黄旭华说。1924年，黄旭华出生在广东汕尾。上小学时，正值抗战时期，家乡经常受日本飞机的轰炸。海边少年就此立下报国之愿。高中毕业后，黄旭华同时收到中央大学航空系和上海交通大学造船系的录取通知。在海边长大的黄旭华选择了造船。新中国成立初期，掌握核垄断地位的超级大国不断施加核威慑。20世纪50年代后期，中央决定组织力量自主研制核潜艇。黄旭华有幸成为这一研制团队成员之一。

执行任务之前，黄旭华于1957年元旦回到阔别许久的老家。63岁的母亲再三嘱咐道:"工作稳定了,要常回家看看。"但是,此后30年中,他的家人都不知道他在做什么,父亲直到去世也未能再见他一面。1986年底,两鬓斑白的黄旭华再次回到广东老家,见到93岁的老母。他眼含泪花说:"人们常说忠孝不能双全,我说对国家的忠,就是对父母最大的孝。"直到1987年,母亲收到他寄来的一本《文汇月刊》,看到报告文学《赫赫而无名的人生》里有"他的爱人李世英"等字眼,黄旭华的9个兄弟姊妹及家人才了解他的工作性质。与对家人隐姓埋名相比,黄旭华的爱人李世英承受了更大压力。忙时,黄旭华一年中有10个月不在家。结婚8年后结束两地分居,李世英才知道丈夫是做什么的。

4. "中国核司令"程开甲

对斯人,伤怀念远。2018年11月17日,被誉为"中国核司令"的"两弹一星"功勋奖章获得者程开甲与世长辞。百年人生,百年风雨,生于国家贫穷积弱之际,长眠于祖国繁荣昌盛之时。其一生事业波澜壮阔,见证百年中国荣辱,却甘愿隐姓埋名。其一生都在积极探索,创新科技,把个体追求融入了国家命运。

历史的天空中,总有一颗颗耀眼的星星,无怨无悔地燃烧自己,照亮世界。由从积贫积弱的苦难岁月走出来,到从"流亡中的大学"毕业;从英国留学被瞧不起,到因"紫石英"号事件看到中国崛起的希望;从婉拒高薪和优厚待遇以及导师波恩的挽留回到祖国,到隐姓埋名研究核试验——他在学术界销声匿迹20多年。通过程开甲,我们看到一位爱国知识分子成长的路径。他一生都在为国铸盾,不仅让中国核科技力量比肩世界强国,而且几十年来还培养出10位院士和40多位将军。

从理论研究到应用研究,从大学到研究所再到戈壁滩,作为中国核武器事业的开拓者和核试验科学技术体系创建者之一,他参与主持和决策了包括我国第一颗原子弹、氢弹、"两弹"结合以及地面、首次空投、首次地下平洞、首次竖井试验等30多次核试验。而作为"两弹"元勋,近半个世纪以来,他对核武器内爆机理进行了深入研究与计算,为核武器爆炸威力与弹体结构设计提供了重要依据;他开创了中国系统核爆炸及其效应理论,为核武器战场应用奠定了基础。

其一生的坚守，展现了为科学奉献的淡定与从容精神。他为中国核武器研究和核试验事业倾注了全部心血和才智。中国核试验基地首任司令员张蕴钰将军赠给程开甲的诗句这样写道："核弹试验赖程君，电子层中坐乾坤。"

程开甲曾经写下五句话："科学技术研究，创新探索未知，坚忍不拔耕耘，勇于攀登高峰，无私奉献精神。"而这短短的五句话，既是他一生创新攻关的座右铭，也是他一生淡泊名利的自画像。2017年，中央军委隆重举行颁授八一勋章和授予荣誉称号仪式，习近平主席亲自将八一勋章颁授给这位杰出科学家。对于这崇高的荣誉，程开甲却谦虚地说："我只是代表，功劳是大家的。"

是他让中华民族脊梁挺得更直，让亿万国人扬眉吐气，也让世界重新认识中国。虽然雷霆已经远去，但向往和平的人们却永远铭记着那个年代，会记得罗布泊爆发的声声"春雷"，会记得这个一生都在燃烧自己、守护国家安全的巨人。

5. 唐敖庆："他日重来，还当教师"

唐敖庆（1915—2008），江苏宜兴人，物理化学家，中国现代理论化学的开拓者和奠基人，被誉为"中国量子化学之父"。1940年毕业于西南联合大学化学系。1949年获美国哥伦比亚大学博士学位。1955年被选聘为中国科学院学部委员（院士）。唐敖庆专长是物理化学和高分子物理化学，特别是量子化学研究。有关分子内旋转、高分子化学反应统计理论、配位场理论、分子轨道图形理论及分子轨道对称守恒原理等研究成果，均受到国家奖励。其中，与其研究集体关于"配位场理论"的研究，共发表学术论文260多篇；与其研究集体合作出版《配位场理论方法》（中英文版）等8部学术专著。

在中国科学院院士中，一位八旬老者享有两项"冠军"称号：近视度数最高（1800度）、获国家自然科学奖最多（4次，为中国科学家中唯一的一位）。

新中国成立不久，唐敖庆以出色的成绩获得美国哥伦比亚大学博士学位。他旋即办理了回国手续，急于归来报效祖国。他的导师为失去这个学生而非常惋惜，在饯行宴会上对他说："我清楚贵国目前相当落后，我想，你回国后继续从事你的科学研究是相当困难的。"唐敖庆诚恳地说："这些我清楚，但我更知道我的祖国现在正百废待兴。儿子不会嫌弃贫穷多病的母亲，一个爱国者不会嫌弃自己祖国的贫困。改变祖国贫困落后的面貌正是我们年轻一代的神圣使命。我不能逃避这个历史责任。"导师深受感动，把珍贵的文献资料送给他，并祝愿他回国后取得更大的成就。

1950年2月，唐敖庆回到祖国。他数十年如一日，怀着为国争光的雄心壮志，以强烈的责任心和使命感，殚精竭虑，满负荷甚至超负荷地工作，创建了具有特色的中国理论化学学派，被公认为当之无愧的中国现代理论化学开拓者和奠基人。

唐敖庆不仅是一位硕果累累的科学家，而且是一位卓越的教育家。从1952年到1986年，唐敖庆将一生中最宝贵的时光都贡献给了吉林大学。他先后主讲了无机化学、物理化学、物质结构、量子化学等十几门课程，经常同时开两门甚至三门课程，有时每周讲课达16学时之多。他以具有严格科学体系的授课内容和独特的授课风格，对基础课教学进行了开拓性探索，培养了一批基础理论扎实、治学作风严谨的主讲教师，现在他们大都成为国内教学中的学术带头人。

中国科学院院士是国家在科学技术方面的最高学术称号，具有崇高的荣誉和学术上的权威性。1955年中国科学院成立学部时，他就当选为学部委员。1991年增选院士时，化学部新当选的35名院士中有4人是他的学生，1993年他又有一名弟子当选院士。

回顾一生不平凡的执教生涯，他说："教书育人，要有甘为人梯的精神。"他还说："我之所以担任行政工作以来没有放弃教学和科研，是因为我觉得培养青年人才是关系到国家未来的大事。为了中国科学的未来，为了祖国的昌盛，我愿意耗尽自己的余生。他日重来，还当教师。"

吉林大学校长、中国工程院院士李元元曾这样评价唐敖庆："作为中国现代理论化学研究的奠基人，唐敖庆先生为中国科研事业发展和国际影响力提升作出了突出贡献；作为矢志不渝、自强不息的开拓者，唐敖庆先生伟大的爱国精神和奉献情怀为世人留下了光辉典范。唐敖庆先生的一生，是奋斗的一生、奉献的一生。他的光辉业绩和历史贡献，永远值得铭记。纪念唐敖庆先生，就是要继承和发扬先生爱生如子、爱校如家的治教精神，就是要弘扬先生求真务实、勇于创新的科学精神，就是要传承先生顾全大局、甘于奉献的爱国精神。"①

6. 陈学俊：躬耕教坛，献身科学

回首过去，他曾主持创建我国第一个锅炉专业，他是交通大学西迁中最年轻的教授。他亲自教过的学生有 2500 多人，其中有多人成为两院院士，他就是中国科学院院士、我国著名能源动力科学家、西安交通大学原副校长陈学俊先生。

陈学俊成长在祖国内忧外患的时代，在大学时即下定决心以"工程来救国"。一路走来，他也确实始终在为这个目标奉献着。1919 年 3 月 5 日，陈学俊出生在安徽滁县。1939 年毕业于中央大学（重庆）机械系。面对日本帝国主义的侵略，陈学俊大学时即下定决心以"工程来救国"。在 1941 年召开的中国工程师学会年会上，陈学俊宣读了我国锅炉制造方面的第一篇研究论文，揭开了我国动力工业发展的新篇章，同时还在报纸上振聋发聩地喊出了"为中国工程事业奋斗到底"的志愿。

1947 年初，陈学俊在美国有着"锅炉制作者"美誉的普渡大学获得硕士学位后回到上海。同年 10 月，28 岁的他被聘为交通大学机械系兼任教授。1956 年，陈学俊积极响应周恩来总理的号召，赞成交大全迁西安方案，提出"越是苦，我们就越想报效国家，彻底扎根西部"。1957 年 9 月，交通大学西迁，陈学俊一家六口就乘坐第一批搭载着交大基础课与专业课的教师专列，从上海到了西安，与交大近 70 年的情缘一直未断。

新中国成立前后，国内培养锅炉行业高级人才的大学里，没有一本用中文编写的教材，陈学俊决心改变这样落后的现状。他发挥自己的专业特长，把在美国搜集的资料整理消化，结合自己在美国参加当时世界最大的 10 万千瓦发电机组建设积累的经验，编写了《燃气轮机》一书。该书于 1949 年面世，是我国第一本燃气轮机教材。

此后，他陆续编著出版了《实用汽轮机学》《蒸汽动力厂》《锅炉学》《锅炉整体》《锅内过程》等 14 部专著，翻译热工程理论基础、锅炉设备等方面的

---

① 《吉林大学举行系列活动隆重纪念唐敖庆先生百年诞辰》，吉林大学官网，http://www.jlu.deu.cn/info/1339/39155.htm。

专业书籍120万字，为新中国培养动力类专业高级人才提供了大量教材。1948年，陈学俊还在上海创办了国内第一个热能动力方面的刊物《热工专刊》，对于当时国内外的学术交流起到了重要作用，促进了工程热物理学的发展。

自从瓦特对蒸汽机作出重大改进并带来工业革命到今天，锅炉一直是生产各类动力的重要装置，相关理论研究也在不断深化。20世纪50年代，我国开始生产电站锅炉，独立自主发展电力工业，当时从设计、制造到安装调试、运行等，一切都是空白，缺乏适合中国国情的设计数据和计算公式。

为了适应国家建设的需要，陈学俊筹建了我国高校中第一个锅炉专业，培养了这一领域的高级人才。他还在国内首先提出发展超临界发电机组的建议，主持了60万千瓦超临界机组的参数选择研究，筹建了国内第一个可以工作到临界压力至超临界压力的高压试验台，这在当时的国外高等学校中也属罕见。

20世纪50和60年代，陈学俊参与指导了上海锅炉厂第一台直流锅炉设计；70年代，主持解决了上海南市发电厂本生型直流锅炉的严重脉动问题；80年代初，他又提出了工业锅炉大型化、火电机组近代化等建议，并进行详细分析论证，为国家能源技术政策制定提供了重要依据，获国家科委、计委、经委颁发的重要贡献奖，在动力工程行业具有崇高声望及巨大影响。

自步入教育领域，陈学俊教过的学生有2500多人，可谓人才辈出，其中有6人成为两院院士。1980年，国务院学位制度公布，陈学俊被聘为国务院学位委员会工科评议组成员、第一批博士生导师。他培养的74名研究生中，36人获博士学位，34人获硕士学位，有4名博士后。在同事、学生眼中，陈学俊先生永远保持着一颗年轻的心。他90多岁高龄依然在实验室中和学生们一起学习交流。只要身体条件允许，他每周都会去多相流实验室看看。

他经常以自己在旧社会怀着工程救国、科学救国的思想，历尽坎坷、刻苦求学的困难情景，以及新中国的良好学习环境为题材，启发学生珍惜宝贵年华和来之不易的幸福生活，勤奋学习、勇于探索，为国争光。几十年来，陈学俊在教育和科研领域勤奋耕耘，为国家的强盛和繁荣奉献了全部力量。

岁月如歌，从清晨走到黄昏，从一头乌发到两鬓斑白，无论是在风云变幻的年代，还是在成功辉煌的岁月，陈学俊都坚持着对事业的执着追求，在他所热爱的领域留下坚实的足迹。

（二）推举后学，提携晚进

1. 苏步青：一片丹心育英才

苏步青，1902年出生在浙江温州平阳，中国科学院院士，中国著名数学家、教育家，被誉为"东方国度上灿烂的数学明星"。在1917年赴日留学时，苏步青先生就暗自下定决心："学成后回到故乡浙江，用20年时间把浙江大学数学系办成世界一流水准，为国家培养人才。"怀着对祖国和故乡的深深眷恋，苏步青先生于1931年初回到阔别多年的故土，到浙江大学数学系任教。那时候的国内教学条件很差，教职工连工资都没有；但苏步青克服困难，坚持教学和科研工作。他和陈建功先生开创数学讨论班，用严格的标准培养自己的学生。即使在抗日战争期间，学校西迁贵州，他在山洞里还为学生举办讨论班。他曾说，"丹心未泯创新愿，白发犹残求是辉"。1931年至1952年间，苏步青培养了近100名学生，在国内10多所著名高校中任正、副系主任的就有25位，并有8名被评为院士。

2. 谈家桢："我是属于中国的"

谈家桢（1909年9月15日—2008年11月1日），浙江宁波人，国际遗传学家，中国现代遗传学奠基人。国务院参事，民盟中央原副主席，教授、博士生导师冯之浚曾说："在与谈老的交往中，令我最为敬佩的是他奖掖后学、提携晚进的高尚品德。可以说，他是许多科学家和社会活动家人生路上的领路人。"

中国科学院院士谈家桢先生自20世纪30年代起从事遗传学研究和教学，是国际上享有盛誉的著名遗传学家，也是我国现代遗传学奠基人之一。1936年27岁时即获得博士学位。1937年回国后怀着振兴中国遗传学的雄心，投入到创建中国生命科学的事业中。这之后，虽经历了遗传学界"米丘林主义"与"孟德尔—摩尔根主义"之间激烈甚至是生死争论，谈老依然抱定自己的信仰和对真理的追求。他坚信科学终归是科学，真理最终会愈辩愈明。正是凭着这种坚韧的精神，谈老领导的复旦大学遗传学研究所——国内高等院校第一个遗传学研究机构，在动物和人类遗传、植物遗传和进化遗传、微生物遗传及生物化学遗传的基础理论研究方面都取得了飞速发展。谈家桢的研究工作主要涉及瓢虫、果蝇、猕猴、人体、植物等的细胞遗传、群体遗传、辐射遗传、毒理遗传、分子遗传以及遗传工程等。他坚持科学真理，把毕生精力献给了遗传学事业，为遗传学研究培养了大批优秀人才，建立了中国第一个遗传学专业，创建了第一个遗传学研究所，组建了第一个生命科学院。特别在果蝇种群间的演变和异色瓢虫色斑遗传变异研究领域取得了开创性的成就，为奠定现代综合进化理论提供了重要论据。

在浙江大学任教期间他发现了瓢虫色斑遗传的镶嵌显性现象，引起国际遗传学界的巨大反响，被认为是对经典遗传学发展的一大贡献。

谈老不仅是科学界、教育界的巨匠，还是著名的社会活动家和民主党派领导人。他1951年10月加入中国民主同盟，多年担任民盟中央和民盟上海市委的负责人，是盟内老一辈德高望重的领导人。他历任多届全国政协常委和全国人大代表以及上海市政协、上海市人大常委会负责人，是国内政治舞台上著名的社会活动家。作为盟内从地方到中央的领导人，谈老经常结合国内外形势的变化和国家建设的需要，要求盟员认清形势，做好迎接挑战的准备，告诫青年盟员要以自己的特长做好岗位工作，为现代化建设贡献聪明才智。作为亲身经历过两个时代、两种社会制度的老知识分子，谈老始终认为中国唯自强方能自立，仰人鼻息必自败自毁。

谈老这样说，也是这样做的。1937年全民族抗战爆发，科学救国的坚定信念使谈老婉拒盛邀，毅然回国。"我，是属于中国的。"这铿锵有力的誓言，是谈老一生的座右铭。1948年第八届国际遗传学会议后，谈老应邀前往美国纽约做学术访问。其时，人民解放军渡过长江，解放全中国近在眼前，对于每一个中国知识分子来说，都面临着何去何从的严峻抉择。那时，在学术上也面临着被苏联定性为"社会主义与资本主义两种世界观在生物学中的反映，两种意识形态的斗争"的局面，作为摩尔根弟子的谈老，更清楚这次归去或留下的重要意义。"不管如何，中国是我的祖国。我还是要回到自己的祖国去！"这一坚定信念，又一次促使谈老满怀信心，决意归国。中国老知识分子热爱祖国、报效国家的拳拳之心，在谈老身上得到充分展现。

在谈老为学为人的人生光谱中，最为闪亮的还在于他奖掖后学、提携晚进、喜看后辈创新的高风亮节。谈老83岁时回答记者提问时说："希望促成中华民族大团结，联合各个国家、地区的同胞一起努力，希望华裔科技界在下一世纪有很好的表现。我的年纪大了，希望做铺路的人。"谈老从教几十年，培养的学生已近10代，分布于国内外，数不胜数，不少已成为著名学者。他常说："青出于蓝而胜于蓝是我一贯的看法，也是世界发展的必然规律。看到学生超过我这个老师，是我最开心的事，看到这么多青年才俊频出成果，我死也瞑目了。"谈老关心、扶持后辈，为青年人铺路搭桥的高尚风格，值得每个科学家学习。

3. 段路明："理应将所学的知识带回祖国"

他是中国现代量子物理学上的一颗新星，是海外华人杰出研究奖的持有者。他是世界物理学的顶尖人物，获得美国密歇根大学终身教席后决定回归祖国，毅然投身于中国的教育事业，成为首位"清华大学基础科学讲席教授"。

他就是段路明，中国现代物理学的领军人物之一。他不仅仅是一位优秀的物理学家，更是一个爱国的教育工作者。他放弃在美国优越的科研环境和高薪岗位，抛下所有的功名与财富，毅然回到祖国，投身于现代化教育事业，为中国物理学人才培养而默默地贡献着，这一切只因为他怀着一颗爱国的奉献之心。

面对他为何放弃在美国的终身教席而选择回归祖国的问题，段路明十分坚定地回答："我是祖国教育出来的，理应将所学的知识带回祖国，为中国的学生们带去更多丰富的资源。"的确，他这种对祖国心怀感恩的精神确实值得我们每一个人学习。是祖国的教育把我们培养成才，也是祖国的教育让我们确定了人生的方向，带给我们一个光明而具有前途的未来。即使我们不能像段路明一样投身于祖国的教育事业中，也应该同他一样心怀感恩。

段路明是土生土长的安徽安庆市桐城人，从小接受的教育也是中国现代化历程中普通的中国式教育。那时候的教育环境十分艰苦，一块黑板、一根粉笔再加上三尺讲台，知识传授全靠老师的口头功夫。

但就在那样的环境中，段路明一直保持着优异的成绩。早在中学时期，段路明就是学校内成绩顶尖的学生，他对于所学习的内容总是能很快吸收理解，并且提出自己的见解，是学校里人人皆知的天才学霸。后来，段路明更是凭借着他出众的才华与优异的成绩被直接保送到中国科学技术大学。

中国科学技术大学是中国科学教育领域中一所顶尖的院校，其建立被称作"中国教育史和科学史上的一项重大事件"，可见这所学校在中国科技教育中的重要地位。段路明在中国科学技术大学就读期间也一直保持着优异的成绩。他在中国科学技术大学一直读到了博士毕业，在这期间他在学业上的成绩也是硕果累累。

在博士研究生就读期间，段路明刻苦钻研，获得了中国科学院院长特别奖殊荣。同时，段路明的论文写作也十分优秀，他发表的博士论文一举拿下了全国百篇优秀博士论文大奖，他还多次在国际知名的物理学期刊上发表文章，受到了广泛好评。

由于段路明在读期间的优异表现，他无论是在国际上还是在国内专业研究领域都极负盛名。在段路明博士毕业时，许多著名高校想要高薪聘请他去做教授，但他却选择了留在培养他成才的中国科学技术大学任教。可见他对母校深厚的情感，以及他怀有一颗感恩而奉献的心。

毕业之后，段路明没有停止继续研究的脚步，年纪轻轻就对物理学界产生了深远的影响。2003年，他被美国密歇根大学聘为教授，过了短短四年他便获得了终身教席。在美国期间，段路明接触到了世界一流的技术。走在学术界的最前沿，段路明更深刻认识到中国与世界科技发展存在的极大差距，于是他的心中逐渐产生回国的想法。

2009年，段路明当选美国物理学会学士。美国物理学会是世界上最知名的物理学专业学会之一。然而，想要加入这个学会并不是一件容易的事情，每年只有极少数人才有机会加入，他们要么就是走在学术研究的前沿，要么就是对物理学界有着突出的贡献。而段路明年纪轻轻就当选了物理学会学士，可见其专业能力是十分优异的。

段路明在美国期间选择了继续完善和提高自己，同时还担任了清华讲座教授。每每在清华办讲座，他总是滔滔不绝，尽最大可能地把自己在国外的见闻与学子们分享。在清华讲座的经历，让段路明心中回国的想法更加强烈。

经过深思熟虑之后，段路明毅然决定放弃他在美国的终身教席，回国到清华大学任教。同时，段路明回国也意味着他暂时退出世界科学研究领域的前沿，抛下此前他在国际上收获的荣耀与名利。

段路明回国后专心投身于清华大学的教育工作中。他骄傲地说："远在海外的游子，对祖国的爱更深刻。为祖国尽一份力的愿望从未改变，现在终于可以全职留在国内了。"就这样，他在国内的教育岗位上默默奉献着，将他的所学以及见闻毫无保留地奉献给了中国的教育事业。

少年强则国强，如今中国的发展又开启了一个新纪元。在当前科技越来越深刻影响着国家发展的时代，我们的国家需要更多像段路明这样的人。祖国教育将我们培养成才，我们也应该怀着一颗奉献之心回馈祖国的发展。

科教兴国，人才强国。段路明深知自己是祖国培养出来的，他也曾站在世界科学的巅峰，但他却愿意抛下身处巅峰的荣耀而转身回到祖国的教育事业中，默默将自己的知识与见闻回馈给祖国。这样的精神品质十分难能可贵，值得我们传承和发扬。

第三章 **03**

科学家精神与国家独立

　　在那个风云激荡、战火纷飞的岁月里，"天下兴亡，匹夫有责"，中国的老一辈科学家胸怀爱国之情，以实际行动践行了他们的爱国主义精神，表达了他们对伟大祖国的热爱。近代中国，积贫积弱，列强侵入，民不聊生。生逢乱世的中国老一辈科学家，亲眼看到了国家遭受日本帝国主义侵略和欺压，亲眼看到了国家在反动派的统治下民不聊生；也看到了共产党所领导的人民革命推翻了压在中国人民头上的三座大山，建立了一个真正独立自主的人民共和国；还看到了刚刚从动荡不安的时局中获得解放的中国人民，为了捍卫新生的国家政权，面对比自己强大的美国帝国主义侵略军队，舍生忘死，义无反顾，英勇顽强，奋起反抗，挥刀向霸权者，最终迫使美国帝国主义在《朝鲜停战协定》上签字。凡此种种，历历在目。因此，只要是真正的中华儿女，流淌着中华的血脉，感受过中华的文化，对于国家的独立、主权和领土完整都会怀有强烈的感情，都会与祖国和人民心连心、同呼吸、共命运。正是由于目睹了祖国饱受帝国主义侵略和贫穷落后的现状，才激发了老一辈科学家炽热的爱国情感。

　　无论是在动荡不安的年代里，还是在革命和建设的岁月中，都有着老一辈科学家为了国家独立、人民幸福、求索真理，而奔走求学、苦心钻研、赤诚报国、尽心竭力的身影。在战火硝烟的日子里，他们能够沉静内心，孜孜以学，为后来报效祖国积蓄力量。新中国成立后，在相对稳定的社会主义建设环境中，他们看到了科学在中国发展的希望和曙光。当祖国建设向他们发出热烈号召的时候，他们盼来了报效祖国、服务人民的大好时机。他们从海外的各个地方，放弃了优渥的生活，背起行囊，心怀赤诚，毅然归国，在极其艰苦的条件下潜心科研，战斗在第一线，为国家建设贡献力量。爱国不仅仅体现在老一辈科学家的胸怀上，还体现在老一辈科学家的行动上。他们既是真正的慷慨赴国难的智勇之士，又是真正的未敢忘忧国的侠义之士，更是令人钦佩的科学家精神的塑造者和践行者。

一、"不能平静的书桌"和平静的心灵

（一）战火硝烟中的科学探索

在全民族抗战时期，我国的莘莘学子不能拥有一张平静的书桌。尽管如此，他们致力于求学的心却始终是坚定的，他们专心科研的脚步也是不曾停歇的。在全民族抗战拯救国家危难之际，我国科学家要么直接奔赴抗日战争的前线，要么在后方专心科研，积极探索支持抗战。虽然在那个动荡不安时期他们基本上没有极其重大的科学技术突破，但也确确实实地解决了大量的在国计民生方面和战争需要方面的重大问题。不管是奋战在抗日前线，还是科研于抗日后方，他们都竭尽所能为抗日战争作出自己应有的贡献。

1. 抗日救国奋战沙场

全民族抗战爆发后，面对民族危难，无数仁人志士不顾个人安危走上了抗日救亡的道路，在前仆后继、艰苦卓绝的抗日斗争中涌现出了许多可歌可泣的英雄人物和光辉事迹。一位位中国科学家义无反顾，勇担使命，下定决心与人民共赴国难。

在战火硝烟中，为保卫祖国而奋斗在抗日一线的科学家和科技工作者不计其数，他们或是在武器装备研发领域攻关，或是在从事战时保障工作，或是奋斗在救死扶伤一线，为抗日贡献力量。他们在当时山河破碎的祖国，为挽救民族危亡贡献着自己宝贵的科学智慧。

他们致力于武器研发，为抗战提供装备。抗日战争时期，中国人民的作战条件是十分艰苦的。当时，由于我国的综合国力和科技水平与日本相比差距悬殊，抗日军民使用的武器无论是种类还是性能大多数都无法与日军相比。日本军队凭借其先进的武器装备大肆侵略中国，中国军民以劣势武器装备抗击日本侵略者。当时在陕甘宁边区，中国共产党领导人民军队以及广大抗日民众进行抗击侵华日军大规模军事活动的时候，由于给养供应不足，武器装备落后，还流行着"小米加步枪"的说法。当时，虽然在军事上我们的武器装备落后，但是面对敌强我弱的严峻形势，中国的科技工作者在极端困难的条件下充分发挥自己的聪明才智，以满腔爱国之情全身心投入到研制或改进武器装备的工作中，为抗日战争作出了巨大贡献。

在抗日战争中为国家和民族作出贡献的科学家有很多，特别值得一提的是科学家叶企孙为抗战所作的贡献。抗战初期，清华大学理学院院长叶企孙教授派他的学生熊大缜到吕正操将军领导的冀中抗日根据地。在冀中抗日根据地，熊大缜利用专业知识为部队制造烈性炸药、地雷、雷管、无线电等军需品。

图3-1　叶企孙（中）和前线抗战士兵合影

后来叶企孙又派一批清华大学师生、职工穿越日军封锁线进入冀中，以技术支援抗日游击战。[1]同时，叶企孙教授本人在天津，在日军监视和监管最严密的地方，组织大学的爱国师生秘密生产TNT炸药、无线电发报机等抗战需要的物资，偷运至冀中供应抗日部队。

美国外交官曾深入抗日根据地考察，回国后在报纸上撰文，称冀中的各色地雷不逊于美国的火箭，美国掌握的技术在中国的晋察冀都有了。叶企孙教授甚至一度考虑过亲赴冀中，以解决一系列技术上的难题，后被多方劝阻才作罢。他的学生回忆道："叶先生在天津从事那些活动所冒的风险，一定程度上

---

[1] 徐百柯：《叶企孙："地雷战"背后的科学家》，《云南教育》（视界综合版），2012年第7期，第28页。

说比去冀中的风险还大。先生虽有慎行、冷静、超然于政治之外的品性，但在那民族生死存亡之际，祖国需要忠勇之士的时候，他站出来了。"[1]国难当头，叶企孙教授毅然挺身而出，不顾个人安危为抗日救国贡献力量，充分体现了我国科学家的爱国情怀。

在民族危难之际，总是会有科学家为救国救民挺身而出。著名的金属物理学家葛庭燧在抗战中选择了奋起抵抗。

1930年，葛庭燧考入清华大学物理系。在学习期间，他受到胡乔木等人先进思想的影响，积极参加爱国学生运动。1935年，葛庭燧参加了著名的"一二·九"运动，并加入了中国共产党领导的"中华民族解放先锋队"，担任一个中队的中队长。一天深夜，北平军警派兵包围了清华园，搜捕进步学生。葛庭燧躲在恩师叶企孙先生的宿舍里，才得以安然无恙。1938年，葛庭燧考入燕

图3-2　葛庭燧

京大学物理系读研究生并担任助教。此后，葛庭燧利用燕京大学做掩护，秘密地为冀中抗日作贡献。葛庭燧和汪德熙等人对自制的火药和地雷做了爆炸性实验，不仅为抗日部队提供雷管、无线电元件等重要器材，还提供一些重要的科技书籍或资料。

图3-3　王守竞

在抗日战争中，科学家王守竞也为抗战作出了极大的贡献。王守竞是苏州人，在量子力学方面取得很大成就。他的多原子分子非对称转动谱能级公式被后人称为"王氏公式"，至今仍被大学物理教科书引用。

九一八事变后，王守竞怀着浓厚的"科学救国"和"实业救国"的情结，

---

[1]　常甲辰：《科学家对冀中抗日的特殊贡献及其评价研究》，硕士学位论文，首都师范大学，2007。

面对日本对中国的侵略，毅然决定为国家做些力所能及的事。1933年，他加入国民政府军政部兵工署，主持军用光学器材厂筹建工作。抗战时期，军用光学器材厂迁往昆明，王守竞承担军用光学器材修理任务，并成功地制造了抗日战争前线急需的军用望远镜。

中国的科学家和科技工作者，在民族蒙难、国家危亡时刻，勇担民族大义，用自己的辛勤和智慧为抗战提供了重要的武器装备，为抗日战争胜利作出了应有的贡献，真正地体现出中国科学家的爱国情怀。

致力建设基础设施，为抗战提供保障。在抗日战争这个战火纷飞的特殊时期，中国的许多优秀科学家和科技工作者选择与祖国一起共克国难，在满目疮痍的山河之上，建造了运送抗战重要物资需要的交通基础设施，用他们的智慧与胆略铺筑起中华民族通往抗战胜利的条条铁路、座座大桥。

1937年7月7日，卢沟桥事变爆发，全民族抗战由此拉开帷幕。铁路作为主要的交通干线，是军事运输的重要方式，因此成为日军重点抢夺的战略资源。当时，为了保证抗日物资快捷运送，为了夺取抗日战争的胜利，许许多多科学家投入到交通基础设施建造之中，为抗战提供了重要保障。

提起当时的铁路和大桥建设，我们的头脑中便会浮现一个身影，他就是我国著名桥梁专家、土木工程学家茅以升。他曾亲自主持设计建造和修复钱塘江大桥的工作。

图3-4　茅以升

钱塘江大桥是我国第一座由中国人自行设计和主持建造的较大的近代化公路、铁路两用桥，1933年开始筹备，1935年4月正式开工，1937年9月铁路桥通车，同年11月公路桥通车。钱塘江水势湍急，江底地质条件复杂。由于各种自然条件限制，在这样湍急的江水上建造桥梁十分不易。当时，茅以升主持建造钱塘江大桥的设计方案与美国专家给出的方案相比，为我国节省了大量资金。与此同时，也给中国人民长了志气。1937年11月，杭州的抗日战争局势日趋紧张，为了不使钱塘江大桥为敌人所用，军事当局要求做好爆破大桥的准备。23日傍晚，对钱塘江大桥实施了爆破。这座由中国工程师自行设计并主持施工的大桥，在完成了战时作战需要的紧急使命后，又由设计建造它的工程技术人员自己动手炸断。钱塘江大桥的建造与炸断，是中国科技工作者与祖国共命运的生动写照。

在抗日战争中不仅需要桥梁作为运送物资的保障，同时，铁路作为交通基础设施的一部分，在战争中也发挥了重要作用。其中很值得一提的是杰出的建筑大师杜镇远抢筑湘桂铁路衡阳至桂林段的重要事迹。

1937年4月，国民政府铁道部成立湘桂铁路工程处。湘桂铁路建设的最初意图是与粤汉铁路相接，沟通广西地区与长江流域。全民族抗战爆发后，铁道部对湘桂铁路的计划延展到了广西和越南的国境线，连接越南铁路，成为国际交通运输线。抢筑湘桂铁路衡阳至桂林段期间，杜镇远促成铁道部与湖南、广西两省的合作，使工程没有因资源和经费匮乏而受阻。杜镇远勘测并选定了祁东、东安路线，避免了在湘江之上修建两座大桥，节省了大量人力物力资源。这段铁路修筑期间，战争烽火已经来临，十万多民工在敌人飞机的轰炸下夜以继日地赶工，使得这段铁路仅用一年就顺利通车。这条铁路线的建成，联络了西南地区的交

图3-5 修筑湘桂铁路

通，为抗日战争时期的国防和民生作出了重要贡献。

致力于救死扶伤，为抗战提供人力保障。有战争就会有流血，有战争就会有伤痛，有战争就会有牺牲。战争总是伴随着滚滚的硝烟和淋漓的鲜血。在战争中令人钦佩的不仅有奋战沙场的将士，还有那些在战地中忙碌的医疗救护人员。是他们不顾个人安危一次次从死神手中救回将士们的生命，为军队的高昂士气和战斗力提供了重要保障。在抗日战争中，中国的医学家和医疗工作者们进行的大规模救护行动，为抗战胜利作出了巨大贡献。

图3-6　林可胜

中国近代最杰出的科学家之一、中国现代生理学主要奠基人林可胜，在抗战时期就领导医疗系统建设，投身救国事业。林可胜，祖籍福建澄海，生于新加坡。长年的海外经历，使林可胜深深体会到华人地位的低下，回国的念头也与日俱增。林可胜坚信，只有在中国发展科学，才能使落后的中国变得强大。

九一八事变后，战火很快蔓延到华北。林可胜在协和发起并组织学生成立救护队，开赴古北口、喜峰口等前线进行救护。他敏锐地预见到战争的长期性和持久性，在协和组建了一支全套装备的救护训练队。林可胜还亲自制造了标准的手术器械箱和急救药箱作为示范。

卢沟桥事变，炮火声声，震撼着北平，林可胜毅然奔赴抗日的最前线。为了免去后顾之忧，他携子女去了新加坡，将家人安顿好后立即只身一人回到武汉，组织中国红十字总会救护队，为祖国的抗战救护工作贡献力量。在七七事变和淞沪会战中，林可胜主张，应该放弃建立大型的后方医院、集中治疗的做法，而变为派遣独立的医疗队进行流动救护工作，并将中国红十字总会的医疗人员和物资设备分配到各地军医院。在长城会战中，协和医学院师生所组织的3个救护队就在林可胜的这一思想指导下深入战区进行战地救护。同时，在当时的卫生署支持下，林可胜的战地救护体系思想得到全面推行。

为了满足军队对合格军医的迫切需求，林可胜建议调集在职的军队医护人员，对他们进行专业训练，提高他们的业务水平。战时卫生人员训练班就这样在汉口诞生。后来到了图云关，又变为战时卫生人员训练所，同样由林可胜担任主任。利用救护总队较为充裕的人才和医疗资源，卫生人员训练总所培养了大批合格的军队医护人员，成为战时中国最大的救护人员训练基地。

在抗日战争时期，中国的科学家和科技工作者在面对日本帝国主义的侵略时，毅然选择和祖国人民一起进行抗争，深刻地体现出中国科学家浓厚的爱国情怀，以及他们对伟大祖国和人民强烈的使命感和责任感。

2. 抗日后方艰难探索

抗日战争前线战火纷飞，中国科学家和中国人民与日本帝国主义做着英勇顽强的斗争。在争取国家独立过程中，不仅有许多科学家投笔从戎，在抗日战场上为国家持续地贡献力量，还有一部分科学家，他们为了保存国家的科研设备，为了保守国家的科研秘密，为了延续国家的科学命脉，为了培养国家的科学人才，在抗战的艰苦卓绝条件下，在民族面临危亡的时刻，担负着自己的爱国责任，用自己的专业知识支持抗战。其中特别值得一提的是西南联大的中国科学家，在抗战烽火中他们辗转流徙，仍坚持不懈进行科学研究，为中国的科学发展保存了火种、积蓄了能量。

要了解西南联大时期的科学探索，就要了解西南联大的建立，了解西南联大的历史。西南联大即国立西南联合大学，是中国抗日战争开始后高校内迁设置在昆明的一所综合性大学。卢沟桥事变后，为了使中华民族教育精华免遭彻底毁灭，国立北京大学、国立清华大学和私立南开大学被迫南迁湖南长沙，组成国立长沙临时大学。不久，南京沦陷，长沙连遭日本战机的轰炸，长沙不再是一个安全之地。而此时地处祖国西南边陲的云南昆明，离抗日战争前线较远，相对来说在战乱时的中国是安全的。由此，经中华民国教育部批准，长沙临时大学兵分三路辗转西迁进入云南，先后在云南昆明、蒙自办学。

昆明距离长沙约1350千米。在作出西迁的决定时，当时师生们的迁移路线有三条：

图3-7　西南联大旧址

一条是经过广州、香港乘船到越南的海防市，再坐火车到达昆明；一条是从长沙乘坐汽车经过桂林、柳州到南宁，再经过镇南关到越南的河内，最后沿滇越铁路到达昆明；还有一条是徒步经过湖南的湘西进入贵州，最后抵达昆明。其中第三条路最艰苦。当时，师生们组成西南联大步行团计划步行至昆明。学生们认为徒步到云南昆明的过程中，可以更深入地了解当时的中国，可以重新认识自己的内心和那时的中国面貌。

图3-8　西南联大步行团

　　据著名植物学家吴征镒回忆，在西南联大步行团步行至云南过程中，在生物系李继侗教授带领下，他们一面行军，一面采集各种动植物标本，并讨论关于植物地理概貌方面的知识。步行团西迁路程艰难遥远，但即使在这种情况下他们也没有放弃科研，仍然珍惜时间努力研究。爱国师生们在中华大地印上了西南联大人刚毅坚忍、自强不息的足迹。

　　从1937年8月中华民国教育部决定组建国立长沙临时大学开始，到1946年7月31日国立西南联合大学停止办学，西南联大共存在了8年零11个月。"内树学术自由之规模，外来民主堡垒之称号"，西南联大保存了抗战时期的重要科研力量。当时的西南联大真是大师云集，不仅在自然科学方面已经卓有建树，而且为中国的发展培养了一大批很有成就的科学家，为中国和世界发展进步作出了杰出的贡献。

　　西南联大师生在艰苦的条件下，仍不断地进行科学探索。西南联大师生一直把坚持科学研究作为实现科学救国理想和科学报国之志的重要方式，他们在极端困苦的环境中充分发挥自己的主观能动性，一直坚信发展科学技术是国家和民族摆脱危机、实现国家富强和民族复兴的重要途径。西南联大师生抱定科学救国、科学建国的坚定信念，在科研条件极其艰苦的条件下攻坚克难，利用一切机会坚持开展科学研究和技术研发，并取得了很多举世瞩目的科研创新成果，为新中国成立后的国防、工业等的发展打下了坚实的科学基础。同时，西南联大师生在西南地区开展调查研究工作，参与西南地区建设，对西南地区各类物种、矿产、水利等资源进行深入研究、勘测和调查，为国家进行西南地区建设做好了前期准备。

西南联大师生在抗战的后方致力于科学研究，不仅服务于抗战救国，而且为新中国的社会主义建设打下了坚实的科学发展基础。坚持基础研究是西南联大师生对抗战救国和未来的国家建设作出的最重要贡献，也是西南联大在世界科学文化发展史上占有一席之地的重要原因。在极其艰苦的条件下，西南联大师生坚持严谨治学、刻苦钻研，不仅竭尽所能地用科研成果支持抗战，还坚持做基础理论研究，特别是引入和发展了西方现代科学理论，积极推动中国自然科学发展。当时西南联大的许多科学家不仅为科学技术发展作出了开创性的贡献，而且培养了许多优秀的学子，例如邓稼先、郭永怀、华罗庚等，他们都为新中国的建设和发展作出了重要贡献，也成为值得祖国和人民骄傲的科学家。在自然科学方面，西南联大师生坚持理论和科技创新研究，取得了丰硕成果，为国家和民族发展打下了科学发展的根基。如算学系华罗庚的《堆垒素数论》等；生物系张景钺、李继侗、吴韫珍合编的《普通植物学》，经利彬、吴征镒、匡可任等合编的《滇南本草图谱》等；物理系周培源的《湍流论》，吴大猷的《多原子分子的机构及其振动光谱》等；地质气象系赵九章的《大气之涡旋运动》，王竹溪的《热学问题之研究》等；机械工程系刘仙洲的《热工学》等一系列科研著作，就是当时西南联大师生刻苦钻研、不畏艰难的写照。

为支持抗日战争，西南联大师生坚持科学救国，并结合自身所学为抗战作贡献，彰显了爱国奉献精神。1938年7月，按照国民政府的指令，西南联大工学院增设航空工程系。1939年2月，西南联大工学院电机工程系又增设电讯专修科，同时对机械系高年级学生进行机械化部队训练，学生受训后被分配到各地开展工作。为适应抗战的需要，西南联大工学院还增设了很多军事工程方面的课程，如庄前鼎的"兵器学"，施嘉炀的"堡垒工程""野战堡垒"，王明之的"军用桥梁""军用结构"，吴柳生的"飞机场设计"，陈永龄、李庆海的

"航空测量"，白英的"船舶设计"等。①

1943年，西南联大工学院教师利用学校的设备组建清华服务社，服务社的机械工程部为美国陆空军提供建筑材料，应用化学部制造牙水、发油向昆明市民发售，农艺部还提供碾米服务和制售酱油等。

西南联大师生用自己的科研和专业优势或直接或间接地支持抗日战争，解决了当时的部分国计民生问题。他们始终秉承科学救国、科学建国的信念，坚持读书学习、科学研究。以西南联大师生为代表的中国科学家在艰苦环境中坚持做科学研究的爱国之情、所表现的安然自得之精神弥足珍贵。而从西南联大走出的科学家，为我国的国家独立、民族解放和国家建设事业作出了极大的贡献。

西南联大师生在云南期间，也直接参与了边疆地区的科学考察等活动。在自然科学方面，西南联大化学系教授曾昭抡率领"西康科学考察团"对西昌、大凉山彝族地区矿产资源和交通状况进行了调查研究，为之后的四川攀枝花地区矿产资源开采提供了重要参考；西南联大土木工程系教授施嘉炀与资源委员会合作组成"云南省水力发电勘测队"，用两年时间完成了两期勘测任务，为云南水力资源开发制定了初步规划，同时设计出腾冲水电站、富民水电站等一批水电站，出版了《昆明水工研究丛刊》；地质地理气象系教授谭锡畴在教学之余，应地方政府之请主持宣威煤矿的勘探和开采工作，并完成了《易门铁矿地质探矿暨地球物理探勘工作概况》《云南矿产概况及其在全国所占之地位》《世界工业矿产概论》等许多有价值的论著；生物系主任李继侗教授经常亲自带领学生到昆明近郊以及大理等滇西地区考察荒地，为边疆开荒和移民工作作出了重要贡献。西南联大师生利用自身的专业知识，为西南地区发展注入了现代的科学技术新动力。

在中国西南的一隅之地上，国立北大、国立清华和私立南开三校合并开办的西南联大，让现代的中国大学在抗日战争的生死存亡之际仍然得以继续存在。西南联大不仅在基础科学研究等方面取得了重要成果，还培养了大批优秀的科学家，同时为抗日战争的胜利贡献了力量，让知识和文化得以传承，让科

---

① 郭沂曾：《忆西南联大物理系》，载西南联合大学北京校友会编《笳吹弦诵情弥切——国立西南联合大学五十周年纪念文集》，中国文史出版社，1988，第229页。

学和技术得以延续。西南联大印证了中国科学家奋斗成长的足迹，体现了中国科学家的智慧与担当。西南联大留下的是中国科学家最宝贵的爱国精神、创新精神、求实精神、奉献精神、协同精神和育人精神的遗产，树立了一个时代科学家精神的典范，也成为一个时代中国大学精神的象征，在中国科学技术史上具有举足轻重的作用。

（二）心系家国事，精诚以报国

1."中国克隆之父"童第周

中国的科学家生长于中华大地，祖国母亲哺育了他们成长，他们是中华儿女，流淌着中华民族的血脉，感受着中华文化的滋养，家国情怀根植于他们的内心。他们年少时立志赶赴国外求学，学习西方先进的科学技术，但心中从未间断过对祖国和人民的牵挂与思念。他们发奋刻苦、勤勉求学，期盼着学成之日奔赴祖国怀抱，为祖国建设和发展出力。新中国成立前后，一大批怀着科学救国抱负的科学家踏上了归国旅程，以满腔的爱国之情和报国之志回馈祖国母亲，期待以智慧和汗水为祖国建设作贡献。新中国成立前，身在外而心系祖国的科学家为数不少，他们或求学或科研于不同的学科领域，其中著名的生物学家、中国胚胎学主要创始人、中国海洋科学研究奠基人、被誉为"中国克隆之父"的童第周就是其中之一。童第周是浙江鄞县人，出生于一个农民家庭，自幼丧父，家境清贫，靠兄辈抚养。17岁时，依靠他的二哥的帮助才进入宁波师范求学。他非常勤奋好学，后来考入了复旦大学。

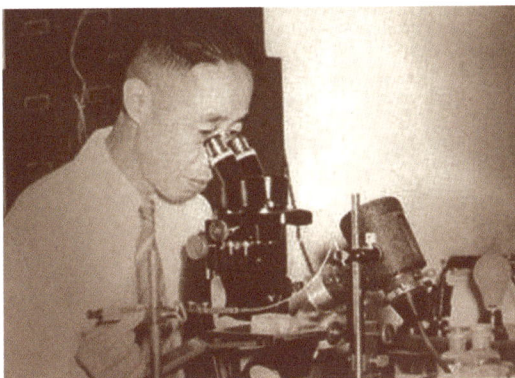

图3-9 童第周

1930年，童第周28岁，他在亲朋好友们的资助下，乘火车从满洲里途经苏联到比利时的布鲁塞尔大学去留学，师从欧洲著名的生物学教授勃朗歇尔学习胚胎学。当时，和童第周一起学习的还有其他国家的留学生。由于旧中国贫穷落后，在国际社会上没有地位，童第周发现有一些外国留学生以一种轻蔑的态度看待中国人，说："中国人是弱国的国民"。和童第周同住的一个外国留学生宣称："中国人太笨。"听到这些令人气愤的污蔑言辞后，童第周再也抑制不住自己满腔的怒火，对那个外国留学生说："这样吧，我们来比一比，你代表你的国家，我代表我的国家，看谁先取得博士学位。"童第周十分愤慨并暗自下定决心，一定要为国争气。他气愤地在日记中写下了自己的誓言："中国人不是笨人，应该拿出东西来，为我们的民族争光！"研究胚胎学，经常要做卵细胞膜剥除手术。在一次做实验时，勃朗歇尔教授要求学生们设法把青蛙的卵膜剥下来，这是一项难度十分大的手术，不仅需要熟练的技术，还需要十分的耐心和细心。就连勃朗歇尔教授自己连着几年做实验也没有成功。青蛙卵如小米粒一般大小，外面紧紧地包裹着三层像蛋白一般的软膜，因为青蛙卵小而且膜也很薄，剥除手术只能在显微镜下进行。许多人的剥除实验都失败了，他们刚一剥开青蛙卵膜，就把青蛙的卵也给撕破了。然而，只有童第周一人成功地完成了这项剥除卵膜的实验任务。

勃朗歇尔教授知道童第周实验成功的消息后激动万分，因为这是他做了几年也没有做成功的项目。他还特地安排了一次观摩实验课，让其他学生都来看童第周做实验。实验开始了，童第周不慌不忙地走到显微镜前，有条不紊地操作着实验。他是那样的细心，那样的耐心，在显微镜下一丝不苟地做着实验，十分熟练。他先是用一根钢针在青蛙卵上刺了一个小洞，于是青蛙卵马上就松弛下来，变成了扁圆形的，他再用钢镊往两边轻轻地一挑，青蛙卵的卵膜就从卵上顺利地脱落下来了。他做得十分熟练且精准。

童第周剥除青蛙卵膜手术的成功，震动了欧洲生物界。4年之后，比利时布鲁塞尔大学学术委员会决定授予童第周博士学位。在荣获博士学位的大会上，童第周激动地说："我是中国人。有人说中国人笨，我获得了贵国的博士学位，至少可以说明中国人决不比别人笨。"在场的教授们纷纷表示赞同。而那位答应与童第周进行比赛的外国学生一篇论文也没有发表，也没有获得博士学位。

还有一次，那是1931年夏天，童第周的导师带着他来到著名的科研中心法国海滨实验室。这次导师要他为直径不到十分之一毫米的海鞘卵子做外膜剥离。童第周再次顺利完成了剥离实验，让云集到此的国际同行们十分钦佩。

1931年，九一八事变爆发，日本帝国主义侵略者开始对中国东北进行大肆进攻。那时身在国外的童第周出于热爱祖国和自觉抗日的热情，主动发动中国的留学生，组成中国学生总会，并被推举为中国学生总会负责人。童第周带领众多中国留学生到日本驻布鲁塞尔使馆进行强烈抗议，因此事还受到了比利时警方的威胁，最终还以扰乱社会治安的罪名被判处两个星期的徒刑，缓期执行。

童第周是众多具有爱国情怀的中国科学家之一，在国外求学时，他不声不响地钻研，努力做研究。经过多次反复实践才做成了当时极难成功的剥离实验，以实际行动对歧视中国人的声音发出了抗议，为中国人民争了气。在国外他是个从中国走出去的青年学生，他从未忘记过祖国对他的期许，他用自己的实际行动捍卫了我们的民族尊严。当抗日战争爆发，日本侵略者入侵祖国领土时，他身在国外，但胸怀一颗爱国之心，以满腔热血投入到捍卫国家独立和主权完整的示威游行活动中，体现了中国科学家身在国外却心忧家国之事、时刻挂念祖国和人民的爱国主义精神。[1]

2. 侯氏制碱法创始人侯德榜

侯德榜1890年8月9日出生于福建闽侯的一个普通农村家庭。少年时期的侯德榜学习十分刻苦。后来在他的姑妈资助下，他来到了福州英华书院求学，而后又在闽皖路矿学堂读书，主修了两年铁路工程。毕业后，在当时正施工的津浦铁路符离集车站做工程练习生。在工作之余，他抓紧机会努力学习。1911年，他放弃了职位考入清华留美预备学堂，并因成绩优异誉满清华。经过3年的努力，1913年他以10门功课1000分的优异成绩被保送到美国麻省理工学院化工科进行学习。在留学的8年时间里，他先后在美国麻省理工学院、柏拉图学院、哥伦比

图3-10　侯德榜

---

[1]　青果：《心系祖国的童第周》，《少年月刊》2010年第5期，第13-15页。

亚大学攻读化学工程，并于1921年取得博士学位。

在国外留学时，他时刻心系祖国和人民，惦记着处在水深火热中的苦难同胞。20世纪初，我国许多工业部门所需要的纯碱全部依赖进口。在第一次世界大战期间，欧洲和亚洲之间的交通十分不便利，由于运输不便导致成本增加，"洋碱"进口数量急剧减少，英商卜内门公司乘机囤积居奇，使纯碱的价格暴涨了七八倍左右，使得生产需要用碱的许多民族工业被迫停工停产。爱国实业家范旭东1914年在天津塘沽集资创办久大精盐公司，生产的精盐在长江流域销路畅通，很快就销售一空，获得丰厚的利润。在创办久大精盐厂的基础上，范旭东又打算筹建天津塘沽碱厂，实现他的实业救国梦想。

范旭东深知，制碱要想成功，关键在于掌握制碱技术。当时，如果采用苏尔维制碱法制碱，无论是从利用率还是成本来说都比较可观。然而，制碱技术早已被外国垄断资本家严密封锁。因此，只有依靠我们自己，走自力更生的道路，寻找新的制碱法才能成功。

1919年，范旭东结识了在美国经营矿业的纽约华昌贸易公司总经理李国钦，并委托李国钦在美国设法帮忙寻找专家为永利碱厂进行设计，并让赴美国考察的陈调甫寻找人才。陈调甫在纽约的一家旅馆遇到了在美国留学的侯德榜，并向侯德榜介绍了当时外国资本家封锁制碱技术，国内由于没有制碱技术难以兴办制碱厂，民族工业面临困境的事情，并将范旭东开办实业且求贤若渴的事情一并告知了侯德榜。

当时，侯德榜30岁，出于家国情怀，他怀着强烈的爱国热忱，毫不犹豫地答应了陈调甫为天津塘沽永利碱厂设计制碱工艺。于是，侯德榜便与像他一样在美国留学的徐允钟、窦凡尔等，在美国开始投入到为永利碱厂进行筹建的工作中。

侯德榜在国外始终心怀忧国报国之情，所以当祖国同胞需要他帮助的时候，他毫不犹豫地伸出了援助之手，真正做到了学先进之所学、为国家之所用，这种爱国心、报国情非常值得我们钦佩。

侯德榜在美国留学8年，这段时间的积淀奠定了他一生创业的基础。经过艰苦努力，他终于成为国内外享有盛誉的化工专家，为祖国增添了巨大的荣誉，为人类社会发展作出了杰出的贡献。最难能可贵的是学业有成后，他毅然放弃了美国舒适生活，收拾行囊返回祖国，并用自己的专业知识报效祖国。无论是童第周还是侯德榜，他们都是我国杰出的科学家。他们是那个时代身在国外求学、心系家国之事的杰出科学家中的一员，真正地践行了中国的科学家精神。

弃荣华毅然归国。一代人有一代人自己的使命，一代科学家也有一代科学家的使命。在新中国成立前，就有很多科学家在学成之后回到祖国，为拯救危难中的中国作出努力。1949年10月1日，中华人民共和国成立。当时，国家的各项事业百废待兴，各项建设需要大量人才，尤其是国防、工业等科学事业的发展，急需大量科学人才。12月18日，周恩来总理通过北京人民广播电台，代表党中央和中央人民政府郑重邀请在海外的留学生回国参加新中国建设。这是为了新中国科学技术的发展而发出的号召，希望在国外学习和工作的科学家们能够回国为祖国建设贡献力量。当祖国发出号召时，在海外学习和工作的科学家们都积极响应。他们毅然放弃国外的优厚待遇和舒适生活，回到祖国怀抱，为新中国建设、为国家发展、为人民幸福贡献力量。

3. 中国现代地球科学奠基人李四光

说到舍弃优渥待遇和舒适生活毅然回国的科学家，我们头脑中总会浮现一些身影。在这众多归国者中，我国著名地质学家李四光就是其中之一。李四光出生于湖北省黄冈市一个贫寒的农村家庭。李四光的父亲是一名教书先生，家里生活比较清贫。他自幼在父亲教书的私塾读书。李四光小的时候非常懂事，他一边在私塾里读书学习，一边帮助母亲做一些家务活儿。空闲时，他还要抓紧时间努力学习。14岁那年，他告别父母，独自一人来到武昌报考高等小学堂。他坚定地说："我一定争取考上！"父亲看着他，舒心地笑了。考试成绩不久就出来了，李四光以优异的成绩考入武昌高等小学堂。他告别父母兄妹，独自一人乘船来到了武昌求学。

1904年，李四光以优异的成绩被选派到日本公费留学。在日本东京弘文学院读书时，李四光结识了宋教仁和马君武，他开始接受民主革命思想。当时，正值中国同盟会诞生的前夕，以孙中山为代表的革命民主派人士在日本宣传革命主张，在日本留学生中产生了非常大的影响。李四光经常在留学生会馆参加集会、听演讲，加之宋教仁等的影响，他决定追随孙中山先生，从此走上革命道路。1905年，孙中山来到东京，进行筹组同盟会的工作。当时，年仅

图3-11 李四光

16岁的李四光积极投身于革命政党组建活动，从此成为同盟会的会员之一。孙中山称赞李四光，并勉励他要"努力向学，蔚为国用"。

1907年，李四光考取大阪高等工业学校，为了实现他立下的吸取甲午战争惨败教训、为祖国学造船的志愿，他选择了舶用机关学科，并学习造船机械。1910年，李四光结束了在日本的留学生涯，回到湖北武昌。1911年辛亥革命爆发，掀起了席卷全国的革命风暴，腐朽没落的清政府被推翻，结束了中国长达两千多年的封建帝制。1912年1月1日，孙中山就任中华民国临时大总统。孙中山就职后，倡导兴办实业，湖北军政府同时组织实业、教育两部。李四光当选为实业部部长。

辛亥革命胜利后不久，革命果实便被北洋军阀袁世凯窃取，他建立了北洋军阀的反动统治。在这种时局下，发展实业、建设新湖北的想法已成为不可能。不久，李四光以"鄂中财政奇绌，办事棘手"为由愤然辞去了实业部部长职务。南京临时政府结束的时候，不少革命党人向孙中山申请出国留学。孙中山认为，他们"有功民国，向学甚诚，未便淹没"，于是便发布指示全部派遣。李四光得知这个消息后，想到自己既然"力量不够，造反不成，一肚子的秽气，计算年龄还不太大，不如再读书十年，准备一份力量"，于是提出继续留学的要求。于是1913年，他远渡重洋到英国留学，继续为寻求真理和救国道路而奋斗。

李四光抵达英国后，想到祖国建设需要钢铁，于是决定学习采矿这门学科。他考入了当时著名的伯明翰大学。1914年，第一次世界大战爆发，英国出现了物价上涨、生活资料紧缺的情况。李四光凭借自己的艰苦精神，节衣缩食，勤工俭学，坚持学习。经过一个阶段的学习，李四光认识到学习地质学的重要性。于是便转向学习地质学。李四光在学习之余，利用暑假，还广泛收集当时有关中国地质的科学文献，仔细阅读研究，提出评价和见解，最后于1918年5月，用英文写成长达387页的《中国之地质》一文，并提交到伯明翰大学地质系，通过了学位答辩，被伯明翰大学授予自然科学硕士学位。

1920年，李四光接受北京大学校长蔡元培的邀请回到祖国，在北京大学开始教书。李四光在北大地质系讲授岩石学和高等岩石学两门课程。他把教书和科学研究相结合，带领学生进行实践研究，不断积累资料，研究问题。

1927年，南京国民政府成立，决定设立中央研究院。中央研究院设立后，首先筹建的研究机构有理化实业研究所、社会科学研究所、地质研究所和观象台。李四光受蔡元培邀请主持地质研究所筹建工作。1928年1月，地质研究所成立，李四光担任所长。李四光在这里度过了一段艰难的岁月。

李四光是一个极具爱国情怀的人。1933年春，李四光得知北大师生要为被害的李大钊先生举行公葬的消息后，立即捐助了一笔资金。后来，他定制了一只铜墨盒，在盒盖上刻了李大钊著名的一句话："铁肩担道义，妙手著文章"，以表达对李大钊先生的铭记。1933年6月18日，杨铨被特务暗杀，李四光听到消息后立即赶到上海，参加送殡仪式。回到南京后，李四光决定把他当时鉴定的一个蜓科新属命名为杨铨蜓，以表达对这个为科学事业忠心服务、献出生命的好友的纪念。

1934年，李四光应邀到英国讲学，又一次踏上了赴欧旅程。1934—1936年，他先后在英国伦敦、剑桥、伯明翰等八所大学讲授"中国地质学"，受到英国学术界赞誉。1937年，淞沪抗战爆发，日本侵略军出动飞机轰炸南京。李四光经过认真考虑，决定将中央研究院地质研究所迁往桂林。在全民族抗战的艰难岁月里，李四光在桂林主持地质研究所的工作，坚持科研，度过了艰难的岁月。1944年春，日本侵略军开始以重兵由北向南进攻，桂林危急。在这种危亡的形势下，李四光率领地质研究所的同事，匆忙离开桂林，经贵阳、遵义、娄山关一路奔波到达重庆。

1945年8月15日，日本宣布无条件投降。1946年11月，李四光和夫人许淑彬在时任重庆大学地质系主任俞建章的陪同下离开重庆，去了上海。1948年，李四光当选为中央研究院院士。同年2月，李四光和夫人启程去英国伦敦出席第十八届国际地质大会，同年接受挪威奥斯陆大学授予的哲学博士学位。1949年初，面对当时国内复杂的局势，李四光多次给地质研究所的许杰等人写信，支持他们坚守在南京，反对把地质研究所搬迁到广州。

1949年4月初，以郭沫若为团长的中国代表团赴布拉格出席世界维护和平大会。出国前，郭沫若根据周恩来的指示，给李四光带来了一封信。内容是请李四光早日回国。李四光在英国接到这封信后，激动万分。他马上订好了由马赛开往香港的船票，办好了签证。但是令人遗憾的是，那时从英国到远东地区的船很少，要等到半年后才能启程。1949年9月21日，中国人民政治协商会议第一届全体会议在北平开幕。李四光作为中华全国第一次自然科学工作者代表大会筹备委员会的代表之一，被列入会议代表名单。李四光在英国正以焦急的心情等待着启程回国的日子，国民党也正在策划着阻挠李四光返回祖国的阴谋。一天，李四光的朋友打电话告诉他，驻英大使接到国民党的密令，要李四光公开发表声明，拒绝接受中国共产党领导的全国政协委员的职务，不然就有被扣留的危险。事发紧急，李四光同夫人许淑彬商量决定马上离开英国，于是李四光收拾了行囊，从普利茅斯渡过英吉利海峡去了法国。第二天，国民党驻英大使馆派人来找李四光，许淑彬声称李四光外出考察去了。过了两个星期，她收到了李四光的信，说他已到了瑞士的巴塞尔。同年12月25日，李四光夫妇从意大利的热那亚启程秘密回国。1950年3月初，经过3个多月的重洋漂渡，终于到达了中国香港。到码头上接他们的是他们的老朋友——在香港经商的陈厚甫。

　　1950年5月6日，李四光夫妇到达北京。到火车站迎接的有中央人民政府副主席李济深、中国科学院院长郭沫若等人。最后，李四光被安排到北京饭店入住，而后周恩来与李四光进行了交谈。周恩来从新中国建设的迫切需要谈起，希望李四光能把新中国的地质工作做好，为国家建设服务。党的关怀和人民的重视给李四光增添了巨大的动力。

　　1950年6月16日，在政协会议上，李四光做了发言，他简明而深刻地揭示了第二次世界大战后陷入困境的西欧资本主义国家，特别是英国和美国之间的矛盾。在高教会议期间，李四光和其他代表一起受到毛泽东的接见。毛泽东问候并赞扬了李四光，说："李四光先生，你回来了，欢迎你。你在政协会上的发言讲得很好！"

　　李四光创立了地质力学，并为中国石油工业的发展作出了重要贡献；早年对蜓科化石及其地层分层意义有精湛的研究，提出了中国东部第四纪冰川的存在，建立了新的边缘学科"地质力学"和"构造体系"概念，创建了地质力学学派；提出新华夏构造体系三个沉降带有广阔找油远景的认识，开创了活动构造研究与地应力观测相结合的地震预报途径。他是中国地质力学的创立者，中国现代地球科学和地质工作的主要领导人和奠基人之一，是新中国成立后第一批杰出的科学家和为新中国发展作出卓越贡献的元勋。

李四光是我国杰出的科学家之一，他以实际行动真正诠释了科学家的使命与担当。纵使国外有优厚的待遇，有荣华富贵，也没能阻拦住他的一颗爱国报国之心，也没能阻拦住他踏上归国旅程的脚步，他真正地体现出一代中国科学家的精神。新中国成立前后，有很多与他一样舍小家为大家，放弃优越生活，经受百般磨难和艰辛曲折才得以返回祖国，为祖国建设作贡献的科学家。他们皆于危难之中出国求学，又于艰苦之时归国建设。他们情系祖国，不惧艰苦，在国家的自然科学的各个领域起到了奠定基础和立柱架梁的作用，他们皆是我辈学习的楷模。

二、披肝沥胆，砥砺前行

新中国成立前，由于经历了帝国主义、封建主义、官僚资本主义的长期统治，加之十四年抗日战争和三年多解放战争，长期的战争破坏，导致我国国民经济处于濒临崩溃的边缘。所以，新中国成立之初，我国的经济发展非常落后，是一个落后的农业国，我们既制造不了汽车和飞机等大型交通工具，也没有冶金、矿山和大型发电等大型工业制造业。当时的我国工业落后且基础薄弱，科学技术发展也非常落后。在这样的情况下，中国的科学家纷纷从世界各地返回祖国，贡献才智、报效国家。在不同的科学研究领域，为了使中国摆脱民生凋敝、工业萧条、"一穷二白"的落后面貌，为了国家建设的迫切需要，为了中国科学事业的发展和强大，科学家们在科研基础薄弱、科研设备短缺等艰苦条件下自力更生，在攻坚克难中坚持不懈。为了干惊天动地之事，有的宁愿做隐姓埋名之人。在科学家的不懈努力和艰苦奋斗下，我国的科学事业取得了巨大进展。

（一）自力更生

一个国家、一个民族要成就一番大业，归根结底要靠本国家、本民族最广大人民自己的力量，踏踏实实地干事业，这就是自力更生。这是中国共产党在领导中国长期的革命和建设中形成的理论和实践经验总结。在红军第五次反"围剿"时期，毛泽东就感到，中国革命要取得胜利，必须依靠中国自己的力量。面对日本帝国主义的侵略，毛泽东指出，战胜日本帝国主义最主要的还是依靠中国人民自己的力量。在面对全面内战即将爆发的危险时，毛泽东提出："我们的方针要放在什么基点上？放在自己力量的基点上，叫做自力更生。""我们能够依靠自己组织的力量，打败一切中外反动派。"[1]从此，自力更生就成了党和人民依靠自己、战胜一切艰难险阻的理念，成了毛泽东思想活的灵魂之一。正是靠着这样活的灵魂，中国人民赢得了民族解放、国家独立，建立了中华人民共和国，当家作主站起来了。

但是，刚刚站起来的中国人民从旧中国接收过来的是一副烂摊子，在国际上，以美国为首的西方国家不愿意看到他们在东方划定的势力范围被打破，企图通过政治孤立、经济封锁、军事威胁等强硬手段，从根本上搞垮中国。所以，我们要尽快地恢复国民经济，改变中国经济文化、科学技术等各个方面远远落后于西方国家的状态。我们在恢复国民经济过程中，开始逐渐地自主探索社会主义工业化道路。中国人民开始了自力更生的艰难旅程。

20世纪50年代后期至60年代末期，中国的周边环境日益恶化，国家安全受到严重威胁。在中国北部边境，由于中国和苏联的关系全面恶化，中苏边界局势十分紧张。从20世纪50年代末期开始，苏联当局单方面撕毁合同，停止对华援助，撤走援助中国的专家，逼迫中国偿还债务；在新疆伊犁和塔城地区，煽动大量中国居民逃往苏联，并在新疆伊犁地区制造动乱事件。60年代中后期，苏联向中苏边境大举增兵，由原来10个师的武装，人数不足20万，逐渐增至54个师，人数近百万。同时，苏联的战略导弹直接指向我国的重要

---

[1] 毛泽东：《抗日战争胜利后的时局和我们的方针》，载《毛泽东选集》第4卷，人民出版社，1991，第1132页。

设施，中苏边境的紧张局势一触即发。在中国南部，美国在越南发动的侵略战争正在步步升级。1964年8月5日，美国制造了北部湾事件，对北越实施军事封锁和大规模军事轰炸。1965年3月，美国派遣海军陆战队悍然在南越登陆，把战火烧到中国的南大门，严重地威胁中国安全。美国第七舰队公然进入我国台湾海峡，并胁迫我国周边国家签订条约，结成反华联盟，在这些地区建立美国的军事基地，对我国东部和南部形成一个半圆形的包围圈。在东南沿海地区，败退的蒋介石集团盘踞在台湾，从1961年至1965年，一直叫嚣要"反攻大陆"，并且多次派遣飞机、军舰和武装特务窜犯我东南沿海和广东地区，妄图建立大规模进犯大陆的"游击走廊"。在西南地区，1962年6月，印度军队非法越过麦克马洪线入侵我国西藏地区，在中印边境的东段和西段发动大规模的全面进攻。

20世纪60年代初期，中国面对着各方敌对势力的严重军事威胁，战争随时都有可能爆发，紧张的局势引起了党和国家领导人的高度警惕。1964年4月25日，中央军委总参作战部提出了《关于国家经济建设如何防备敌人突然袭击的报告》，阐述了当时我国经济建设和国防建设中存在的问题。主要问题有：第一，工业过于集中在大城市；第二，大城市人口多，大部分又集中在沿海地区，战时如何组织城市防空，疏散人员，保证生产，消除空袭，特别是怎样解决核空袭后果等问题，尚无有效措施；第三，主要铁路枢纽、桥梁和港口码头，一般也多在大城市附近，易在敌人轰炸城市时一起遭到破坏，这些交通要道都缺乏应对敌人突然袭击的措施；第四，所有水库紧急泄水能力都很差，且主要位于政治、经济、军事要地和交通干线的要害位置，一旦遭到破坏，洪水将冲击北京、天津等附近地区，造成严重损失。为此，报告建议由国务院组织一个专案小组根据国家经济发展的可能情况，研究采取一些切实可行的措施，以防备敌人的突然袭击。此报告被呈送给毛泽东主席和中央政治局，引起了中央领导人高度重视。

在1964年召开的中央工作会议上，毛泽东郑重提出要考虑到战争，要把全国划分为一、二、三线的战略布局，下定决心搞三线建设。这一决策出于对国家整体安全和人民群众生命财产安全的考虑，充分展现了中华民族准备抗击任何来犯之敌、捍卫国家主权的决心，也体现了中华民族决定自力更生搞社会主义建设的决心。

党和国家把三线建设视为关系国家安危的头等大事来抓。国务院及相关部门立即组成专门小组抓紧研究具体实施方案，迅速展开西南、西北三线建设的调研和部署工作。1964年9月21日，国务院副总理兼国家计委主任李富春，在全国计划工作会议上正式宣布三线建设的目标和布局。根据"在纵深地区，即在西南和西北地区（包括湘西、鄂西）建立一个比较完整的后方工业体系"的目标要求，三线建设从1964年正式启动，1965年全面展开，主要经历了"三五""四五""五五"三个五年计划。国家投入了大量资金，调集了几百万工人、干部、知识分子、解放军官兵和上千万人次的民工建设者，建设领域涉及能源、交通、冶金、机械、电子及军工等部门。当时，在中国共产党的强有力领导下，全国人民齐心协力，在没有外来帮助、孤立无援的条件下，自力更生全身心投入到三线建设中。

经过大规模的三线建设，我国在内地建成了很多大中型骨干企业，在一些科学家和科技工作者的努力下形成了很多重大产品的科研生产基地。交通运输业、能源工业、原材料业、机械制造业、电子工业、国防科技工业等，都具备了相当的生产能力。如建成川黔铁路干线，六盘水煤炭基地，攀枝花钢铁冶金基地，长城大型钢厂，葛洲坝水电站，酒泉、西昌航天卫星发射中心，贵州、汉中航空基地，川西核工业基地，长江中上游造船基地，常规兵器工业基地等，极大地增强了我国的科技工业实力，带动了社会经济发展。

三线建设是一部可歌可泣的自力更生的创业奋斗史。从战略层面来看，三线建设建立起来的国防体系和基地，扩展了国家战略纵深，建设了战略大后方，在一定程度上增强了我国反侵略战争的实力，起到了预防和遏制强敌对我国发动战争的积极作用。从经济文化层面来看，三线建设初步改善了我国生产力布局的不平衡状况，为中西部特别是西部地区的发展奠定了工业化基础，将先进的技术装备与管理方式带入西部，提高了内地城市化水平，为国家调节东西部经济和文化差异起到了重要作用。从政治层面来看，三线建设的战略实施及其建设成果，为中国在国际舞台上与超级大国周旋争取了时间，提供了可凭借的力量。这是一个经济落后的大国在复杂多变的国际局势下，为了维持国家和平与独立自主发展，为壮大自身经济政治、工业国防科技实力的成功战略，充分展现了中国人民不屈不挠、自力更生的品质。

就是这样，在新中国成立初期，在中国经济发展落后、人民生活比较困难、全国人民勒紧裤腰带过日子的情况下，数以百万计的三线建设者们积极响应"备战备荒为人民""好人好马上三线"①的时代召唤，满怀爱党爱国的热忱，坚定自力更生的信念，收拾好行囊，历经千山万水，从工业相对发达、物资丰富的东北、华北和沿海等地区，风雨兼程，奔赴到祖国的大西南和大西北的崎岖山坳、崇山峻岭、茫茫戈壁、大漠荒原。他们中就有我国的科学家和科技工作者的身影。他们住的是简易搭建的人工棚子，吃的是干馒头、咸菜条。他们克服自然、生活、工作中的各种困难，自力更生地建造起确保国家安全的战略后方基地。他们凭借着"有条件要上，没有条件创造条件也要上"的自力更生的创业精神，在交通、能源、国防科技工业等领域创造了自行设计、自主研发、自主建设的一个又一个中国奇迹。这些建设者们来自祖国的四面八方，并聚集在各个建设点上，团结一致、齐心协力搞建设。他们从来不计较个人得失、不求名利地位，隐姓埋名、扎根深山，以对祖国、对人民、对社会主义事业的无比忠诚，为三线建设"献了青春献终身，献了终身献子孙"，在共和国建设史上铸就了不朽的丰碑。

正是在这些建设者的努力下，解决了制约我国科学技术发展的很多难题，在当时我国生产力发展水平十分落后、国内各种资源严重缺乏的条件下，在自力更生探索社会主义建设道路过程中，为我国的科学技术发展提供了必要的支撑条件。三线建设用20年时间在中国的中西部地区建设了众多的科研院所和重大科研、生产基地，形成了包括煤炭、电力、冶金、化工、机械、核能、航空、航天、兵工、电子、船舶工业等门类比较齐全的战略后方基地。数百万建设者为此挥洒了青春和汗水，甚至牺牲了宝贵的生命。这场史无前例的工业化建设运动，是中国人民自力更生的生动写照。

在自力更生的道路上，还有建造南京长江大桥的故事。南京长江大桥位于南京市鼓楼区下关和浦口区桥北之间，是长江上第一座由中国自行设计和建造的双层式铁路、公路两用桥梁，在中国桥梁史和世界桥梁史上具有重要意义，是中国经济建设的重要成就、中国桥梁建设的重要里程碑，具有重大的经济意义、政治意义和战略意义，有"争气桥"之称。它不仅是新中国技术成就与现代化的象征，而且承载了中国几代人的特殊情感与记忆。

---

① 田姝：《三线建设：一个时代的工业传奇》，《红岩春秋》2020年第12期，第16–21页。

　　长江南京段，江面宽，江水深，地形地质条件复杂，终年经受潮汐侵袭和台风影响。新中国成立以前，国民党政府也曾想在南京修建长江大桥并聘请国外专家前来考察，但是最终的答案却是不可能。

　　自沪宁铁路和津浦铁路通车以后，由于受到长江的阻隔，两岸不能贯通。后来仅靠宁浦火车轮渡，每日仅有一对直通客车由轮渡载运过江，交通十分不便利。新中国成立后，又增加了3艘较大的渡轮，仍不能满足国民经济日益发展的需要。1956年，武汉长江大桥还在建设之中，铁道部指定设计总局大桥设计事务所着手进行南京长江大桥勘测设计工作。武汉长江大桥的设计施工是在苏联专家的帮助下进行的；而南京长江大桥不同，它的设计工作全部由中国人自己完成。1956年12月完成了大桥的草测工作。

　　1958年8月，铁道部会同省、市等相关部门，经研究确定宝塔桥桥址方案为桥址建议方案，决定按公路、铁路两用桥设计。随即开始南京长江大桥初测工作，同年12月完成。

　　由于国际国内的多方面因素，南京长江大桥屡建屡停，时间跨度长达9年。1959年11月15日，中共江苏省委为协调地方和施工单位的工作，决定成立南京长江大桥工程指挥部，大桥工程局局长彭敏任总指挥，桥梁专家梅旸春任总工程师。1960年1月18日，主体工程正桥桥墩开工，正桥9号墩钢围笼浮运下水，宣布南京长江大桥正式开工，大桥建设全面启动。之后，正桥其余9个桥墩陆续开工。

　　大桥在建设过程中，克服了技术、自然灾害等多方面的困难。由于桥址地质复杂，正桥下部基础采用4种方式建造：一是在浅水面覆盖层深厚墩址处，采用重型混凝土沉井，穿越深度达54.87米，创造了当时的中国纪录；二是在基岩好而覆盖层较厚的墩位处，选用钢板桩围堰管柱基础，并首次采用大直径3.6米先张法预应力混凝土管柱；三是在基岩较好、覆盖层较厚但水位甚深的墩位处，采用首创的浮式钢沉井加管柱的复合基础；四是在水深覆盖层厚但基岩强度较低的墩位处，采用浮式钢筋混凝土沉井，上部为钢筋混凝土结构，下部为钢与钢筋混凝土组合结构。利用钢气筒充、泄气来浮托纠偏。由于技术限制，潜水员只能使用普通的设备进行水下探测，清基潜水作业深达65米。1960年，中国向苏联订购的钢梁由于中苏关系破裂，从苏联进口的部分钢材不合格，苏联拒绝供货。1961年，中国决定在建桥时使用国产钢材。

1963年，鞍山钢铁公司成功研制出符合要求的"16锰"桥梁钢，生产该型号钢材1.4万吨，保证了大桥钢梁架设。大桥开工不久，中国面临三年困难时期，大批工程下马，大桥工程被要求工人一律精简。后经上报，周恩来总理批准大桥作为特例继续招工、购买设备，南京市政府则保证了生活物资供应，施工得以继续进行。1964年9月，大桥工程遭遇建设中的最大危机，大桥面临着沉井倾覆、桥址报废的巨大危险。建桥工人在洪水中冒着生命危险，连续抢险近两个月，最终使大桥转危为安。

大桥建设经历了三年困难时期和"文革"时期，广大建桥工人和科技人员怀着对祖国的无比忠诚，忍辱负重，坚守岗位，在建桥过程中自力更生研发成功我国第一代低合金桥梁钢，开发成功多种深水基础工程。南京长江大桥是中国桥梁建设史上一座重要的里程碑。

无论是三线建设还是南京长江大桥建造，都是中国人民自力更生的真实写照。这种自力更生、自强不息的精神一直鼓舞和激励着中国人民。

（二）艰苦奋斗

艰苦奋斗是中华民族的优良传统。中华民族向来以特别能吃苦耐劳和勤俭持家、讲究节俭著称于世。从古至今，一个国家，一个民族，在富民强国的创业过程中，靠的就是艰苦奋斗、勤俭建国。艰苦奋斗是中国共产党长期倡导和培育的优良作风，是党带领人民战胜各种困难和风险、不断走向胜利的显著政治优势，是无比珍贵的传家宝。毛泽东多次提出，要永远保持艰苦奋斗的作风。党的历史，实际上是一部艰苦奋斗史。在党领导新民主主义革命过程中，面对强大的敌人和极端困苦的物质条件，正是依靠这种精神，战胜了重重困难，取得了革命的胜利。新中国成立初期，面对帝国主义的封锁和国民党留下的烂摊子，党领导全国人民自力更生、艰苦奋斗，把"一穷二白"的旧中国建设成一个初步繁荣昌盛的社会主义新中国。从某种意义上讲，没有艰苦奋斗，就没有革命的胜利、建设的成功。

在新中国成立初期，我国各项事业的发展都离不开艰苦奋斗精神的支持。为了摆脱国家贫穷落后面貌，为了国家经济建设、国防建设取得重要进展，为了我国工业兴盛和科学发展，无数社会主义建设者投身于工作中，身处恶劣的环境，在生活极度困苦的条件下仍能坚持艰苦奋斗，为国家建设贡献力量。

新中国成立之初，我国石油工业基础十分薄弱，油田开发与开采工作就变得十分重要。同时，这也是一个极其艰苦的工作。1949年，我国石油产量仅有12万吨，对于百废待兴的新中国来说，这无异于杯水车薪。因为缺油，首都北京的汽车背起了煤气包，有的地方汽车甚至烧起了酒精和木炭，"贫油"的帽子戴在中国人民的头上，压得人喘不过气来。不仅如此，西方国家还对我国实施石油禁运，妄图扼杀我国的红色政权，并且断言，中国没有足够的燃料来供应和支撑一场哪怕是防御性的现代化战争。当时朱德总司令忧心忡忡地说："没有石油，飞机、坦克、大炮不如一根打狗棍啊！"

面对如此严峻的石油供需矛盾，石油工业该如何发展呢？1958年，主管石油工业的邓小平明确地指出，石油勘探重点要从中国的西部地区向东部地区转移。而此时，以李四光为代表的中国石油科技工作者正奋斗在为祖国寻找石油的第一线。他们冒着严寒，与寒风相伴，在设备落后、栉风沐雨的艰苦条件下踏遍了祖国东北人迹罕至的荒原。经过以李四光为代表的老一辈石油科技工作者们的艰苦努力，最终于1959年9月26日，在黑龙江省大同镇发现了大油田。当时正逢新中国十周年华诞，这处油田便被命名为大庆油田。大庆油田的发现，是我国石油勘探战略东移结出的丰硕成果，是中国科技工作者们努力的见证，印证了我国陆相生油理论的伟大胜利，打破了西方加给中国的"贫油"的论断，掀开了新中国石油工业的崭新篇章。

但是，面对当时这样一个世界上稀有的大油田，怎样进行开采也成了问题。当时我国在开采石油方面，没有经验、缺少技术，设备也十分落后，国家经济条件又十分困难。这让西方国家产生了偏见，认为离开了他们的技术经验的支持，凭借中国人自己的力量根本就开发不了这个大油田。

面对重重困难，当时石油工业部决定集中大量人力、物力和财力，组织石油大会战。在我国当时已有的科学理论的引领下，石油会战队伍坚信，中国既然能找到大油田，就一定能开发好大油田。他们认为，"这矛盾，那矛盾，社会主义建设等油用，是最主要的矛盾；这困难，那困难，国家缺油是最大的困难。困难面前有我们，我们面前无困难！"一股强烈的民族自尊心和爱国的使命感，把会战大军集结在了松辽大地上，打响了一场中国石油人必须打赢的攻坚战。在东北的这片荒原上，石油工作者们斗志昂扬，凭借满腔报国情怀，在三年时间里，成功地开发和建设了这个世界级的大庆油田。1963年底，大庆油田累计为国家生产原油1155万吨，我国的石油从此基本上实现了自给，甩掉了"贫油"的帽子，大庆油田为国家和民族争了光，为人民群众争了气。

大庆油田所在的松辽地区的自然条件、生活条件相当恶劣。石油会战在当时赶上多年不遇的连绵降雨，工地和井场被泡在大水塘中，工人们经常站在没过双膝的水中干活，工作条件极其艰苦，生产条件极其困难。但他们依然满怀热情，努力奋斗。在当时，油建有一个小分队在荒原深处施工，受暴风雨的影响失去了联系，被困在荒郊野外。他们饿了食用野菜充饥，渴了喝雨水解渴，坚持施工，在野外度过了艰难的七天七夜。大庆冬天最冷时可达-40℃，他们在野外工作，泥浆水泼在身上冻成了冰，走路前要先用木棍在身上敲掉才行。但即使是在这样寒冷的天气里，他们仍然坚持作业。

会战人员的工作量很大，但粮食供应量不足，最严重的时候"五两保三餐"，就是一天只能吃五两粮食。但是五两粮食根本填不饱肚子，工人们饿得难受，就跑到漫山大雪的野外捡拾白菜帮子、甜菜叶子和冻土豆充饥。饿得忍不了时，就喝点盐水，喝口酱油汤。更严重的是，由于缺乏营养，有的人甚至得了浮肿病。为解决吃饭问题，职工家属自己动手开荒种地。在她们的带动下，油田也掀起了自力更生、艰苦创业的热潮，这为当时的会战提供了保障。

在这样艰苦的环境中，大庆油田涌现出像"铁人"王进喜这样肯吃苦、有干劲的工人。他以"宁可少活二十年，拼命也要拿下大油田"的顽强意志和干劲努力工作，他是这些石油工作者的代表。这些石油工人身处在恶劣的环境中毫不气馁，让我们看到了那个年代的社会主义建设者们不畏艰苦、踏实肯干的决心。

时代塑造精神，精神引领时代。自力更生、艰苦奋斗精神正是在新中国成立初期经济发展落后、科学技术落后的条件下，中国人民始终秉持的宝贵精神。它不仅促使当时的农民、工人敢于吃苦、热爱劳动，也成为我国科学家和科技工作者们始终坚持的信念，他们始终将"自力更生、艰苦奋斗"牢记在心里，为社会主义事业的发展，为国家的科学事业发展不断贡献智慧与才学，铸就了不朽的"两弹一星"伟大精神。

（三）"两弹一星"

新中国成立后，面对严峻的国际形势，为打破核大国的讹诈和垄断，为了世界和平与国家安全，在十分艰苦的情况下，党中央高瞻远瞩，果断作出了研制"两弹一星"的战略决策。老一代科学家和广大科研人员，风餐露宿，顽强拼搏，团结协作，克服了各种难以想象的困难，取得了一项项里程碑式的伟大成就。新中国成立以来，我国在科学技术发展中所取得的重大成就，首先令人称赞的应该是"两弹一星"。

"两弹一星"指核弹（原子弹、氢弹）、导弹和人造卫星。1960年11月5日至1970年4月24日，中国相继成功完成第一枚导弹发射、第一颗原子弹爆炸、第一颗氢弹空爆试验和第一颗人造卫星发射，取得了举世瞩目的辉煌成就。"两弹一星"是新中国伟大成就的象征，是中华民族的骄傲。

早在20世纪50年代，毛泽东就发出"我们也要搞人造卫星"的号召，我国航天技术从无到有、从小到大地发展起来。50年代中期，诞生不久的新中国百废待兴，面对国际上严峻的核讹诈形势和军备竞赛的发展趋势，以毛泽东同志为核心的党中央第一代领导集体毅然作出发展导弹、核弹、人造地球卫星，突破国防尖端技术的战略决策。

1956年，研制导弹、原子弹被列入中国12年科学技术发展规划。仅用4年时间，1960年中国就成功地发射了第一枚自主研制的导弹。1964年，中国研制的第一颗原子弹爆炸成功。1967年第一颗氢弹爆炸成功。1970年，我国用"长征号"运载火箭，成功地发射了中国第一颗人造卫星——"东方红一号"，成为继苏联、美国、法国、日本之后，世界上第五个能独立发射人造地球卫星的国家。"两弹一星"不仅为我国建立战略导弹部队提供了装备技术保障，增强了我军在高技术条件下的防御能力和作战能力，而且带动了中国高技术及其产业的发展，促进了经济建设和科技进步。"两弹一星"事业所取得的巨大成就，是中国人民挺直腰杆站起来的重要标志，极大地鼓舞了全党全军全国人民的斗志，增强了民族凝聚力，激发了振兴中华的爱国热情。正如邓小平同志曾经指出的那样，"如果六十年代以来中国没有原子弹、氢弹，没有发射卫星，中国就不能叫有重要影响的大国，就没有现在这样的国际地位。这些东西反映一个民族的能力，也是一个民族、一个国家兴旺发达的标志。"①

"两弹一星"事业的巨大成功，依靠的是党中央的英明决策和各方面的有力支持，是社会主义制度能够"集中力量办大事"优势的生动体现。但是，我们所拥有的一切优势和条件，都要通过参与这一事业的科学技术人员特别是他们中的优秀科学家来实现。研制"两弹一星"的中国科学家发挥了重要作用，体现了我国科学家的爱国主义精神。他们为了祖国和人民的最高利益，默默无闻，艰苦奋斗，以高超的智慧和高昂的爱国主义精神创造着人间奇迹。新中国成立以来，获得"两弹一星"功勋奖章的科学家有23人，他们都是为中国的"两弹一星"事业作出巨大贡献的科学家。

在我国第一颗原子弹、第一颗氢弹、第一枚导弹和第一颗人造地球卫星研制过程中，中国众多的科学家作出了巨大贡献。

在中国第一颗原子弹研制过程中，中国众多的科学家参与了它的研制过程。朱光亚负责并组织领导了中国第一颗原子弹研究、设计、制造与试验工作。朱光亚，1945年毕业于西南联合大学物理系，1946年赴美国密歇根大学从事核物理学学习，在核物理学家 M. L. Wiedenbeck 的指导下从事核物理实验研究，发表了《符合测量方法（I）β能谱》和《符合测量方法（II）内变换》等著名论文。1949年获得物理学博士学位，1950年回国。

1959年初，核工业部核武器研究院开始创建，策划我国第一颗原子弹研制。朱光亚被调到核武器研究院担任副院长，担负中国第一颗原子弹研制的组织领导工作，负责确定研究的主要科学问题和关键技术，选择解决问题的技术途径，设立课题并制定重要攻关课题实施方案等重要工作，是中国核武器研制的科学技术计划的组织者和领导者。1962年，原子弹研制进入关键阶段，朱光亚综合各方面所取得的初步成果和下一步的设想方案，亲自主持起草《原子弹装置的科研、设计、制造与试验计划纲要及必须解决的关键问题》，提出关键性的部署，对当时中国原子弹研制起到了重要的指导作用，对于争取在两年内实现第一颗原子弹爆炸试验的目标产生了直接的推动作用。

著名的理论物理学家彭桓武在中国第一颗原子弹的理论研究中起到了重要

---

① 邓小平：《中国必须在世界高科技领域占有一席之地》，载《邓小平文选》第3卷，人民出版社，1993，第279页。

作用。1935年，彭桓武毕业于清华大学物理系。1938年，他到英国爱丁堡大学留学，从事固体物理和量子物理研究，获得哲学博士和科学博士两个学位。1955年，彭桓武当选为中国科学院学部委员（院士），历任中国科学院近代物理研究所研究员、副所长，二机部第九研究院副院长、中国科学院高能物理所副所长、中国科学院理论物理所所长等职务。彭桓武来到核武器研究院后负责指导理论方案的研究攻关。他运用强有力的理论手段把复杂的方程组简化，完成了原子弹反应过程的粗估计算，提出了决定各反应过程特性的主要物理量，为掌握原子弹反应的基本规律与物理图像起到了重要作用。中子点火是原子弹能否起爆的关键技术之一。为了有力地指导这一技术关的突破，核武器研究院成立了中子点火委员会，彭桓武担任主任委员，朱光亚为副主任委员。他们指导了几种不同点火中子源方案的研制，经过多次冷试验，确定了最后方案。1963年秋末，彭桓武来到青海核武器研制基地，亲自指导试验。这次试验最终取得了成功，中子点火装置产生了理想的中子，完全证明了理论设计方案的正确性。

郭永怀是著名的力学家、空气动力专家，是中国核武器研究的奠基人之一，师从气体力学大师冯·卡门。20世纪60年代初，郭永怀被调到核武器研究院担任副院长。爆轰物理实验是突破原子弹技术的重要一环，为了取得满意的爆炸模型，郭永怀带领队员反复试验，他自己多次到试验帐篷中搅拌炸药。在多次试验后，郭永怀提出了两路并进、最后择优的办法，一举为第一颗原子弹爆炸成功确定了最佳方案。这种方案后来被应用于中国整个第一代武器研制过程。

程开甲在核武器研制和试验中作出了突出贡献。1941年程开甲毕业于浙江大学物理系。1948年获得英国爱丁堡大学哲学博士学位，曾任英国皇家化学工业研究所研究员。1950年回国。1960年，他接到命令，任第二机械工业部第九研究所副所长。1962年，为两年内进行第一颗原子弹试验，程开甲被调到国防科委，担任国防科委核试验基地研究所副所长、所长。

核爆炸试验中，有一个几乎与原子弹本身原理结构同样重要的问题，那就是如何在原子弹爆炸后，将爆炸后产生的各种效应测试出来，以求得原子弹爆炸后的各种数据。此项工作既困难又细致，程开甲在新疆核试验基地就是要解决这个问题。每次开展核试验，程开甲都会到最艰苦、最危险的一线去检查指导。一次地下核试验爆炸结束后，程开甲来到现场，要求进洞。因为核试验平洞内环境极其恶劣——高温、高放射性，还可能坍塌，技术人员担心发生意外，极力劝阻他。但为了得到第一手资料，程开甲还是进入到地下核试验现场，获得了第一手资料，为下一次的试验方案提供了参考。程开甲带领新疆核试验基地研究所的同事们，记录下了中国第一颗原子弹爆炸试验97%的数据，成绩斐然。

邓稼先是中国核武器研制与发展的主要组织者、领导者。邓稼先1945年毕业于西南联合大学物理系，1948年赴美国普渡大学物理系留学，1950年获物理学博士学位，同年回国。1959年，他被调到核武器研究院担任理论部主任。当时正值核武器研究院创建，他带着一批年轻的大学生挑砖拾瓦建试验场地。后来，邓稼先挑起了原子弹理论设计的重任。开始时由苏联提供原子弹教学模型，在苏联专家的指导下，学习苏联的模型，掌握原子弹的基本原理结构。但是，中苏关系恶化后，苏联撤走了核工业系统的专家，中断了援助。在苏联中断援助的同时，中国又遇到了严重的经济困难。邓稼先在双重困难和压力下带领理论部年轻的科技人员，着手对原子弹理论展开攻关，靠自己的力量搞尖端科学研究，在落后的科研设备支撑下，用算盘进行极其复杂的原子理论计算。经过夜以继日的计算，终于对原子弹中流体力学、状态方程等主要理论取得了重要数据运算结果。邓稼先就是这些科学家中冲锋陷阵的旗手。邓稼先不仅在秘密的科研院所里劳心劳力，还经常到环境恶劣、沙土飞扬的大漠戈壁领导试验。他在与家人隔绝信息的条件下，在试验场度过了整整8年的时光，他每次都亲自在现场领导核试验，要掌握第一手材料。1963年，中国第一颗原子弹理论设计方案完成，邓稼先在上报文件上郑重地签上了自己的名字。

周光召为我国第一颗原子弹理论研究作出了重要贡献。周光召1951年毕业于清华大学物理系，随后转入北京大学研究生院学习。1957年，他到苏联杜布纳联合原子核研究所工作。1961年，周光召刚从苏联回国，立即被调到核武器研究院理论部担任第一副主任。他仔细检查了原子弹方程式的九次计算结果，认为计算并没有问题，便开始着手推翻苏联数据的可靠性。经过连续多日的仔细研究，最后他用"最大功"原理反证了苏联的数据有误，该原理证明了爆炸后不可能达到这样大的压力。这样，周光召以一己之力结束了这一年的争论，扫清了原子弹研制过程中的一个障碍，这也是他为第一颗原子弹研制的突破作出的重要贡献。1962年底，周光召协助邓稼先完成并提交了中国第一颗原子弹的理论设计方案，他协助邓稼先攻下了原子弹理论设计等诸多领域中的重要课题，为中国第一颗原子弹爆炸成功作出了卓越的贡献。[①]

众多的科学家在原子弹研制过程中付出了大量心血，他们克服艰苦的自然条件，渡过重重技术难关，研制出中国第一颗原子弹。他们的爱国精神、奉献精神、自强精神等值得我们学习。

图3-12　于敏

1967年6月17日，我国进行全威力氢弹的空投爆炸试验，并且取得了成功。说起这次试验的成功必须提到一个人，他就是于敏。于敏1926年8月16日出生于河北省宁河县芦台镇，是我国著名的核物理学家。1944年，于敏以优异的成绩考入北京大学工学院。1946年，他从工学院转入到理学院主修物理，并将自己的专业方向定为理论物理。1949年，他毕业于北京大学物理系，又考取了研究生，在北京大学兼任助教。1951年，他在张宗遂和胡宁教授的指导下以优异的成绩毕业。毕业后在中国科学院近代物理研究所工作。于敏的研究填补了我国原子核理论的空白，对于我国科技自主创新能力提升和国防实力增强作出了开创性贡献。

无论时代多么艰苦，总有人为时代负重前行；无论国家多么困难，总有人为国家奉献一生。这是科学家的一片丹心，这是科学家的家国情怀。于敏的一生是与氢弹结缘的一生，他的命运也与国家和民族的命运紧密相连。毕业时，正在中国科学院原子能研究所工作的于敏原本可以在原子核理论研究道路上一直走下去。然而与钱三强的一次谈话，让他的研究方向和人生发生了重大转变。1961年，在钱三强的组织下，以于敏为主的一群年轻科学工作者，悄悄开始了氢弹理论探索。

---

① 张开善：《究竟谁是中国原子弹之父？——记参与中国第一颗原子弹研制的功勋科学家》，《中共党史资料》2006年第4期，第145-154页。

1961 年的一天，于敏应钱三强邀请来到钱三强办公室。钱三强告诉于敏，"经所里研究，报请上级批准，决定让你参加热核武器原理的预先研究，你看怎样？"于敏知道当时国家在进行原子弹研究，氢弹理论的预先研究也要抓紧进行。这次从基础研究转向氢弹研究工作，对于于敏个人而言，是有很大损失的。于敏生性喜欢做基础理论研究，当时已经取得很多成绩；而核武器研究不仅任务艰巨、集体性强，而且意味着他必须放弃光明的学术前途。但是，于敏没有犹豫，因为他在童年时经历过苦难生活，看到过日本帝国主义在中国的土地上横行，中华民族经受的惨痛屈辱。这种屈辱的经历激发了他的爱国热忱，他毅然选择了做氢弹研究工作，没有犹豫。于敏曾说："中华民族不欺负旁人，也不能受旁人欺负，核武器是一种保障手段，这种民族情感是我的精神动力。"他当时的想法是，"我们国家没有自己的核力量就不能真正地独立。面对这样庞大又严肃的题目我不能有另一种选择。"这是他真切的想法。这个决定使他的一生为之改变，从此，于敏隐姓埋名，长年奔波，专心科研，把自己的一生都献给了中国核武器研究事业。

于敏没有出过国，在研制核武器的众多专家中，他几乎是唯一一个没有出国留学经历的人。但他觉得出国可以开阔视野，学习先进知识，因此他对自己的学生说，"土专家"不足为法，科学需要开放交流和开阔视野。而他对学生也有要求，那就是希望他们学有所成后能够回国作贡献。氢弹理论的科学研究对于于敏来说是一个全新的领域，被当时的核发展大国列为涉及国家安全的最高机密。于敏几乎从一张白纸开始，依靠自己的勤奋，举一反三进行理论探索。然而，在短期内实现氢弹研制理论上的突破绝不是一件轻而易举、随随便便就可做成的事情。于敏和他的同事们从研制氢弹开始，在很长一段时间里始终找不到研发的突破口，这给他们的科研带来了不小的困难。

为了尽快研制出属于中国自己的氢弹，这些科技工作者们废寝忘食，艰苦钻研，刻苦攻关，不畏困难，在无数个昼夜不停的奋战中终于找到了突破口，重大转折出现了。1965 年 9 月，于敏带领一批工作人员前往上海用计算机进行优化计算，抓紧计算了一批模型；但这种模型重量大、威力比低、聚变比低，不符合试验要求。于是于敏再次总结经验，带领科技人员又计算了一批模型，发现了热核材料自持燃烧的关键，解决了氢弹原理方案的重要课题。同年 10 月下旬，于敏开始从事核武器理论研究，在氢弹原理研究中提出了从原理到构形基本完整的设想，解决了热核武器大量关键性的理论问题。于敏向在上海出差的全体同志作了系列"氢弹原理设想"的学术报告，引起了大家的极大兴趣。大家普遍认为，通过这个阶段的工作，研究者们抓紧时间试算的两个模型得到了很好的结果。

就在这次转折中，于敏和当时的科技人员找到了突破研制氢弹的技术途径，形成了从原理到材料再到构型完整的氢弹物理设计方案。在于敏发现热核材料自持燃烧的关键、解决氢弹原理方案的重要课题时，还与邓稼先发生了一段趣事。当时，由于氢弹研究是秘密的核试验，不能泄露机密，为了保密，他在给北京的邓稼先打电话时用了暗号。于敏使用的是只有他们才能听懂的隐语：暗指氢弹理论研究有了突破。于敏说："我们几个人去打了一次猎……打上了一只松鼠。"邓稼先听出是好消息："你们美美地吃了一餐野味？"于敏回答："不，现在还不能把它煮熟……要留做标本。……但我们有新奇的发现，它身体结构特别，需要做进一步的解剖研究，可是……我们人手不够。"邓稼先说："好，我立即赶到你那里去。"可想而知，当时进行核武器研究是多么的不容易、多么的困难。

从原子弹到氢弹，按照突破原理试验的时间比较，美国用了七年零三个月，英国用了四年零三个月，法国用了八年零六个月，苏联用了四年零三个月。其中最主要的一个原因就在于计算的繁复。而当时中国的设备更是无法胜任，当时仅有一台万次每秒的电子管计算机，并且95%的时间被分配给原子弹的相关计算，只剩下5%的时间留给于敏负责的氢弹设计。于敏记忆力惊人，在他的领导下工作组人手一把计算尺，废寝忘食地计算，最后才有了突破。可见这个研制过程是多么的艰难。

图3-13 中国第一颗氢弹爆炸

氢弹原理理论上的研究取得突破后，所有人更加坚定了信心，恨不得马上投入制造氢弹的工作中。但是这个原理是否正确还需要通过核试验来检验。当时，核试验需要在祖国大西北的莽莽荒漠、飞沙走石中进行。此处自然环境极其恶劣，沙漠的气候多变：夏天炎热，最热时超过 30 ℃；冬天极其寒冷，寒风刺骨。此外昼夜温差非常大。生活条件极其艰苦：饥饿时吃的是馒头、咸菜，渴的时候喝的是浑浊的苦碱水。就是在这种极端艰苦的条件下，于敏等老一辈科学家将生命献给祖国的核试验，没有被困难打败，没有被艰难吓倒，乐此不疲，专心研究，这是一种多么令人钦佩的精神啊！

正是在他们的努力钻研下，1966 年 12 月 28 日，我国的氢弹原理试验取得了圆满成功。1967 年 6 月 17 日，我国又成功地进行了全威力氢弹的空投爆炸试验。

在研制氢弹过程中，于敏曾三次与死神擦肩而过。1969 年初，由于长期奔波于北京和大西南之间，也由于沉重的精神压力和过度的身体劳累，他的胃病日益严重。在首次进行地下核试验和大型空爆热试验时，他的身体已经很虚弱，走路都很困难了，上台阶的时候需要用手支撑着抬腿才能慢慢地上去。热试验之前，当于敏被同事们拉着到小山冈上看火球时，他已是头冒冷汗，脸色苍白，气喘吁吁。大家见到他这样很是担心，赶紧让他就地躺下，给他喂水。过了很长一段时间，在同事们的看护下，他才慢慢地恢复过来。由于操劳过度和心力交瘁，于敏在工作现场几近休克。1971 年 10 月，上级考虑到于敏的重大贡献和身体状况，特许已转移到西南山区备战的妻子孙玉芹回北京照顾他。一天深夜，于敏感到身体非常难受，他喊醒了妻子。妻子见他气喘吁吁，赶紧将他扶起来。不料于敏突然休克，后在医院经医生抢救方转危为安。后来许多人想起来都后怕，如果那天晚上他的妻子不在身边，也许他后来的一切就都不存在了。出院后，于敏不顾自己的身体未完全康复，又奔赴到祖国的大西北。由于连年处在极度疲劳之中，1973 年于敏在返回北京的列车上开始便血，回到北京后被立即送进医院检查。在急诊室输液时，于敏又一次休克在病床上。

为了祖国的核事业发展、氢弹技术研究，于敏达到了舍生忘死的境界，他的心里早已被祖国的事业填满，为了国家利益而牺牲小我。在当时和于敏一样的科学家有很多，他们在当时的艰苦条件下，始终牢记艰苦奋斗，始终坚持自立自强，无论工作条件多么艰苦，都没有向困难屈服，而是向困难宣战，并用自己的实际行动战胜困难，取得了科学研究上一个又一个胜利。

1960 年 11 月 5 日，中国仿制的第一枚导弹发射成功。在第一枚导弹研制过程中，中国的科学家进行了努力探索。"中国导弹之父"钱学森以及中国导弹控制系统研制创始人之一的梁思礼，在中国导弹研制过程中作出了巨大贡献。

钱学森，祖籍浙江省杭州市。世界著名科学家、空气动力学家，中国载人航天事业奠基人，被誉为"中国航天之父""中国导弹之父"，中国"两弹一星"功勋奖章获得者。由于钱学森回国效力，中国导弹、原子弹的发射向前推进了至少20年。钱学森1934年毕业于交通大学，1935年9月进入美国麻省理工学院航空系学习，1936年9月获麻省理工学院航空工程硕士学位。后转入加州理工学院航空系学习，成为世界著名的大科学家冯·卡门的学生，并很快成为冯·卡门最重视的学生。1938年7月至1955年8月，钱学森在美国从事空气动力学、固体力学和火箭、导弹等领域研究，并与导师共同完成高速空气动力学问题研究课题和建立"卡门-钱学森"公式，在28岁时就成为世界知名的空气动力学家。1939年，获美国加州理工学院航空、数学博士学位。1943年，任加州理工学院助理教授。1945年，任加州理工学院副教授。1947年，任麻省理工学院教授。1955年10月回国后，钱学森为中国火箭和导弹技术发展提出了极为重要的实施方案。1958年4月起，他长期担任火箭导弹和航天器研制的技术领导职务，为中国火箭导弹和航天事业发展作出了重大贡献。

1956年初，钱学森撰写了《建立我国国防航空工业的意见书》，上报中共中央、国务院。1956年10月，以钱学森为首任院长的中国第一个导弹研究机构——国防部第五研究院——正式成立。此后，在钱学森的带领下，中国的火箭和导弹事业突飞猛进，震惊世界，从而确立了我国军事大国和军事强国的地位。1960年，我国第一枚仿制型"东风一号"中近程导弹发射成功。

梁思礼，广东新会人，导弹控制专家、火箭系统控制专家、中国导弹控制系统研制创始人之一。1945年获美国普渡大学学士学位。1947年获辛辛那提大学硕士学位。1949年获辛辛那提大学博士学位。1949年10月回国。1956年，梁思礼加入中国航天事业。3月，梁思礼负责新中国第一个科技规划《十二年科技规划》"喷气技术"（即导弹与火箭部分）的起草。10月8日，象征着中国航天事业正式创建的第一个导弹研究机构即国防部第五研究院成立。钱学森任院长，梁思礼任导弹控制系统研究室副主任，负责导弹控制系统研究，成为第一代航天人，从此彻底与火箭、导弹等大国重器为伴。

我国的导弹研发之路从零开始，充满坎坷。当时既无资料，也无仪器和导弹实物，除了钱学森外，谁都没有见过导弹和火箭。就这样，我国导弹研制攻关就从一张白纸开始了。1959年，中国开始仿制苏联P-2导弹，梁思礼作为控制系统技术负责人之一，负责系统仿制和人员培训工作。其间，中苏关系破裂，苏联撤回了专家并带走了全部教案和技术资料。梁思礼与梁守槃等专家一起迎难而上，抱着一定要研制出中国人自己的导弹的决心，再困难也要干下去，成功解决了超差代料问题，研制出具有替代性的合格的国产燃料、材料和元器件。1960年11月5日，我国第一枚导弹"1059"（后被命名为"东风一号"）在酒泉试射成功，射程比P-2导弹还要远一半。中国人有了自己的导弹，迈出了我国导弹事业从无到有的第一步。

无论是钱学森还是梁思礼，都为中国的导弹研制工作作出了巨大贡献，使中国从一个曾经被动挨打的国家成为了一个具备核打击能力的国家。在整个研制过程中，有很多科技工作者和他们一样，付出了艰辛和努力，这就是中国科学家的爱国精神和责任担当。

"东方红一号"卫星1958年提出预研计划，1965年正式开始研制，于1970年4月24日在酒泉卫星发射中心成功发射。"东方红一号"发射成功，开创了中国航天史的新纪元，使中国成为继苏、美、法、日之后世界上第五个独立研制并发射人造地球卫星的国家。在"东方红一号"卫星研制过程中，中国科学家赵九章、陈芳允等人作出了重要贡献。

赵九章，籍贯浙江吴兴，出生于河南开封，大气科学家、地球物理学家、空间物理学家，中国动力气象学的创始人，中国人造卫星事业的倡导者和奠基人之一，中国现代地球物理科学的开拓者，"东方红一号"卫星总设计师，"两弹一星"元勋。1933年，赵九章毕业于清华大学物理系。1938年，获得德国柏林大学博士学位。1951年，加入九三学社。1955年，被选聘为中国科学院学部委员（院士）。1965年，主持人造卫星的科学、工程技术方面的工作。1966年1月，中国科学院成立卫星设计院，赵九章被任命为院长。

在中国人造地球卫星研制过程中，赵九章提出了"中国发展人造卫星要走自力更生的道路，要由小到大、由低级到高级"等重要建议，领导和开创了利用气象火箭和探空火箭进行高空探测研究，探索了卫星发展方向，筹建了环境模拟实验室和开展遥测、跟踪技术研究，组建了空间科学技术队伍。1964年，根据国内运载工具的发展提出了开展人造地球卫星研究工作的建议，在中国卫星系列发展规划和具体探测方案的制定，中国第一颗人造地球卫星、返回式卫星等总体方案确定和关键技术研制等诸方面作出了突出贡献。他领导完成了核爆炸试验的地震观测和冲击波传播规律以及有关弹头再入大气层时的物理现象等研究课题。

陈芳允，浙江台州黄岩人，无线电电子学家，中国卫星测量、控制技术奠基人之一，"两弹一星"功勋奖章获得者。1934年考入清华大学，先在机械系，后转入物理系。1938年初，进入西南联合大学学习。物理系中有任之恭、孟昭英教无线电课，他对其中的实用无线电课产生了浓厚的兴趣。毕业后，在任之恭先生的建议和推荐下，陈芳允先在清华无线电研究所做无线电通信有关的课题，后到成都航空委员会无线电厂工作。去后不久因搞无线电定向仪有成绩，被任命为研究股长。1945年初，到英国A. C. Cossor无线电厂研究室工作。先在伦敦实验室做彩色电视接收机的线路工作，后转至曼彻斯特工厂雷达研究室，参加海用雷达研制工作。1948年5月，陈芳允回到上海，在中央研究院生理生化研究所工作。

1965年，中国第一颗人造地球卫星研制工作正式启动，陈芳允担任卫星测量总体技术负责人。当时，卫星测量在中国是一个全新的技术领域，特别是对卫星的跟踪观测到底采用哪种手段和方案，中国还没有经验。为此，陈芳允带领技术人员深入研究，大胆实践，反复论证。陈芳允不仅主持了技术方案设计，还参加了设备研制和测量台站建设工作。经过他与其他技术人员的实地考察，分别在新化、南宁、昆明、海南设立了四个多普勒测量站。1970年4月24日，中国第一颗人造卫星"东方红一号"发射升空，地面观测系统很快抓住目标，进行持续跟踪、测量与计算，及时预报了卫星飞经世界各地的时刻。由陈芳允主持完成的卫星测量方案非常有效，不仅圆满完成了中国第一颗卫星测量任务，而且为中国卫星测控网建立奠定了基础。

自力更生、艰苦奋斗的精神，是研制"两弹一星"的科学家和科技工作者的精神。在极其艰苦的环境中，他们克服各种难以想象的艰难险阻，经受住生命极限的考验。他们运用有限的科研和试验手段，依靠科学，顽强拼搏，发愤图强，锐意创新，突破了一个个技术难关。他们所具有的惊人毅力和勇气，彰显了中华民族在自力更生基础上自立于世界民族之林的坚强决心和能力。

在中国"两弹一星"研制过程中，中国科学家无私奉献，不畏艰难，体现了热爱祖国、无私奉献的精神。研制"两弹一星"的中国科学家高高举起爱国主义伟大旗帜，胸怀报国之志，自觉地把个人的理想信念、才华学识与科学发展、祖国命运紧紧地结合在一起。他们之中的许多人本可以在国外享受优厚待遇和富裕生活，然而，在面对祖国需要时却作出了关键抉择，毫不犹豫地放弃国外优厚的条件回到祖国。他们是祖国的科学家，他们是人民的科学家，大漠孤烟中扛起科研重任，飞沙走石里展现民族担当。他们不为功名利禄，甘当无名英雄。他们坚持低调行事、默默奉献，为国家科学事业发展献出自己的热血和生命，为祖国和人民谱写了科学发展的壮丽史诗。

"两弹一星"精神是爱国主义、集体主义、社会主义精神和科学精神的生动体现，是中国人民的宝贵精神财富。中国老一辈科学家在自力更生、艰苦奋斗的时代里，创造了中国的科学奇迹，为后来中国科学事业的发展奠定了坚实基础。

04

| 科学家精神与民族富强 |

  纵观从古至今的中国科学发展史，可谓充满了艰难困苦。近代以来，中国因为清政府的懦弱而饱受列强欺凌。新中国成立后，许多西方国家对我国实施科技封锁，限制我国科技人员的学术交流和获取外部科技资源，企图以此来遏制我国发展。然而，在我国大量科学家的共同努力下，中国实现从站起来到富起来、强起来，成为一个科技强国。其中涌现的科学家包括著名数学家陈景润、"杂交水稻之父"袁隆平、"中国量子化学之父"唐敖庆。他们为民族复兴、国家富强、人类进步作出了巨大贡献，证明了科技在国家发展中具有不可替代的推动作用。

  回首过去，看四大发明，独占鳌头；展望未来，还需认识到科技是强国之路，必须重视并提升科学家的主体地位。同时，科学家肩负为国担当的使命。邓小平同志说过，科学技术是第一生产力。而科学技术因科学家才得以出现和发展，没有大批报效祖国的科学家，就没有我国今天的发展成就。遥想当年，新中国刚刚成立时，科技基础十分薄弱。在这种情况下，以钱学森、邓稼先、华罗庚、李四光为代表的许多海外科学家毅然选择回国，推动了我国的科技发展。这一精神也被传承至今。

1742年，德国数学家哥德巴赫提出数学界的著名猜想：
"任一大于2的偶数都可以表示成两个素数之和"，简称"1+
1"。陈景润也向摘取这颗"数字皇冠上的明珠"发起了冲击。
他不顾重病缠身，每天点着煤油灯，趴在用砖头支撑的铺板上
进行演算推导。1973年，他在《中国科学》上发表了"1+2"
详细证明，引起世界轰动。这一结果被公认是对哥德巴赫猜想
研究的重大贡献，国际数学界称之为"陈氏定理"。他的事迹
在1978年以后被广为传颂，对于形成尊重知识、尊重人才之
风起到了重要作用，也让一大批青年学子深受鼓舞，坚定了科
学报国的决心。

"杂交水稻之父"袁隆平年近90岁时，依然每天耕耘在田
间地头。2018年他在沙漠试种海水稻成功，所取得的科研成果
使我国在杂交水稻研究及应用领域再攀高峰，推广应用后不仅
能解决中国粮食自给的难题，而且为世界粮食安全作出了杰出
贡献。

20世纪50年代，一大批学术大师一路向北，云集长春，
盛况空前，群星璀璨。唐敖庆是众多先贤中杰出的一位。唐敖
庆青年时期在美国哥伦比亚大学学习，曾担任中国留学生会主
席。新中国成立后，唐敖庆在留学生中号召大家回国参加社会
主义建设。1950年获得博士学位后，他立即回国，任教北大。
唐敖庆归国以及后来北上完全是基于他的家国情怀，以国家科
教发展为自己的使命，以国家的需要为自己的担当。由此可
见，为国担当、舍小家为大家的科学家是一个国家最宝贵的财
富。

侠之大者，为国为民。科学家不仅需要有家国情怀，更需
要有奉献精神。为了加强对基础性研究工作的领导，根据中国
经济建设的需要和科学发展的趋势，国家开展了一系列重要项
目及研究工作，如"863计划"、"攀登计划"、"973计划"、中
国探月工程等。结合科学发展趋势，为提高中国基础理论研究
及科技水平作出贡献。科技有别，而为民情怀如一。

科技兴则民族兴，科技强则国家强。向建设世界科技强国
进军，从"神舟"飞天、"蛟龙"入海、"天眼"遥看宇宙，到
高铁技术、桥梁技术、移动支付及量子通信等高科技让世界为

之惊叹，我国科技事业取得的历史性成就、发生的历史性变革，是一代又一代矢志报国的科学家前仆后继、接续奋斗的结果，科学家精神光耀神州大地。2008年，中国开始实施"海外高层次人才引进计划"，知名科学家黄大年，放弃国外优越条件回国。归国以来他经常工作到凌晨，甚至多次累倒在工作岗位上，但他坚持这种不知疲倦、忘我拼搏的工作状态直至生命最后一刻。习近平总书记的重要讲话，深刻阐释了科学家精神的丰富内涵和当代价值，发出了尊敬科学家、弘扬科学家精神，不断向科学技术广度和深度进军的动员令。

弘扬科学家精神，不是抽象的，而是具体的；不是空洞的，而是现实的。社会主义制度下的爱国主义精神，在人民当家作主基础上实现了社会主义祖国与社会主义制度的结合，是爱祖国、爱党、爱人民的有机统一，必然要求全体人民以高度的历史责任感和使命感关心和捍卫祖国的前途命运，热爱社会主义国家，信任中国共产党，拥护社会主义制度，全身心投入社会主义建设中去。①当今世界正经历百年未有之大变局，我国发展的内部条件和外部环境正在发生深刻复杂的变化，我们要在逆风逆水的环境中开好顶风船，全面建设社会主义现代化国家，既需要站得住脚的科技成果，更需要挺得起腰的科学家精神。我国拥有数量众多的科技工作者，弘扬科学家精神的过程，就是不畏艰难、迎难而上的过程，就是攻坚拔寨、一往无前的过程，就是梦圆今朝、造福百姓的过程。广大科技工作者要把弘扬科学家精神作为新时代的必修课、必答题，内化于心、固化于制、外化于形、实化于行，始终秉持国家利益和人民利益至上，把自己的科学追求融入建设社会主义现代化国家的伟大事业中去，不负韶华、勇立潮头、锐意进取、勇攀高峰，不断为科学家精神注入新的时代内涵，让科学家精神闪亮新时代。

九鼎重器，百炼乃成。习近平总书记指出："中国要强盛、要复兴，就一定要大力发展科学技术，努力成为世界主要

① 丁俊萍、李庆：《20世纪五六十年代中国科学家精神及其价值》，《思想理论教育导刊》2020年第3期，第66-72页。

科学中心和创新高地。我们比历史上任何时期都更接近中华民族伟大复兴的目标，我们比历史上任何时期都更需要建设世界科技强国！"①科学家们以科技报国，不仅需要水滴石穿的毅力，也需要绳锯木断的勇气。唯有秉承为国担当的使命和为民奉献的情怀，才能不畏艰难困苦奋勇向前，进而为实现祖国富强、民族复兴和人民幸福贡献重要力量。

———————————

① 《习近平在中国科学院第十九次院士大会、中国工程院第十四次院士大会开幕式上发表重要讲话强调：瞄准世界科技前沿　引领科技发展方向　抢占先机迎难而上建设世界科技强国》，《人民日报》2018年5月29日，第2版。

一、"科学的春天"

（一）勇攀科学高峰的陈景润

陈景润从少年时代起就展现出认真、执着的性格特点，并一直贯穿于他的生命全程。童年时代的陈景润，性格内向，不大说话。玩捉迷藏的时候，陈景润的方式有点特别：他往往拿着一本书，藏在一个别人不易发现的角落或桌子底下，一边津津有味地看书，一边等待别人来"捉"他。看着看着，他忘记了别人，而别人也忘记了他。他内向到可以说是木讷了。他虽然是个内向的孩子，内心却充满善意与执着。

考入高中后，陈景润遇见了使他终生难忘的沈元老师。沈老师曾任清华大学航空系班主任兼教数学、英语。沈老师注意到陈景润是在一次课堂上，当时他出了一道有趣的古典数学题"韩信点兵"。大家都不明白，而陈景润却立即小声回答："53人"。沈老师惊呆了，因为这道题他曾给许多班出过，没人能够答上来。沈老师非常高兴，接着，他讲了一道世界数学难题："大约在200年前，一名叫哥德巴赫的德国数学家提出了'任何一个偶数均可表示成两个素数之和'，简称'1+1'，没有证明出来，便给俄国圣彼得堡的数学家欧拉写信，请他帮助证明这道难题。欧拉接到信后，就着手计算。他费尽了脑筋，直到离开人世，也没有证明出来。之后，哥德巴赫带着一生的遗憾也离开了人世，却留下了这道数学难题。200多年来，这个哥德巴赫猜想之谜吸引了众多的数学家，但始终没有结果，成为世界数学界一大悬案。"沈老师讲到这里还打了一个形象的比喻，自然科学皇后是数学，"哥德巴赫猜想"则是皇后王冠上的明珠。这引人入胜的故事给陈景润留下了深刻的印象，"哥德巴赫猜想"像磁石一般吸引着陈景润。从此，陈景润开始了摘取皇冠上明珠的艰辛历程。

为了梦想成真，陈景润无论酷暑还是严冬，在那不足6平方米的斗室里，食不知味，夜不能眠，潜心钻研，仅计算的草纸就足足装了几麻袋。1956

年，陈景润终于取得阶段性成果，并写成一篇题目为《塔内问题》的论文。数学系李文清老师看后击节叹赏，决定把论文推荐给华罗庚。华罗庚读后非常惊喜，"这个年轻人很好！他很有想法！很有培养前途！"当时华罗庚正在筹备全国数学讨论会，赴会代表早已经确定，不能再增加名额。他决定，以个人名义请陈景润作为特邀代表到北京来参加数学讨论会，并请他到会作报告。会议结束后不久，华罗庚就决定把这个没有和自己说过几句话的年轻人调到中国科学院数学研究所。他派人千里迢迢到厦门，与厦门大学商调陈景润，又派人和中国科学院、北京市有关部门多方协调。终于在第二年，将陈景润调到数学研究所工作。这是华罗庚平生唯一亲自点名调入中国科学院数学研究所的人员。在中国科学院数学研究所，陈景润可以说是个"怪人"。他平时极少出门，也极少与人交往，整天在屋子里读书、演算。有一天，陈景润去理发。理发的人多，需要排队，他就拿出一个小本子计算起来。忽然有所启发，心想排到我理发时间还很长，便跑到图书馆去查资料。查过资料回来路过外文阅览室，他又跑进去看起书来，直到天色已黑才想起理发的事。经过十多年不懈研究，陈景润取得了重大学术成果。

据说，陈景润一旦决定做一个方向了，那么其他数学家就不用再做这个方向了，即使你一个组有三四个专业数学家，也基本上做不过陈景润一个人。他被时人称为天才数学家。但陈景润终其一生，都像一只执拗爬行的蜗牛，无论顺境还是困境，他始终没有放弃自己前进的方向与步伐。并且，陈景润并不是万能的，他和每一个普通人一样，有着自己的盔甲与软肋，有着自己的软弱与勇敢。天才也罢，常人也好，恰如托尔斯泰所说：为其所应为，这样的人才是勇敢的。

步步前行的人，自会收获生命的馈赠。陈景润对前人所用的筛法做了重大改进，并由此证明了"1＋2"。1966年，他将结果发表在《科学通报》上。1973年，陈景润在《中国科学》杂志上发表了完整的结果，题名为《大偶数表为一个素数及一个不超过两个素数的乘积之和》。这篇论文发表之后，在国内外引起很大反响，受到世界数学界和国际著名数学家的高度重视和称赞。当时，英国数学家哈伯斯坦和德国数学家黎希特急于把陈景润的论文写进他们合作的《筛法》一书中，他们特意增加了一章"陈氏定理"。在这一章的第一页写道："我们是在前十章已经付印时才注意到这一结果的；从筛法的任何方面来说，它都是光辉的顶点。"美国科学院副院长在率团访问中国之后，于1979年在美国数学会通讯期刊上载文说："中国数学所，华罗庚的一批学生，在解析数论方面作出了出色的成绩。近来，那里所得到的杰出成果是陈景润的定理，这个定理是当代在哥德巴赫猜想研究方面最好的成果。"世界数学大师安德烈·韦伊说："陈景润的工作就好比是在喜马拉雅山的顶峰上行走，每前进一步都非常困难。"英国数学家赫胥黎向陈景润祝贺："你移动了群山。"

1978年春天，陈景润收到国际数学联盟主席的一封邀请函，邀请他参加1978年在芬兰赫尔辛基召开的第18届国际数学家大会，并作45分钟学术报告。这不仅是他个人的荣耀，也是中国数学界的骄傲。陈景润觉得兹事体大，便将此信交给了院领导。院领导说，尊重他自己的意见。经过认真考虑，他给国际数学联合会写了一封回信，大致有三点内容："第一，我国一贯重视发展与世界各国科学家之间的学术交流和友好关系，因此，我感谢国际数学会主席先生的盛情邀请；第二，世界上只有一个中国，就是中华人民共和国，台湾是中国不可分割的一个省，而目前台湾占据着数学会我国的席位，因此，我不能参加；第三，如果驱逐了台湾代表，我可以考虑出席。"

1978年3月18日，陈景润作为中国知识分子优秀代表出席了全国科学大会，并受到大会表扬。他退让着不肯接受这份本应属于他的荣誉，"我只不过做了微不足道的一点小事，却被推上了主席台，这怎么可以，这怎么可以。"一个科学家的谦逊美德在他的身上得到了最完美的体现。

由于在哥德巴赫猜想研究中取得了举世瞩目的成就，陈景润获得了国家自然科学奖一等奖。1979年，陈景润应普林斯顿高等研究院院长沃尔夫博士的

图4-1 陈景润

盛情邀请，作为中美正式建交后第一批应邀赴美的科学家，来到世界一流的普林斯顿高等研究院工作，不仅标志着他个人的数学成就已经得到世界公认，而且在中美邦交正常化的进程中具有重大意义。当国外的同行善意地向陈景润提出希望他能长期留美工作时，陈景润微笑着谢绝了，他说："我的国家的确十分落后，正是因为这样，我才应该回去为祖国服务。"访问期间，陈景润完成了经过几个月奋战的论文《算术级数中的最小素数》，将最小素数从原有的80推进到16，受到国际数学界的好评。回国后，陈景润把在美国做研究工作所节省下来的7500美元全部捐献给国家。这笔钱在当时并不是一个小数目，他完全可以像其他人一样，从国外买回一些高档家电，但他把这笔钱全部捐献给国家。用他的话来说："我们的国家还不富裕，我不能只想着自己享乐。"陈景润就是这样一个谦虚、正直的人，尽管他已经功成名就，但他并没有骄傲自满，他说："在科学的道路上，我只是翻过了一个小山包，真正的高峰还没有攀上去，还要继续努力。"

（二）"杂交水稻之父"袁隆平

"他是一位真正的耕耘者。当他还是一个乡村教师的时候，已经具有颠覆世界权威的胆识；当他名满天下的时候，却仍然只是专注于田畴，淡泊名利，一介农夫，播撒智慧，收获富足。他毕生的梦想，就是让所有的人远离饥饿。喜看稻菽千重浪，最是风流袁隆平。"这是2004年"感动中国"评委会对袁隆平的评价。

袁隆平1930年9月7日生于北平（今北京），祖籍江西省九江市德安县，中国杂交水稻育种专家，中国工程院院士。他曾任中国国家杂交水稻工作技术中心主任暨湖南杂交水稻研究中心主任，湖南农业大学教授、中国农业大学客座教授，联合国粮农组织首席顾问，湖南省科协副主席和湖南省政协副主席。2006年4月，当选美国科学院外籍院士，被誉为"杂交水稻之父"。

国际水稻研究所所长、印度前农业部长斯瓦米纳森博士高度评价说："我们把袁隆平先生称为'杂交水稻之父'，因为他的成就不仅是中国的骄傲，也是世界的骄傲，他的成就给人类带来了福音。"为表彰袁隆平在籼型杂交水稻研究中的贡献，湖南省委、省政府授予袁隆平"功勋科学家"称号；中国发现的国际编号为8117的小行星被命名为"袁隆平星";他先后获联合国教科文组织"科学奖"和联合国粮农组织"粮食安全保障荣誉奖"等8项国际奖励。2001年2月19日,中共中央、国务院隆重举行国家科学技术奖励大会,授予湖南杂交水稻研究中心研究员、中国工程院院士袁隆平2000年度国家最高科学技术奖。2007年4月29日,世界"杂交水稻之父"、中国工程院院士袁隆平在美国首都华盛顿正式就任美国科学院外籍院士,并出席了有世界数百名顶级科学家参加的美国科学院院士年会。

1959—1961年三年困难时期严重的粮食饥荒,导致无数患有水肿病、脸色苍白的人们倒在街头……袁隆平也亲历了饥饿的痛苦。袁隆平目睹了严酷的现实,他辗转反侧不能安睡。他想起旧社会,人民受统治阶级的剥削压迫,受战争的痛苦,缺衣少食,流离失所。在新社会,人民当家作主人,但仍未摆脱饥饿对人们的威胁。他决心努力发挥自己的才智,用学过的专业知识,尽快培育出亩产过800斤、1000斤、2000斤的水稻新品种,让粮食大幅增产,用农业科学技术战胜饥饿。

袁隆平赞成这样一个公式:知识+汗水+灵感+机遇=成功。

他依据对遗传学已有的较深的认识,对试验田里的退化植株进行仔细观察和统计分析,不仅论证了"鹤立鸡群"的稻株是"天然杂交稻",而且从其第一代的良好长势,充分证明水稻也存在明显的杂交优势现象。试验结果使他确

图4-2 袁隆平在试验田中工作

信，搞杂交水稻研究，具有光明的前景。

可是，研发杂交水稻是世界难题。因为水稻是雌雄同花的作物，自花授粉，难以一朵一朵地去掉雄花搞杂交。这样就需要培育出一个雄花不育的稻株，即雄性不育系，然后才能与其他品种杂交。这是一个难解的世界难题，但袁隆平知难而进。他认为，雄性不育系的原始亲本，是一株自然突变的雄性不育株。中国有众多的野生稻和栽培稻品种，蕴藏着丰富的种子资源，是水稻的自由王国。"外国没有搞成功的，中国人不一定就不能成功。"袁隆平迈开双腿，走进了水稻的莽莽绿海，去寻找这从未见过，而且中外资料没见过报道的水稻雄性不育株。时间一天天过去，袁隆平头顶烈日，脚踩烂泥，驼背弯腰地、一穗一穗地观察和寻找。"功夫不负有心人"，在寻找"不育"稻株的第16天，在一块"洞庭早籼"田里，袁隆平终于发现了一株雄花花药不开裂、性状奇特的植株。袁隆平欣喜若狂。

1964年6月至1965年7月，他和妻子邓则又找到6株雄性不育的植株。成熟时，分别采收了自然授粉的第一代雄性不育材料种子。经过两个春秋的试验和科学数据分析整理，他撰写出第一篇重要论文《水稻的雄性不孕性》，发表在1966年《科学通报》第17卷第4期上。文中还预言，通过进一步选育，可以从中获得雄性不育系、保持系（使后代保持雄性不育的性状）和恢复系（恢复雄性可育能力），实现三系配套，使利用杂交水稻第一代优势成为可能，从而给农业生产带来大面积、大幅度增产。这篇重要论文的发表，被一些同行认为是"吹响了第二次绿色革命"的进军号角。又经过8年历经磨难的"过五关"（提高雄性不育率关、三系配套关、育性稳定关、杂交优势关、繁殖制种关），到1974年配制种子成功，并组织了优势鉴定。1975年又在湖南省委、省政府的支持下，获大面积制种成功，为次年大面积推广做好了种子准备，使该项研究成果进入大面积推广阶段。

1975年冬，国务院作出了迅速扩大试种和大量推广杂交水稻的决定，国家投入了大量人力、物力、财力，一年三代地进行繁殖制种，以最快的速度推广。1976年定点示范13.86万公顷，在全国范围开始应用于生产。到1988年，全国杂交稻种植面积1300万公顷，占水稻种植总面积的39.6%，占总产量的18.5%。10年间全国累计种植杂交稻面积8373万公顷，累计增产稻谷1亿吨以上，增加总产值280亿元，取得了巨大的经济效益和社会效益。人们纷纷称赞，这两个"平"解决了吃饭问题：一是靠党中央高水平的政策，二是靠袁隆平的杂交稻。人民群众这简洁的言辞道出了亿万中国农民的心声。

随着杂交水稻的培育成功和在全国大面积推广，袁隆平名声大振。在成绩和荣誉面前，袁隆平公开声称现阶段培育的杂交稻的缺点是"三个有余、三个不足"，即"前劲有余、后劲不足；分蘖有余，成穗不足；穗大有余，结实不足"，并组织助手们从育种与栽培两个方面采取措施加以解决。20世纪80年代初期，面对世界性的饥荒，袁隆平心中再一次萌发了一个惊人的设想，大胆提出了杂交水稻超高产育种课题，试图解决更大范围内的饥饿问题。

图4-3 袁隆平

袁隆平凭着丰富的想象、敏锐的直觉和大胆的创造精神，认真总结了百年农作物育种史和20年"三系杂交稻"育种经验，并根据他所掌握的丰富的育种材料，于1987年提出了"杂交水稻育种的战略设想"，高瞻远瞩地设想了杂交水稻的三个战略发展阶段，即三系法为主的器种间杂种优势利用、两系法为主的籼粳亚种杂种优势利用、一系法为主的远缘杂种优势利用。这是袁隆平杂交水稻理论发展的又一座新高峰。袁隆平有两个心愿：一是把"超级杂交稻"合成；二是让杂交稻走向世界。这是袁隆平的心声，一种博大的爱。为了实现这个心愿，他从成绩与荣誉两个"包袱"中解脱出来，超然于名利之外，对于众多的头衔和兼职，能辞去的坚决辞去，能不参加的会议就不参加，魂牵梦萦的只有杂交稻。他希望杂交水稻研究成果不但能增强我们国家自己解决吃饭问题的能力，而且为解决人类仍然面临的饥饿问题作出更大的贡献。因此，袁隆平把帮助其他国家发展杂交稻当作为人类谋幸福的崇高事业。

袁老早就是一位游泳健将。在他8岁时，冒着抗日战争的硝烟，他们全家逃难到湖南桃江县。在逃难的船上，他不慎落水，幸亏艄公把他救上船，才保住性命。从此他下定决心学会游泳。后来跟体育老师一步步苦练，终于成了同学们中自由泳的好手，最终冲出龙门浩，横渡长江。除了"游泳健将"，袁隆平还是小提琴忠实爱好者。

1953年，袁隆平领取了人生第一笔工资42元。他回忆说："那次我在长沙待了两天，先去了橘子洲游泳，第二天去商店里买了把小提琴，花了27元。"①用人生的第一笔工资买一把小提琴，是袁隆平在大学时的梦想。他的工作地点几乎都是田间地头，而且时常满身泥土，在制种育种阶段，工作不分白天黑夜，拉琴是他调整身心的方式。袁隆平曾提及在安江农校附近拉琴的感受：夜晚时分，月光满地，蛙声不绝，琴声能消除一天的疲劳。有一次，他出席一个全国性大会。会前有人提议他拉琴。他拉起了科学家李四光的作品《行路难》。不过袁隆平一如既往地谦虚，"我是一个南郭先生，那次只拉了头四句，其余的都是后台小提琴大师们拉的。没办法，不能让大家扫兴。"在袁隆平家的柜子里收藏着不少碟片，都是柴可夫斯基、舒伯特等大师的作品。闲时，他会打开音响，感受艺术的魅力。

既是伟大的科学家，又是一个生动可爱的老爷爷，这才是大家对袁老的印象。在袁隆平的口述自传中，袁隆平结婚时已过33岁，在那个年代是货真价实的晚婚。原本他与妻子邓则是师生关系，互相熟悉了解后，邓则因为袁隆平课讲得好，爱打球，还会拉小提琴而欣赏他。袁隆平也因为邓则活跃，喜欢唱歌跳舞，也喜欢运动，还是黔阳县篮球运动代表队队员而欣赏她，两人情投意合。袁老在自传里这样回忆他的妻子："在我事业最艰难、工作最困难的时候，邓则最坚定地支持我，她付出的确实太多了。在上个世纪70年代，因为我一直在外面搞科研，家里的担子都由她挑起来。我曾连续7个春节都没有回家，是在海南岛过的。小孩都是我的贤内助带的，二儿子出生才3天我就南下了，但我的贤内助也没有埋怨我。她知道这个事业很重要，毫无怨言地支持我。特别是我父亲去世后，为了照顾我母亲，直到母亲去世，邓则才带着3个孩子来长沙和我团聚。从1964年到1990年，26年里我们基本是分居。邓则很厚道、善良、贤惠。我们之间顶多有几次争争嘴，不是什么原则问题。她偶尔发脾气，我笑一笑就算了。我抽烟，她唠叨几句，说你少抽点。现在，我每次应邀出访，或是参加活动，只要条件允许，我就带着我的贤内助一道去，让她走一走散散心。如果是出国，我就耐心地给她当翻译兼导游，她喜欢旅游呀。这样，带她去过5个国家和国内很有名的一些景点；即便没有机会带她去，也会给她买一些礼物，我能记得她穿的衣服和鞋子的型号。"

---

① 刘朝晖：《"无双国士"袁隆平的另一面》，《新民周刊》2021年第19期，第40-45页。

袁隆平，这个闪光的名字，这位耄耋老人，半个多世纪以来，他在农业科研领域中不畏艰辛、执着追求、大胆创新、勇攀高峰所取得的杂交水稻的科研成果，创造了年增产稻谷可养活6000万人口的旷世奇迹。他用一粒种子，改变了世界；他创造的社会财富，只有两个字可以形容——无价。他以一介农夫的姿态，行走在心灵的田野，收获着泥土的芬芳。那里，有着一个民族崛起的最古老密码。

（三）"中国量子化学之父"唐敖庆

作为中国现代理论化学研究的奠基人，唐敖庆先生为中国科研事业发展和国际影响力提升作出了突出贡献；作为矢志不渝、自强不息的开拓者，唐敖庆先生伟大的爱国精神和奉献情怀为世人树立了光辉典范。唐敖庆先生的一生，是奋斗的一生、奉献的一生。他的光辉业绩和历史贡献，永远值得铭记。

1936年夏，唐敖庆考入北京大学化学系学习。七七事变爆发后，他随校南迁，先在长沙临时大学学习，1938年随校到昆明，在西南联合大学化学系继续学习。1940年毕业留校任教。1946年，他和李政道、朱光亚、王瑞駪、孙本旺等，以助手身份随同我国知名化学家曾昭抡、数学家华罗庚、物理学家吴大猷赴美考察原子能技术，尔后被推荐留在哥伦比亚大学化学系攻读博士学位。1949年

图4-4　唐敖庆

11月唐敖庆获得博士学位，谢绝了导师的挽留，冲破重重阻力，终于在1950年初回到了祖国。从此，唐敖庆开始了献身社会主义建设事业的光辉历程，在教学、科学研究、人才培养、组织领导等方面取得卓越成就，成为蜚声国内外的教育家和科学家，是20世纪50年代和60年代回国工作的2500多名旅居海外的专家学者中的杰出典范。1952年全国高等学校院系调整时，唐敖庆与物理学家蔡镏生、无机化学家关实之、有机化学家陶慰孙通力合作，率领来自祖国各地的7名中年教师和11名应届毕业生，创立了后更名为吉林大学的东北人民大学化学系。1978年在该系物质结构研究室的基础上，创建了吉林大学理论

化学研究所。1991年，根据国际理论化学的发展趋势和我国的理论化学发展需要，以理论化学研究所为依托，建立了理论化学计算国家重点实验室。现在该研究所和实验室已成为享誉海内外的理论化学研究基地。

唐敖庆在担任吉林大学副校长、校长领导职务期间，对吉林大学的建设和发展作出了卓越贡献。1956年他作为副校长，协助著名教育家匡亚明校长带领吉林大学有了迅速的发展，吉林大学于1960年进入国家重点综合性大学的行列。1978年至1986年，他就任吉林大学校长，主持和领导学校的全面工作，自觉地贯彻重点高等学校要办成"既是教育中心，又是科研中心"的精神，加快改革步伐，学校各项事业又有了新的发展，在教学质量和科学研究水平上取得若干新的突破，使吉林大学成为著名的重点大学。

早在美国哥伦比亚大学攻读博士学位期间，唐敖庆就主修化学和数学两个系的课程，并且在后来的教学和科研工作中，十分注重基础理论学习。他把自己坚实的数理基础有机地应用于理论化学研究工作中，形成了独特的科学研究风格，被国际上誉为"中国学派"。唐敖庆数十年如一日，始终及时把握国际学术前沿的新动向，开拓新课题，赶超国际学术先进水平，取得一系列的卓越成就。他所开创的诸多新的研究领域，奠定了中国理论化学研究的基础框架，成为中国理论化学走向世界的重要基石。他是中国现代理论化学的开拓者和奠基人。

1986年，作为国家科技体制改革的重要决策之一，国务院决定成立国家

图4-5　唐敖庆在授课

自然科学基金委员会，唐敖庆被任命为基金委员会第一任主任。他在较短的时间内，悉心组建领导班子，配备得力干部；根据中央方针、政策，多方面进行调查研究，广泛征求意见，制定了系列规章制度；提出了"依靠专家，发扬民主，择优支持，公正合理"的评审原则，成功地指导了国家自然科学基金委员会资助项目评审工作的顺利进行，得到科技界的广泛支持。聘请全国知名专家学者近500人，组成40余个学科评审组，在十分紧迫的时间内，当年就受理1万多个基金项目申请，从中评选出3000余个优秀项目给予资助。

在他主持下，国家自然科学基金委员会发挥科学家的集体智慧，使国家科学基金的资助工作形成了既有自由申请又有主动组织，既有全面安排又有纵深部署，对于支持我国基础研究和应用基础研究发挥着十分重要的作用。唐敖庆为创建具有中国特色的科学基金制度作出了重要贡献。

早在初中学习期间，他就非常优秀，深得老师的赏识。但因家境困难，无力升入高中，遂考入无锡师范学校继续学习。这期间，唐敖庆在学业上取得很大长进的同时，在政治上也受到了进步思想的影响。九一八事变后，他曾参加赴南京请愿团，并经常阅读进步书刊。为了筹集上大学的费用，他从师范学校毕业后先到本县凌霞小学教书，一年半以后进入江苏省立扬州中学大学补习班学习。这时，《大公报》上连载曾昭抡教授有关访日观感的文章，曾昭抡的学识和文采赢得了唐敖庆的敬慕，他产生了师从曾先生的愿望。

抗日战争胜利后，唐敖庆和王瑞骁、李政道、朱光亚、孙本旺等，以助手身份随同我国知名化学家曾昭抡、数学家华罗庚、物理学家吴大猷于1946年赴美考察原子能技术。尔后，唐敖庆被推荐留在哥伦比亚大学化学系攻读博士学位。入学后，他同时选修了化学系与数学系的主要课程，刻苦学习，为他后来从事的理论化学研究工作打下了坚实而深厚的基础。入学一年后，唐敖庆以优异成绩通过了博士资格考试，并获得荣誉奖学金。在哥伦比亚大学学习的后期，随着国内革命形势的迅速发展，校内300多名中国留学生发生明显的政治分歧，国民党控制的"哥伦比亚大学中国学生会"扬言要以中国留学生的名义开展一系列"拥蒋崇美"活动。这时唐敖庆已读过《新民主主义论》一书，他坚信书中指出的令人信服的真理：只有革命，中国人民才有出路；只有社会主义才能救中国。他旗帜鲜明地与一部分志同道合的同学通过各种途径对此进行宣传活动。这时他的寓所已成为议论国事的场所，曾被戏称为"唐氏茶馆"，在斗争中形成了进步的学生组织"哥伦比亚大学中国同学会",唐敖庆当选为第一任主席。"中国同学会"与"中国留美科学工作者协会"等进步组织一起开展了许多活动,如于1949年10月在纽约河边教堂(Riverside church)附近的国际学生公寓举办庆祝中华人民共和国成立的大会,介绍国内情况,向联合国发出签名通电,要求驱逐国民党代表,接纳新中国的代表;发起慰问中国人民解放军的"一人一元劳军运动"等。1949年11月唐敖庆获得博士学位后,归国报效新中国的心情再也按捺不住了,他谢绝了导师的挽留,冲破重重阻力,终于在1950年初回到了祖国。从此,唐敖庆开始了献身社会主义建设事业的光辉历程。

根据国家在不同发展阶段对人才的不同需求,唐敖庆举办了13次不同主题的研讨班、讲习班、进修班,有的讨论班存在时间长达2年。遇到物理难点,唐敖庆帮助学生们补物理。遇到数学难点,唐敖庆帮学生们补数学。他的理论思维令人叹服,他对学生的耐心令人敬佩。为了掌握高分子标度理论,他用了一年半研读诺贝尔物理学奖获得者德热纳的专著,并从头到尾推演了一遍。在此基础上,唐敖庆开始研究并建立了高分子固化的标度理论。

唐敖庆第一篇经典论文1955年发表于《科学通报》,他提出了计算复杂分子内旋转能量变化的势能函数公式,可以推测一系列有机化合物的性质,为从结构上改变物质的性能提供了比较可靠的依据。当时,苏联密切关注中国科技进展,选了唐敖庆的这篇论文翻译成俄文。苏联化学家伏肯斯坦又将其从俄文翻译成英文,收录在其以英文出版的《高分子构型统计》专著中,从而将唐敖庆的成果传播到西方学术界。唐敖庆在这篇论文的前言中写道:"我国正在进行社会主义建设,合成具有这些或那些性能的化合物的要求愈来愈迫切,为了出色完成这种任务,必须弄清楚物质结构与它们性质间的关系,而分子内旋转问题正是这一科学领域中的一个重要组成部分……"字里行间反映了唐敖庆科学选题的原则,既面向世界科学前沿,又始终不忘国家的需求。

唐敖庆生前接受记者采访,记者赞叹唐敖庆桃李满天下,唐敖庆听后爽朗地笑着说:"那是我应该做的,因为我是教师啊。我也是在老师们的悉心培养下成长起来的。这好像有西藏大高原才有喜马拉雅山,有了喜马拉雅山才有珠穆朗玛峰一样。科学的发展有一个积累的过程,我们年纪大一点的科学工作者就应该发扬甘为人梯的精神,支持和培养中青年科学工作者,让他们异峰突起。"他身上可贵的科学家精神，在吉林大学生根发芽、开花结果，也在更广阔的中国科教界得到传承发扬，被人们久久传颂。如今，"唐敖庆星"已成为浩瀚星河中熠熠生辉的一颗，它将时刻提醒我们不忘教书育人的初心，指引我们勇敢地拓展人类认知的边界，科教兴国，惠泽世界。

（四）"汉字激光照排系统之父"王选

几缕墨香，陪伴你我走过成长、成才、学习、工作的每一段时光。不过，今天的你可曾知道或想起，这背后，那个默默耕耘十余载，让出版印刷"告别铅与火，迎来光与电"，用激光照排技术将汉字带入信息时代的人呢？

2001 年，中国工程院颁发"二十世纪我国重大工程技术成就"评选结果，"汉字信息处理与印刷革命"仅以一票之差位居"两弹一星"之后，而列次席。这项被称为影响汉字传承乃至中华文明进程的重大科研工程与一个人的名字紧紧联系在一起，他就是王选，被称为"当代毕昇""汉字激光照排之父"。2002 年获得国家最高科学技术奖的王选，在 20 世纪 80 年代掀起了中国印刷技术的第二次革命。习近平总书记曾经指出："汉字是中华文明的重要标志，也是传承中华文明的重要载体。""上个世纪 80 年代汉字激光照排系统问世，使汉字焕

图 4-6 王选

发出新的生机和活力。"①王选带领团队发明的这一系统，掀起了中国印刷业"告别铅与火，迎来光与电"的技术革命，使拥有几千年悠久历史的汉字迈入光驰电掣的信息时代，为中华文化传承和发扬光大插上了信息时代的科技翅膀。王选因此荣获国家最高科学技术奖等 20 多项大奖，被授予"改革先锋"

---

① 习近平：《在俄罗斯"汉语年"开幕式上的致辞》，《人民日报》2010 年 3 月 25 日，第 1 版。

"最美奋斗者"等荣誉称号。

1975年前后，不少人认为，在西方发达国家科研人员已经先行一大步的情况下，王选的汉字信息压缩和还原方案不可能成功。但王选没有气馁，他坚信自己的选择，并继续投入更多精力设计和完善总体方案。他甚至做了更大的决定：跨过当时流行的二代机和三代机，采用激光输出方案，直接研制世界上尚无产品的第四代激光照排系统。在样机研发过程中，王选克服病痛劳累、骨干人员退出、设备落后、工作条件简陋等种种困难和压力，经过艰苦卓绝的努力，最终与团队一起成功地将原理性样机做了出来，经过一代一代地改进，最终形成中文电子出版系统并推向市场，被国内99%的报社和90%以上的书刊（黑白）印刷厂采用。

1954年，17岁的王选怀着青春的憧憬从上海来到北京。北京大学以其雕梁画栋的皇家气派、兼容并蓄的文化风范，深深触动了王选的心，也让王选油然而生一股自豪感。那一刻，王选仿佛就已认定，自己将在这片圣地度过一生。当时的北大校长马寅初主张把办学重点放在基础课上，因此众多名师的引导、严格的数学训练使王选顺利迈了高等数学的殿堂，并为他日后从事计算机应用研究奠定了重要基础。人的一生虽然漫长，但关键时刻有时只是几步，走的路不同，命运会截然相反。在大学二年级下学期，王选就遇到了这样的关键时刻。

在此之前，系里是不分专业的，学生们上的是一样的基础课。从大学三年级开始分成数学、力学和计算数学三个专业，学生要在大二下学期确定专业。专业选择从某种程度上决定着一个人的发展方向甚至前途命运。系里一些尖子学生从中学时起就树立了勇攀数学高峰、摘取数学桂冠上闪耀明珠的宏伟志愿，数学专业自然是他们的首选。在20世纪50年代中期的中国，计算机在人们心中还是一个遥远、神秘甚至陌生的梦想。计算数学在整个中国都是新兴学科，不但没有一套像样的教材，而且应用性强于理论性，包含大量繁杂琐碎、非创造性的技术工作，在多数人眼中不见得有高深的学问，前景也很渺茫，所以这个专业显得冷冷清清，乏人问津。

关心时事的王选注意到，1956年我国制定的《十二年科技规划》把计算技术列为"未来重点发展学科"，周恩来总理也在不同场合的讲话中强调，计算技术是我国迫切需要的重点技术。王选想，一个人只有把自己的工作和国家的前途命运联系在一起，才有可能创造出更大的价值。为了证明自己的观点，王选去图书馆查阅报刊资料。他看到，著名科学家钱学森和中国科学院数学研究所专家胡世华撰写的文章，都讲到计算机将在航天工业、现代国防科学技术等领域发挥越来越大的作用，计算数学是一个前景十分广阔的领域。王选看后，更坚定了信心。他决定选择计算数学专业。这是王选一生中第一次重要抉择，体现出他与众不同的远见和洞察力，为日后的科研工作奠定了第一块基石。

1960年，我国遭遇了严重的自然灾害，因缺乏睡眠而十分疲惫的王选又受到饥饿的折磨。当时米面都是定量供应，晚饭只能靠喝稀粥充饥。过度的疲劳和饥饿摧垮了王选的身体。1961年夏，王选得了一场莫名其妙的大病。他低烧不退，胸闷憋气，呼吸困难。大夫诊断他可能得了可怕的不治之症。大病使王选不能再工作。1962年，他不得不回到上海父母身边治病。王选本就是个愈挫愈奋之人。养病期间，他觉得自己不能就这么无所事事地躺着，于是决定边治病，边学习，边钻研。

1965年夏，王选身体稍有好转，便告别父母回到北大，与陈堃銶等同事一起，在DJS 21计算机上研制成功ALGOL 60高级语言编译系统，在几十个用户中得到推广，被列入"中国计算机工业发展史大事记"。更重要的是，从那以后，王选在软硬件两方面的学术水平和实践能力有了一个质的飞跃，他再翻看外国文献时，常常能发现对方设计的不足，继而想出更好的解决方法。王选后来感慨地说："从事软硬件相结合的研究是我一生中最重要的选择，我找

图4-7 王选在工作中

到了创造的源泉，这是我能够承担激光照排系统研制的决定性因素。"王选院士攀登科学高峰壮心不已的精神，关心祖国未来甘当人梯的精神，将在亿万青少年心中薪火相传，成为永远的丰碑。

"王选能成功，得益于他的数学基础，还有他在科研工作中不畏艰难、坚持不懈的精神。任何事物的发展总不可能一帆风顺，尤其是对于要成就大事的人而言更是如此。一个人要想有所成就，必然要经历极为痛苦、煎熬的时期，其中可能会有压力、有打击、有挫折、有苦苦的探索甚至是濒临绝望。"2018年，北京大学副校长、中国科学院院士田刚谈起王选感慨万千，"王选顶住了超乎常人的压力，克服了艰难困苦，最终一鸣惊人。""敢为人先"的精神是王选成功的关键要素之一。科学研究必须创新，要走自己的路，敢于走自己的路，敢于走别人没有走过的路。

王选是科学工作者的杰出代表、人民教师的优秀典范。他一生献身科学，淡泊名利，始终孜孜不倦地埋头于艰苦的科研工作，即使患病期间也没有停止过。他以提携后学为己任，甘为人梯，为培养和造就一批批年轻的学术骨干呕心沥血。2002年，他用自己获得的2001年度国家最高科学技术奖奖金及北京大学奖金共900万元设立"王选科技创新基金"，支持和鼓励青年科技工作者从事具有基础性、前沿性的中长期科技创新技术研究。在他的培养下，一批敢于创新、勇于拼搏的青年科学家走到了科研前沿。

王选常用《颜氏家训》中"上士忘名，中士立名，下士窃名"这句话来说明自己对名利的态度："我做不到上士，但不会为了立名而去窃名。"王选也常用北京大学学生中曾流传的话来勉励年轻人："不要急于满口袋，先要满脑袋，满脑袋的人最终也会满口袋，要善于'延迟满足'。"在1979年研制条件最艰难的时刻，王选谢绝了美国麻省理工学院教授的赴美邀请，1982年又婉拒了港商月薪6万港币的许诺。支撑王选的是"汉字的信息化处理必须由中国人在自己的国家完成"这一信念，是他从小所接受的爱国主义教育。功成名就后，王选把获得的奖金或捐献，或设立基金奖励青年人才，总共有上千万元，自己却一直俭朴节约，手稿大多写在废纸背面，手表修了多次也不肯买新的。虽然是两院院士、全国政协副主席，王选常用的名片上也只写"北京大学教授"这一个头衔。

王选不止一次地勉励年轻人，"我常想，一个人，一个好人，他活着，如果能够为社会的利益而奋斗，那么，他的一生才是有趣味的一生。一个有成就的科学家，他最初的动力，决不是想要拿个什么奖，或者得到什么样的名和利。他们之所以狂热地去追求，是因为热爱和一心想对未知领域进行探索的缘故。"王选自己正是这样一位科学家。在生命的最后，他在病中写道："我对国家的前途充满信心。21世纪中叶，中国必将成为世界强国，我能够在有生之年为此作了一点贡献，已死而无憾了。"这是这位心系国家、成就卓著的科学家内心最动情、最真挚的声音。

二、"振兴中华"

（一）"863 计划"

1986年3月，已退休在家安度晚年的王大珩获悉美国"星球大战"计划后，立即与中国科学院院士陈芳允商议，并联合另两位中国科学院院士王淦昌、杨嘉墀给中共中央写信，提出要跟踪世界先进水平，发展我国高技术的建议。

这封信得到了邓小平同志的高度重视，小平同志亲自批示：此事宜速决断，不可拖延。经过广泛、全面和极为严格的科学与技术论证，中共中央、国务院批准了《国家高技术研究发展计划（"863计划"）纲要》。从此，中国的高技术研究发展进入了一个新阶段。

"863计划"实施以来，在党中央和国务院的正确领导下，在有关部门的大力支持下，根据本身的经济实力，以"有限目标，突出重点"为方针，主要的科学研究集中在生物技术、航天技术、信息技术、激光技术、自动化技术、新能源技术和新材料领域。经过广大科技人员的奋力攻关，取得了重大进展，为我国高技术发展、经济建设和国家安全作出了重要贡献。

他是中国光学事业的先行者，以毕生之力开拓了中国光学事业发展的广阔天地；他是高瞻远瞩的战略科学家，为科技事业和国家发展殚精竭虑、指引方向；他是中国光学界一面高扬的旗帜，是新中国光学工程事业的开拓者和奠基人；他是推动中国光学前进的人，中国光学界幸有他掌舵领航，才有欣欣向荣的今天。他，就是王大珩。

王大珩在英国学习和工作了10年，大部分时间从事光学玻璃研究工作。当时正值第二次世界大战，鉴于国防光学仪器在战争中的重要地位，光学玻璃制造技术成为秘密。因此，他在英国的许多研究成果未能得到公开发表。他是英国最早研究稀土光学玻璃的，他用光谱方法研究了光学玻璃的吸收与脱色。他研究了光学玻璃不同退火条件对折射率、内应力、光学均匀性的影响；改进了退火样品折射率微差干涉测量方法；发展了V棱镜精密折射率测定技术，获英国科学仪器协会第一届青年仪器发展奖（Bowen奖），并在英国制成商品仪器。后来，他在国内对V棱镜折光仪进行进一步改进并推广生产，至今仍是许多光学玻璃实验室和工厂的基本测试仪器。他在英国工作期间，还发表了《关于玻璃，特别是低吸收率玻璃的可见光分光光度测量》《氧化铁石英玻璃的分光光度测量》《氧化硼对玻璃折射率和色散的影响》等论文。王大珩在长春光机所除了主持领导全所建设与发展工作之外，还开展了一些具有特色的创新研究工作。1958年由他设计、研制成功的中子衍射晶体谱仪，是中子衍射仪的主要组成部分，是开展原子能研究的重要工具。他在仪器的结构上通过创造性的设计，使仪器探测臂与晶体台按2∶1结构联动，确定了合理的机械结构，使仪器在承担几百千克的负荷下，仍保持高度的转角精度。仪器在提交原子能研究所使用后，几十年来其性能始终保持稳定，为发展原子能工业提供了长期可靠的测试手段。但他说："所有经历的事件和变迁，都是在国际形势的大环境中，在经济建设需求的促进和推动下形成的，并不是我个人的功劳。"

满怀爱国，无私奉献。王大珩心里装着的不仅仅是光学，而且是整个国家的发展。他以敏锐的科学预见性，在世界科技发展的关键时刻，对国家科技发展方向提出了很多重大建议。在他的带领下，为中华民族振兴，创造了一个又一个奇迹。

多年来，"863计划"始终瞄准世界高技术发展前沿，按照有所为、有所不为的原则，在事关国家长远发展和国家安全的重要高技术领域，以提高我国自主创新能力为宗旨，坚持战略性、前沿性和前瞻性，以前沿技术研究发展为重点，统筹部署高技术的集成应用和产业化示范，充分发挥高技术引领未来发展的先导作用。

"863 计划"经过多年的实施，为我国高技术的起步、发展和产业化奠定了坚实基础。1986—2005 年，国家向"863 计划"累计投入 330 亿元，承担"863 计划"研究任务的科研人员超过 15 万名，有 500 余家研究机构、300 余所大专院校、近千家企业参与了"863 计划"的研究开发工作。据不完全统计，"863 计划"发表论文 12 万多篇，获得国内外专利 8000 多项，制定国家和行业标准 1800 多项。"863 计划"通过持续的自主创新，取得了一大批达到或接近世界先进水平的创新性成果，特别是在高性能计算机、第三代移动通信、高速信息网络、深海机器人与工业机器人、天地观测系统、海洋观测与探测、新一代核反应堆、超级杂交水稻、抗虫棉、基因工程等方面已经在世界上占有一席之地；重视高技术集成创新和培育战略性新兴产业，在生物工程药物、通信设备、高性能计算机、中文信息处理平台、人工晶体、光电子材料与器件等国际高技术竞争的热点领域，成功开发了一批具有自主知识产权的产品，形成了我国高技术产业的增长点；同时，围绕国防现代化建设需求，发展我国新的战略威慑手段和新概念"撒手锏"装备，取得了突出的成绩。

"863 计划"已经成为我国科学技术发展特别是高技术研究发展的一面旗帜。更为重要的是，"863 计划"所取得的成就对于提升我国自主创新能力、提高国家综合实力、增强民族自信心等方面发挥了重要作用。

（二）"攀登计划"

1956 年，党中央倡导"向科学进军"，指出了基础研究的重点和发展方向，并制定了一系列科技发展的远景规划。在极端艰苦的条件下，我国的基础研究取得"两弹一星"、多复变函数论、哥德巴赫猜想、人工合成牛胰岛素、陆相成油理论等一批科技重大成果。以邓小平同志为核心的党中央第二代领导集体提出"科学技术是第一生产力"的科学论断，同时成立国家自然科学基金委员会，启动"863 计划"，恢复和设立院士制度、学位制度及国家科学技术奖励制度，开辟专门资金渠道支持基础研究，建成正负电子对撞机等科学装置及一批国家级重点实验室。这一系列重大举措从政策导向、人才队伍、资金保障、资源配套等方面，为我国科学研究发展奠定了更加坚实的基础。

经过多年的积累，我国的基础研究发展迅速，取得了一系列成就。但同时，我国的基础研究仍是科技工作的薄弱环节，基础研究的整体水平同发达国家相比仍存在很大的差距。为推动基础研究和应用基础研究（简称基础性研究）持续稳定地发展，加强国家对基础性研究的支持，多出人才、多出成果、攀登世界科学高峰，国家决定设立"攀登计划"。

"攀登计划"项目自1991年启动以来，共计实施45项，开展课题近500个，有独创性、开拓性的高水平研究工作100余件，使我国在工程技术领域的应用基础项目水平等方面向前迈进了决定性的一步。"攀登计划"有力地促进了学科发展，产生了许多新理论、新技术、新方法，孕育了一些新的学科生长点，并在通过项目支持科研基础建设方面做了有益的尝试。

"攀登计划"完成后的10年，我国基础研究取得了重大进展，同世界先进水平的差距逐渐缩小，形成了门类较为齐全的学科建设体系，如数学、物理、化学、材料、计算机和工程科学等学科的整体水平已进入世界前5名，具备了少数几个科技大国才有的基础科研力量，形成了包括科研院所、高校和企业在内的科技力量的合理布局，建设了诸如上海光源、郭守敬望远镜、重离子加速器、全超导托卡马克等数十个先进的重大科学技术基础设施和数百个国家级重点实验室等研究基地，培育和聚集了一大批科技创新型人才，涌现出一批具有世界影响力的重大基础研究成果，有力地提升了我国在世界科学领域的地位。学术科技论文被数据库收录总量已连续几年居世界第二位，被引数据排名在世界上名列第八位。近年来取得的诸如高温超导、纳米材料、量子通信、诱导多功能干细胞、古生物研究等一大批世界先进水平的科研成果，为人类科技的发展作出了重大贡献。经过多年的跟踪积累、酝酿突破，我国基础研究的整体实力和学术水平有了显著的提升，已跨入由数量扩张向质量提升的重要转变时期。基础研究的多学科综合交叉和长期积累，为我国载人航天、青藏铁路、南水北调等一系列重大科技工程的突破提供了可靠的理论支持；材料科学、信息科学、制造科学领域的前瞻性研究，极大地推动了传统产业改造升级和战略性新兴产业培育发展；能源科学、农业科学、生命科学、环境科学领域的拓展以及对深海、深地、深空、极地的探索，为我国可持续发展和民生改善奠定了坚实的科学基础。

（三）"973计划"

1997年，中国政府采纳科学家的建议，决定制定国家重点基础研究发展规划，开展面向国家重大需求的重点基础研究。这是中国加强基础研究、提升自主创新能力的重大战略举措。"973计划"的实施，实现了国家需求导向的基础研究的部署，建立了自由探索和国家需求导向"双力驱动"的基础研究资助体系，完善了基础研究布局。

首先，显著提升了中国基础研究水平。"973计划"组织实施的十年，也是中国基础研究快速发展的十年。在"973计划"和国家自然科学基金等计划支持下，中国基础研究整体水平显著提升，在国际上占有重要的一席之地。十年来，中国SCI论文数量已跃升世界第二科学技术方阵，主要学科世界综合排名整体呈现出快速提升趋势，中国科学家在国际上的学术地位和学术影响显著提高，越来越多的专家当选发展中国家科学院院士、国际欧亚科学院院士、外国科学院或工程院外籍院士，在国际重要学会、协会以及国际重要学术杂志担当重要职务。

基础研究常常是厚积薄发，需要长期积累。用中国一句古话来概括，就是"十年磨一剑"。经过十年的快速发展，中国基础研究在若干重要领域取得了显著的成果。非线性光学晶体、量子信息研究居国际前列；纳米材料和纳米结构、蛋白质结构与功能、脑与认知、创造新物质的分子工程学、古生物学、海洋科学等领域取得系列创新成果，整体研究水平显著提高，在国际上产生重要影响；数学机械化、辛几何算法等方面保持中国特色和优势。特别是在纳米科学、量子信息、生命科学等前沿领域取得一批原始性创新成果，在国际上产生了重要影响。

其次，凝聚和培养了一批优秀人才，形成了一批创新团队。"973计划"的实践表明，重大科学研究计划是凝聚和培养优秀创新人才，特别是培养优秀中青年科学家团队的重要途径，是培养科技领军人才的有效平台。2007年，在承担"973计划"的1.8万人队伍中，有两院院士502位、国家杰出青年科学基金获得者637位、中国科学院"百人计划"入选者140位、教育部"长江学者奖励计划"特聘教授242位。通过项目的组织，众多优秀人才围绕共同的科学目标形成了一批有机结合的创新研究团队，还吸引了一批海外学者回国工作，人才高地的优势日趋显著。

"973计划"组织实施中，注重发挥中青年科研人员的作用，研究队伍中45岁以下的占75%，项目首席科学家中45岁以下的占45%，课题负责人中45岁以下的占63%，一批优秀的中青年人才被推上负责人的岗位。在老一辈科学家的大力支持下，通过"973计划"项目的磨砺，他们中的一大批人才取得了突出的成就，在学术上迅速成长起来，成为各自领域的学术带头人。

最后，促进基础研究与国家目标结合，解决国家战略需求中的关键科学问题。通过长期稳定的支持，"973计划"围绕经济社会发展解决了一批重大科学问题，尤其是在重大疾病防治及创新药物发现、矿产资源勘探开发、节能减排、气候变化预测等重点战略需求领域取得一批创新成果，为经济社会可持续发展作出了重要贡献。例如，在重大疾病防治方面，研究人员通过对急性早幼粒细胞性白血病发病机制的研究，使初发APL成为第一个可治愈的成人白血病，并已得到实际应用；建立和完善了新药创制系列研究平台和方法，发现了一批针对重大疾病的先导化合物和候选新药，治疗早老性痴呆症药物希普林、抗肿瘤药物沙尔威辛和力达霉素等新药已进入临床研究，其中希普林已在欧洲30多家医院完成了Ⅱ期临床试验。

战略矿产资源研究方面，围绕东部环太平洋成矿域，初步建立了中新生代和晚古生代大陆成矿理论，发展了多项找矿预测的新技术和新方法，提出一系列大矿和大型矿集区的靶区，被中国地质调查局陆续列入前期风险勘查。

节能减排方面，创新性地提出了对流换热强化的场协同理论，研发了具有自主知识产权的系列传热传质强化单元装置并用于工程实践；深入研究了燃煤高温脱硫反应机理及其影响因素，研发出具有工程应用价值的廉价脱硫剂；开展新一代内燃机燃烧理论研究，提出了汽油机、柴油机低温燃烧新方案，发展了均质压燃复合燃烧系统，成功研制了原理样机。

气候变化方面，揭示了季风系统突变与全球增暖之间的密切关系，建立了有效的区域环境系统集成模式，干旱化发展趋势预测报告得到政府有关部门的重视；开展陆地生态系统碳循环研究，获得了中国10种陆地生态系统通量/储量的连续观测数据，阐明了中国主要生态系统的碳通量的日、季节和年际间变化特征及其环境控制机制；定量分析了气候和土地利用变化对碳平衡的影响，揭示了中国陆地碳汇形成和变化机制；通过研究证明植树造林将显著增加生态系统的碳储量；发现大洋碳储库有 40 万～50 万年的长周期变化，揭示了热带海区在全球气候演变中的积极作用。这些新的认识为中国应对气候变化提供了科学支撑。

（四）中国探月工程

探索浩瀚的宇宙是全人类的共同梦想。2016 年 4 月，习近平总书记在首个"中国航天日"到来之际作出重要指示，"探索浩瀚宇宙，发展航天事业，建设航天强国，是我们不懈追求的航天梦。"

2004 年，我国探月工程立项实施，确定了"绕、落、回"三步走战略规划。"嫦娥一号"到"嫦娥五号"任务的成功实施，已圆满完成三步走战略，使我国航天技术迈上一个新的台阶。

20 年前，我国启动探月工程论证，一条闯关之路从此开始铺就。时年 55 岁的叶培建成为首批核心研究人员之一。2004 年初，中国探月工程获批准立项，正式进入实施阶段。工程被命名为探月工程，分为"绕、落、回" 3 个阶段，叶培建担任"嫦娥一号"卫星总设计师兼总指挥。

现在，中国不但去了月球，还实现了月背着陆、月面取样返回。而在负责"嫦娥一号"任务时，"如何确保'嫦娥一号'准确进入环月轨道"，就把叶培建愁坏了。当时，中国做轨道研究的人很少，又无法实验。一个严峻的考验就摆在面前：哪条轨道可行？叶培建找到南京大学、国防科技大学、中国科学院，将要去月球的目的、想法和所有条件分别给到 3 家单位，让他们"背靠背"进行计算，最后 3 家算出的结果一样。叶培建说，这个轨道就可以了。事后，做轨道设计的同志有点不高兴，说："叶培建你不信任我啊。"但叶培建的反应是，这不是信任不信任一个人的问题，而是搞科研容不得半点差错，必须小心谨慎一点。

要知道，美国和苏联曾是世界上探月技术最强大的两个国家，相比之下，中国探月工程是在多个空白领域中从零开始摸索前进。中国没有月球探测卫星，中国科学家就想办法把地球卫星的有效知识拿过来，再加上电子技术、无线电技术、材料技术的最新成果，组织队伍在新技术上进行攻关。当时国外做月球卫星都有紫外敏感器，但中国没有。探月工程就组织一个博士班组从头开始，通过几年的努力，把紫外敏感器研制了出来。用叶培建的话说，"有这种决心才能够去创新"。在"嫦娥一号"以前，中国地面测控天线最大是12米，而国际上做月球探测的最小天线是38米，如何弥补？办法只有一个，那就是把卫星上各种电子设备做到国际上公认的理论值的最高水平！中国探月工程做到了。

2007年10月，中国探月工程中的第一颗绕月人造卫星"嫦娥一号"在西昌发射成功。经过8次变轨，"嫦娥一号"进入工作轨道，并传回月面图像，中国航天在飞向月球探索深空的道路上迈出了坚实的第一步。

"嫦娥一号"升空前往月球，将包括《半个月亮爬上来》在内的30首歌曲携带到中国人魂牵梦绕的月球。它携带了9件共计130千克重的复杂仪器，绘制了中国人的第一张月球全地图，且超长待机达到1年4个月，直至任务结束时的2009年3月1日受控撞向月球丰富海区域，为研究月震贡献了最后一些能量。"嫦娥一号"完成任务的难度在各国首次探测月球任务的难度中实属不可思议。

作为"嫦娥一号"的备份，"嫦娥二号"在2010年国庆节当天发射。它挑战了全新的轨道抵达月球、试验新型的通信技术手段、更加复杂的月球15千米高轨道测控技术、验证无人登月相机等一系列高难度动作。

在完成任务后，它也成为中国第一个真正的深空探测器。在对月球完成更为精细的探测后，2011年4月1日，它离开月球轨道飞向距离地球150万千米的日地拉格朗日L2点（地月距离38万千米），这是人类历史上唯一一次从月球前往此点。在此工作一年之后，它又离开，前往探测图塔蒂斯小行星（编号4179），以10.7千米/秒的速度在距小行星3.2千米、距地球700万千米处成功飞越并获得了高清图像。不仅如此，后续它又接连刷

图4-8 探测器

新中国深空探测最远距离，远达近亿千米，为后来的深空探测任务积累了无比宝贵的经验，最后任务时长远超预计的6个月时间。直到今天，"嫦娥二号"依然在太空中遨游。

在探月工程中，单号星是主星，双号星是备份星。"嫦娥一号"的任务圆满成功后，有一种观点是，出于节约不主张继续发射"嫦娥二号"，但叶培建据理力争。"中国探月要走下去，还有很多事情要做。（产品）已经做好了，再花点钱获得更多的科学成果、更多的工程经验，有什么不好呢？"叶培建的一番解释让很多科学家转变了想法，他的坚持也让"嫦娥一号"的备份星"嫦娥二号"成为探月二期工程的先导星。

事实证明，2010年国庆节发射的"嫦娥二号"不仅在探月成果上更进一步，还为后续落月任务奠定了基础，并且成功地开展了多项拓展试验。它完成了日地拉格朗日L2点探测，以及对图塔蒂斯小行星的飞越探测，取得了珍贵的科学数据；最后飞至1亿千米以外，也对我国深空探测能力进行了验证。3年之后的2013年12月，"嫦娥三号"探测器顺利完成落月任务，其备份星"嫦娥四号"没有再陷入是否发射的争议，但对其执行怎样的任务存在分歧。

当时有人认为，"嫦娥四号"无须冒险，落在月球正面更有把握，而叶培建则主张"嫦娥四号"要迈出人类尚未迈出的那一步——落到月背。在"嫦娥四号"之前，月球的背面是人类着陆月球探测史上的空白。登陆月球背面的难点在于，月球始终是正面朝着地球，它的背面无法和地球建立通信联系。当中国探月工程最终决定挑战月球背面时，首先要在月球背后的地月间拉格朗日L2点设置一颗通信中继卫星，这颗卫星的名字叫"鹊桥"。2018年5月，"鹊桥"发射成功。7个月后，"嫦娥四号"月球探测器成为人类第一个着陆月球背面的探测器。因为降落月背，中国掌握了月球中继卫星技术与能力，如果中继卫星寿命够长，很可能为国际提供服务，这正是叶培建极为看重的地方。

"此前，中国探月工程做的很多事情都是别人做过的，我们是学习别人的经验。现在，我们也可以拿出点东西来，让别人跟着我们一起来做一件事情。"叶培建说。对于"嫦娥四号"任务的成功，美国国家航空航天局一位专家感叹道："从此以后，我们不能说中国人只会跟着干了，他们也干了我们没干过的事情。"

2018年12月8日，"嫦娥四号"探测器从地球启程，于2019年1月3日成

图4-9　航天探测器

功着陆在月球背面南极艾特肯盆地冯·卡门撞击坑的预选着陆区，实现人类探测器首次月球背面软着陆。

"嫦娥五号"任务立项之初，在一次探测器方案评审时，有专家提出了反对意见："机构运动太多，环节也太多，每一个动作都是瓶颈式的风险点，一个环节不行，后面的都不行了。任务风险太大。"专家的意见，让国家航天局探月工程三期总设计师胡浩感到压力很大。他很清楚，中国航天此前从未有过如此复杂的任务，而这次要经历11个重大阶段和关键环节，可谓环环相扣、步步惊心。

中国航天科技集团八院探月工程负责人张玉花有着同样的感受。她带领的团队负责"嫦娥五号"轨道器研制，这是她在多次探月任务中经历时间最长、研制最艰苦的航天器。"'嫦娥五号'探测器由4个部分组合而成，多器分工合作的状态造就了探测器在太空中不断分离组合、再分离再组合的变形过程，这在我国航天器中绝无仅有。"她说。2020年11月24日4时30分，"长征五号"遥五运载火箭尾焰喷薄而出，全力托举"嫦娥五号"向着月球飞驰而去。23天后的12月17日凌晨，在闯过月面着陆、自动采样、月面起飞、月轨交会对接、再入返回等多个难关后，历经重重考验的"嫦娥五号"返回器携带月球样品，成功返回地面。23天是对"嫦娥五号"10年研究的检验。探月"绕、落、回"三步走能够顺利完成，对于中国探月工程的科学家来说，是交考卷的时候。此前，因为种种原因，"嫦娥五号"的发射时间经历了多次变化，探测器研制好以后也经历了3年的储存等待。"嫦娥五号"任务成功后，习近平总书记在贺电中指出："嫦娥五号"任务作为我国复杂度最高、技术跨度最大的航天系统工程，首次实现了我国地外天体采样返回。这是发挥新型举国体制优势攻坚克难取得的又一重大成就。

国家航天局副局长、探月工程副总指挥吴艳华表示，中国探月工程自2004年立项以来，"一张蓝图绘到底"，"一条龙"攻关攻坚，"一盘棋"协同推进，"一体化"迭代提升，实现了"六战六捷"。探月工程会聚了全国包括港澳地区数千家单位、数万名科技工作者，技术的每一次突破、工程的每一步跨越，都是团结协作的结果。无论是白发苍苍的院士专家、伴随探月工程成长的科技领军人物，还是初出茅庐的科研"新兵"，是他们共同伸出的双手，托举了"嫦娥"一次次成功飞天。

20世纪80年代，在日内瓦联合国知识产权总部，各个国家代表自己知识产权的展台上，美国人展出的是一块月球岩石，苏联人展出的是加加林的照片，而中国展出的是一个景泰蓝花瓶。当时来到这里参观的中国青年学者叶培建被深深地震撼了。在今天，什么最能代表一个国家的创新能力？航天技术无疑是重要的特征之一。如今，叶培建已成为中国绕月探测工程卫星系统的总指挥兼总设计师。他说，耗资256亿美元的阿波罗登月计划，使美国建立和完善了庞大的航天工业体系，支撑起整个美国十余年经济和技术高速发展。从"阿波罗计划"中派生出大约3000种应用技术成果。我国目前已经拥有具有国际先进水平的长征系列火箭，发展了通信、气象、对地观测、定位导航、科学实践、返回式、小卫星等七大系列应用卫星。探月工程立项后，数千人的研制大军投入其中。据有关部门统计，中层以上骨干的平均年龄仅35岁。"通过探月，培养一支出色的队伍，这是中国航天事业未来的希望之所在。"孙家栋为此特别欣慰。探月工程中需要突破远距离数据传输、人工智能、自动化加工、空间核电源等一系列关键新技术，涉及诸多新领域。这些新突破又将推动一大批基础科学和应用技术的发展。2006年2月，《国家中长期科学和技术发展规划纲要（2006—2020年）》正式将绕月工程列为16项重大专项工程之一。

"嫦娥五号"任务的成功，不仅让国人振奋，欧洲航天局（以下简称"欧空局"）地面控制中心跟踪站网络负责人比利格也向媒体表示，他很高兴能够见证"嫦娥五号"取得的探月重大成就，相信中欧在航天领域的合作能走得更远。

据吴艳华介绍，在"嫦娥五号"任务实施中，我国与欧空局、阿根廷、纳米比亚、巴基斯坦等开展了测控领域的协同合作。一直以来，中国探月工程坚持和平利用、合作共赢的基本原则，主动开放部分资源，帮助搭载了多个国家的科学仪器设备，又将获得的宝贵原始探测数据向全世界开放，充分体现了大国担当和大国胸怀。

17年来，参与探月工程研制建设的全体人员大力弘扬追逐梦想、勇于探索、协同攻坚、合作共赢的探月精神，不断攀登新的科技高峰，可喜可贺、令人欣慰。探月精神的光辉闪耀不限于航天，亦可放之科技界诸多领域而皆准。启航新征程、面对新要求、应对新挑战，更加需要弘扬"探月精神"，激荡起我国科技自立自强的信心和力量。

中华民族自古就有"欲上青天揽明月"的万丈豪情，正是在生生不息的逐梦中，才有逐梦千载终成真的如愿以偿。不只是探月，中华民族从"一穷二白"到创造世界减贫史上的奇迹，正是因为我们敢于逐梦。在勇于探索精神指引下，航天人一步一个脚印开启星际探测。正是他们一路披荆斩棘、百折不挠，敢于走前人没有走过的路，才有了"嫦娥五号"探月工程"绕、落、回"三步走规划圆满收官。而勇于探索的精神也促进了创建深圳经济特区，推动发展浦东新区，激发长三角经济带高质量发展新动能。面对世界经济下行压力，面对更加不确定不稳定的国际形势，勇于探索的精神将会一直助力我们以科技创新引领构建新发展格局、找到新的经济增长点，走出创新型发展道路。

对于规划中的"嫦娥七号"和"嫦娥八号"任务，我国也准备以此为契机，与有关国家和国际组织开展合作，共同论证初步建设月球科研站的基本能力，或者验证核心技术。未来，中国的行星探测计划将向着月球、火星乃至更遥远的深空迈进，"合作共赢"将永远是中国航天为人类和平利用太空提供的中国方案。今后，我们还将在全面推进乡村振兴、全面建成社会主义现代化强国上继续逐梦，推动构建新发展格局，抓住新一轮科技革命和产业革命的机遇，为实现中华民族伟大复兴中国梦而不懈奋斗。

三、"走进新时代"

（一）中国空间站计划

2019年6月12日，在联合国外空委第62届会议期间，中国载人航天工程办公室与联合国外空司共同宣布联合国围绕中国空间站开展空间科学实验的第一批项目入选结果，来自17个国家23个实体的9个项目成功入选。这是中国航天国际合作的重大开创性举措，意味着中国空间站向世界打开了太空合作的大门。

1992年9月21日，我国决定实施载人航天工程。对于当时的中国来说，航天员还从未进入过太空，更别说空间站了。资金不充裕，技术水平与美俄相去甚远，中国曾积极想要参与国际空间站的合作。然而，美国称，中国在空间站研究技术有军事用途，所以不能让中国参与。

从此，我国的空间站计划，一步一个脚印，踏踏实实地取得进展。早在1999年就开始逐步发射一系列神舟飞船。从最早的无人飞船，到搭载模拟人，再到2003年"神舟五号"首次实现载人飞行。2011年，"天宫一号"发射升空，随后发射的"神舟八号"与"天宫一号"顺利实现对接，成功验证了交会

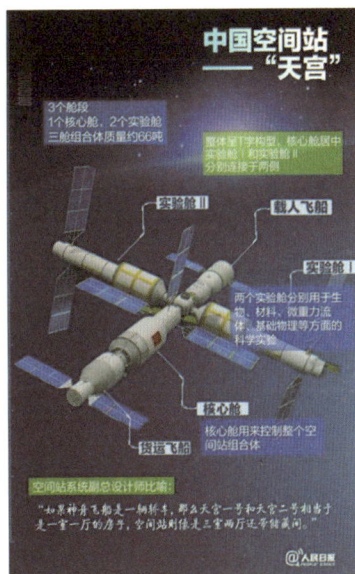

图4-10　中国空间站基本结构图

对接技术。"神舟九号"飞船实现了首次载人交会对接，宇航员进入"天宫一号"工作。2017年，我国首艘货运飞船"天舟一号"成功发射，并与2016年发射的"天宫二号"对接。

世事变迁，中国曾经被国际空间站拒绝，现在有了自己的空间站；而拒绝中国加入的国际空间站，将在见证了中国空间站的诞生和崛起后退出历史舞台。

有一天，当我们依靠自己的努力有机会走到世界科技前列，成为别人的一种现实需求时，我们却以开放、包容的姿态去面对那些曾经想要"扼杀"我们的对手，大国形象尽显。

在中国空间站国际合作机会公告发布仪式上，中国常驻维也纳联合国和其他国际组织代表史忠俊大使向世界阐明了中国开放、和平、共赢的外空国际合作理念，欢迎各方参与中国空间站国际合作，携手翱翔太空，谋求共同利益。中国空间站不仅属于中国，也属于世界。中国愿秉持人类命运共同体理念，将中国空间站打造成全人类在外太空共同的家。希望各国通过在中国空间站的合作增进互信，打造真诚合作、互利互惠的典范，让外太空成为促进人类共同福祉的新疆域，而不是竞争对抗的新战场。早在2016年，联合国就与中国载人航天工程办公室签署《利用中国空间站开展国际合作谅解备忘录》，商定利用中国空间站为各国提供科学实验机会，并在未来为他国航天员或载荷专家提供在轨飞行机会。中国和联合国邀请各方利用中国空间站开展三种模式的合作：一是利用自行研制的实验载荷在空间站舱内开展实验；二是利用中方提供的实验载荷在空间站舱内开展实验；三是利用自行研制的舱外载荷在空间站舱外开展实验。下一步，中国和联合国将对收到的合作申请进行联合审核评估，确定具体合作项目后由相关各方组织实施。

图4-11 空间站实验舱

这样一种开放不设防的态度也意味着，国际空间站在按原计划于 2024 年退役之后，目前已没有空间站计划的包括美国在内的西方国家可以按照规则向中方提起申请，在中国的空间站内开展空间实验。中国这一波"以德报怨"的操作，以实际行动向全世界演示了什么才叫作开放坦荡的人类命运共同体。

而这种在科技领域的开放态度却又是中国心怀世界的"冰山一角"。另一个在扼杀中成长，最终发展壮大却又"反哺"世界的例子就是中国的北斗卫星导航系统。

（二）北斗卫星导航系统

北斗卫星导航系统（BDS）是我国自主研发、独立设计，秉承着开放自主、兼容渐进建设原则的一项高新技术成果。2020 年 7 月 31 日，"北斗三号"全球卫星导航系统建成暨开通仪式在北京举行。习近平总书记铿锵有力地宣布："'北斗三号'全球卫星导航系统正式开通！"

回首中国"北斗"自主创新的发展历程，中国空间技术研究院研制团队作为"北斗"导航卫星研制的"国家队"，汇聚了各方力量，同舟共济、携手拼搏，走出了一条独特的探索道路。

中国是继美国、俄罗斯之后第三个自主研发出成熟的全球卫星导航系统的国家，现已成为联合国卫星委员会指定的四大供应商之一。"北斗"一词来源于《尚书纬》，象征着希望和前进方向。北斗卫星导航系统的标志是一个正圆形图案，远看像一对点缀着北斗七星的太极阴阳鱼，下方散布着网格化地球，周围环绕着中英文名称；圆形图案寓意为中国传统文化中的"圆满"；蓝色代表着航天事业。早在远古时期，人们使用北斗七星来辨识方位，我国古代发明的司南是世界上最早的导航装置，这两种方位识别方法的应用彰显了我国古人的智慧；网格化地球和中英文文字代表了 BDS 开放兼容的态度以及服务全球的愿景。

其实，早在 20 世纪 70 年代我国就提出 BDS 论证方案——"灯塔"计划，与美国、苏联同期拥有构想，后因为国内外严峻的形势，被迫暂停计划。后又因为 1993 年"银河号"事件的发生，我国决定重启"灯塔"计划。20 世纪 80

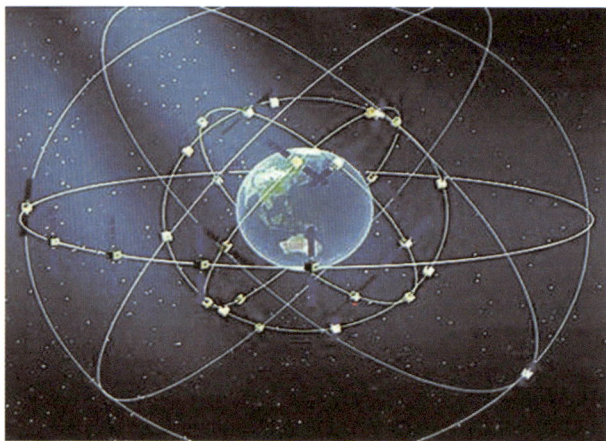

图4-12　全球卫星导航系统示意图

年代初，随着我国经济和技术飞速发展，综合国力不断增强，我国又开始积极探索适合国情的卫星导航定位系统的技术途径和方法。1983年，中国科学院陈芳允院士创造性地提出采用"双星定位"的设计方案，即利用2颗GEO轨道卫星实现国内导航定位。

所谓"双星定位"，就是通过采用卫星无线电测定业务（RDSS）方式来确定用户的位置。它是以2颗卫星的已知坐标为圆心，各自以测定的本星至用户机距离为半径，形成2个球面，用户机必然位于这2个球面交线的圆弧上。电子高程地图提供一个以地心为球心、以球心至地球表面高度为半径的非均匀球面，求解圆弧线与地球表面交点即可获得用户位置。

1989年，我国首次利用通信卫星进行"双星定位"演示验证试验，实现了地面目标利用2颗卫星快速定位、通信、授时的一体化服务，证明了该技术的正确性和可行性，为我国第一代北斗卫星导航系统即"北斗一号"启动实施奠定了基础。1993年初，中国空间技术研究院提出了卫星总体方案，初步确定了卫星技术状态和总体技术指标。1994年，我国第一代卫星导航系统"北斗一号"工程立项。经过不断攻关，2000年，我国建成了由2颗"北斗一号"GEO轨道卫星组成的国内导航卫星试验系统。2003年和2007年，我国又发射了第3颗、第4颗"北斗一号"GEO轨道卫星，进一步增强了系统的性能。

图4-13　北斗卫星导航系统

　　不过，"北斗一号"系统也存在一些明显的先天不足。例如，它在定位精度、用户容量、定位的频率次数、隐蔽性等方面均受到限制，而且无法测速。为此，我国于2004年立项研制了"北斗二号"卫星导航系统。"北斗二号"系统由运行在3种轨道的卫星组成，其中，GEO轨道卫星具备卫星无线电导航业务、卫星无线电测定业务功能，倾斜地球同步轨道（IGSO）卫星、中圆地球轨道（MEO）卫星具备卫星无线电导航业务功能。所以，"北斗二号"系统既能为用户提供卫星无线电导航服务（低、中、高动态连续服务，用户自主完成连续定位和测速），又具有位置报告及短报文通信功能，弥补了"北斗一号"的不足。

　　在"北斗"卫星导航系统的发展战略上，专家们通过对不同发展方式的论证，最终决定采用"先国内有源、再区域无源、最后全球无源"这一"三步走"的"北斗"发展战略。作为"三步走"发展战略的最后一步，我国在2009年正式启动了"北斗三号"建设。建设高性能、高可靠性的"北斗三号"全球卫星导航系统作为我国科技领域中长期发展规划的16项重大专项之一，可使我国卫星导航系统达到国际先进水平。

　　从2017年11月5日发射首批"北斗三号"MEO轨道卫星起，我国正式开始建造"北斗"全球卫星导航系统。2020年6月23日，我国终于建成了"北斗三号"卫星导航星座。与"北斗二号"系统相比，"北斗三号"系统除了把服务区域由区域扩大到全球覆盖外，定位精度和授时精度明显提高，短信字数、卫星寿命大大增加。例如，卫星寿命由8年提高到 10～12年，区域短报文提升至1000个汉字。"北斗三号"系统还按照国际标准，增加了全球搜救、全球位置报告和星基增强等拓展服务。由于有星基增强服务功能，因此可为应急通信、飞机起降提供热点服务，满足特殊用户的需求。"北斗三号"系统的服务能力较"北斗二号"拓展了10倍，在通信、电力、金融、测绘、交通、渔业、农业、林业等领域，更多的人可以享受到"北斗三号"系统的普惠服务。"北斗三号"系统有不少重大技术创新或改进，突破了新型导航信号生成、星间链路、卫星自主健康管理、全桁架式卫星平台、导航卫星高精度光压建模、导航星座健康评估及预测等关键技术，实现了导航大型星座高效管理和我国导航卫星能力的提升和跨越。

"北斗三号"系统的建成，形成了满足我国国民生产建设需要的PNT 系统设施。随着"北斗"卫星导航系统应用的发展，其必将面对更多、更新、更高的需求。2035年前，我国将建成以"北斗"卫星导航系统为核心的天地一体（包括太空、地面、水下、室内）、覆盖无缝、安全可信、高效便捷的国家综合 PNT 体系，显著提升国家时空信息服务能力，满足国家安全和国民经济需求，以更强的功能、更优的性能服务全球，造福人类。

仰望星空，"北斗"璀璨；脚踏实地，行稳致远。"北斗"系统已正式迈入全球服务新时代，以崭新的姿态走向世界。未来，"北斗"发展的脚步不会停歇。我们将秉承"自主创新、开放融合、万众一心、追求卓越"的新时代北斗精神，为服务人类社会发展、构建人类命运共同体作出新的更大的贡献。

（三）黄大年深海探测

地球矿产资源是人类生活所需要的重要资源，很多国家因为缺少矿产资源，其本国经济一直处在贫困的边沿。中国是一个物产丰富、地质优良的国家。我们祖先在远古时期就看准了这片宝贵的土地，不管是从农耕、山河，还是矿产资源，这片土地都属于宝地，自古都是世界各国仰慕的神奇土地。1959年，中国的石油人在大庆发现了中国第一大油田、世界十大油田之一的大庆油田。在当时中国"一穷二白"的年代里，这个重大的捷报立刻让全世界的华人为之振奋。其实在九一八事变后，日本人曾在大庆一带试钻过，差了几百米

图4-14 深海探测

深，没打出石油。天佑中华，没有让日本人从大庆拿走一滴石油。地层深处有丰富的矿产资源，由于没有开采技术、高科技人才，也就无法打开宝藏之门。直到著名地球物理学家黄大年从英国回国之后，终于在地球的深处打开了中国宝藏，开启了17万亿吨标准煤宏伟篇章，可以让中国用上3900年矿产资源。

1958年，黄大年出生在广西一个知识分子家庭。他从小随父母下放农村，17岁进入地质队工作。由于身体条件好，反应机敏，学习成绩优秀，他被挑选为物探操作员。这是他人生首次接触到地球物理。

那时候因条件所限，工作充满着风险，为采集到关键数据，进行有人机操作，有同事不幸牺牲，而黄大年额头上的疤痕也是那时留下的。1977年恢复高考，他以优异的成绩考入长春地质学院（现吉林大学朝阳校区）应用地球物理系。硕士毕业后，黄大年留校任教，后来破格晋升为副教授。

1992年，他获得全国仅有的30个公派出国留学名额之一，被选送到英国攻读博士学位。4年后，他以专业排名第一的成绩从英国利兹大学博士毕业后回国。不久，他再次到了英国，从事针对水下隐伏目标和深水油气的高精度探测技术研究工作，成为当时从事该行业高科技敏感技术研究的少数华人之一。当他再次准备回国时，他在英国的一家航空地球物理公司任高级研究员已经长达12年。此时的黄大年，在世界地球物理领域已颇有影响力。正值事业巅峰的他，放下英国优渥的工作和生活条件，说服妻子卖掉经营多年的两个诊所，义无反顾地回到了祖国。人们评价他是"纯粹的知识分子"，因为他"什么职务也不要，就想为祖国做些事"；有人说他是"另类的科学家"，因为他对待科研只有一句："我没有敌人，也没有朋友，只有国家利益"。黄大年说："离开英国的情形像是一场'落荒而逃'。""既然决定了就立刻回国，我怕再多待一天都可能会改变主意。"

2009年12月24日，黄大年辞去了在英国公司的重要职务，挥别了共事多年的科研伙伴，留下了还在读书的女儿，和妻子搭上了飞往北京的班机。回国，是为了兑现当初的诺言。大学毕业时，黄大年在毕业纪念册上写下一行字："振兴中华，乃我辈之责！"回到祖国后，他有很多选择，但他毫不犹豫地选择了母校吉林大学，这是他的母校长春地质学院并入的大学。对此，他深情地说道："剑河留下了我的眷恋，而地质宫刻有我的梦想。"吉林大学欧美同学会副会长任波曾问黄大年，在英国有花园、洋房、豪车，领导着世界一流团队，妻子事业成功，为什么义无反顾回国，回到东北？黄大年郑重回答："我是国家培养出来的，是从东北这块黑土地走出去的。我从来没觉得我和祖国分开过。在英国也经常利用假期回来讲学，我的归宿在中国。""多数人选择叶落归根，但作为高端科技人员应该在果实累累的时候回来更好，而现在正是最有价值的时候，应该带着经验、技术、想法和追求回来，实现报国梦想。"

回到母校后，黄大年出任吉林大学地球探测科学与技术学院全职教授。刚一回来，黄大年就立下誓约，不计得失，为我国的地球物理事业发展贡献自己的力量。他在自己的微信朋友圈写道："从海漂到海归一晃18年，得益于国家强大的后盾，在各国才子强强碰撞的群雄逐鹿中从未言败，也几乎从未败过！有理由相信，回归到具备雄厚实力的母校，只要大家团结和坚持，一定能实现壮校情、强国梦。大跨度的经历难免遭遇各种困难，拼搏中聊以自慰的追求其实也简单：青春无悔、中年无怨、到老无憾。"

在英国学习和工作期间，他一直致力于开展高精度重磁场探测装备及数据处理解释方法技术研究工作，长期从事海洋和航空快速移动平台高精度地球微重力和磁力场探测技术研发，专攻高效探测技术服务于海陆大面积油气和矿产资源勘探。而当时，只有英美掌握的"快速移动平台探测技术"是世界科技强国竭力追求的核心技术，"这是国家发展无法回避与绕开的话题，必须突破发达国家的装备与技术封锁。"回国没多久，黄大年就成为国土资源部"深部探测关键仪器装备研制与实验项目"的负责人。他协助国土资源部完善战略部

图4-15 黄大年

署，同时担任多个项目的负责人和首席科学家。黄大年带领的科研团队依托吉林大学，会集了400多名来自不同高校和中国科学院的优秀科技人员。在"深部探测关键仪器装备研制与实验项目"科研进程中，黄大年首推实物车载、舰载、机载和星载的"快速移动平台探测技术"研发工作，这也是世界科技强国竭力追求的核心技术。对于关键设备研制，黄大年创造性地提出了"红蓝军路线"战略计划。中国地球深部探测领域相对国际先进水平存在大约30年的差距。他认为，要完全从"0"到"1"，进行自主创新，没有那么多时间，所以建议从"0.5"到"1"，从国外购买先进的数据平台和后台，吸收国外的先进技术，这是"红军计划"；在此基础上结合中国实际情况进行改造升级，这是"蓝军计划"。这一思路充分利用了后发优势。

2010年10月，吉林大学成立移动平台探测技术中心。作为学术和项目带头人，黄大年利用在国外多年积累的人脉和声望，推动国际合作。一次，黄大年带队考察，国外研究机构为了接待他们而停止工作半个月，还不惜成本把储存于−200 ℃的产品解冻，拆开让中国团队仔细观察。这让随团的中国科学院院士罗俊很是感慨，"经常出国考察，受到西方发达国家如此隆重接待的，还是第一次。"

几年过去，他的团队取得很多突破性成果，不断填补国内空白。目前，在相关探测数据获取能力和精度上，我国与国际水平的差距缩短了10年，在算法上已经与国际水平相当。黄大年的学生马国庆说："黄老师从零起步，利用4~5年时间，把项目真正做到了跟国际上的顶尖软件相匹敌的一个系统。""地球深部（深海、深地）是看不见摸不着的，'快速移动平台探测技术'就是给地球深部进行成像，相当于给地球做CT、做B超、做核磁（共振）。采取不同的方法和传感器，探测的深度可以从几百米到上万米。通过机载、舰载、车载和星载，即可实现对深海、深地的大面积探测。"黄大年的助手于平教授介绍。

回国之后，黄大年深受同事和学生爱戴。在他所带的班里，他给每名学生建立档案，实施个性化培养。他担任首批"李四光试验班"班主任时，自己掏钱给班里24名学生每人买了一台笔记本电脑。2010年，跟随黄大年从本科读到博士的周文月回忆说："正好有一门课，叫数学物理方程，我们没有'笔记本'运行。黄老师就出钱给我们班每个同学买了一台'笔记本'，大家非常高兴，真是欢呼雀跃。"同事王玉涵说，他就像上满了发条的钟表，一刻不停地转，浑身有使不完的劲。开会汇报项目时，身体一向不好的他，"危机"时刻，倒出一把速效救心丸就塞到了嘴里；他所在的地质宫翻修时漏雨，他一边写着报告，一边捧着垃圾桶接雨；一次，他正在办公室加班，"咣当"一声倒在地上，醒来后却坚决不许学生说出去……吉林大学地质宫大楼每晚10点关大门，可这条"禁令"对黄大年无效。他经常在办公室里工作到凌晨两三点钟才离开。有时候出差回来，还要直接赶回办公室，准备第二天的工作。楼下看门的大爷深夜总被黄大年叫醒，起初他还抱怨，时间长了，看门大爷也习以为常了。黄大年是个"空中飞人"，一年中有一半以上时间在出差，一个月平均飞行超过5000千米。为了不影响白天工作，他总是乘坐最晚一班的飞机往返。作为首席科学家，黄大年要参与战略部署，

图4-16 黄大年

同时要跟进6个课题的项目进度。项目实施中的一千多个日夜里，他成了同事和学生口中的"拼命黄郎"。

走进黄大年办公室的人，会看到一张巨大而又醒目的日程表。这张日程表就挂在黄大年办公室墙上，天南地北的轨迹，密密麻麻，忠实地记录着这些年来他所走过的地方。他曾在微信朋友圈里感慨："人生的战场无处不在，能走多远就多远，倒下了，就地掩埋！"

2016年11月29日，日程表上龙飞凤舞地标记着"第七届教育部科技委地学与资源学部年度工作会"，之后再无记录。当日晚，黄大年作为第七届教育部科技委地学与资源学部副主任，飞往成都开会，上飞机前买了一瓶冰可乐垫肚子。起飞后，一阵钻心的剧痛突然袭来，黄大年满脸冒虚汗，在万米高空上疼晕两次。一下飞机，黄大年被紧急送往医院。已是凌晨2点，人尚未醒，双手却紧紧抱着随身携带的电脑，怎么掰也掰不开。"我要是不行了，请把我的电脑交给国家……里面的研究资料很重要……"其实，黄大年的病情早已非常严重，只不过外人不了解罢了。几年前，他就被检查出肝部已经出现硬化，但是他隐瞒了自己的病情。这些年来，他的白发越来越多，脸色越来越差。黄大年偷偷想着办法：为了提神，他把咖啡当水喝，连冬天都敞着窗，冻得人打激灵。大家也都奇怪，足球、羽毛球、游泳都堪称专业水准的黄老师，频繁出现不明原因的腹部痉挛。反复劝他去体检，他总是三个字"没时间"。后来发现，在黄大年卧室床头柜的三个抽屉里满满都是药。

2016年12月4日，助手于平"逼"着他到吉林大学第一医院做了增强核磁共振。做完后，结果还没出来，"拼命黄郎"又马不停蹄去北京开会——这是他生命中最后一次出差。人还没回来，检查结果出来了：疑似肿瘤。12月6日晚9点半，黄大年回到长春。7日一早，吉林大学第一医院下了"命令"：哪儿也不能去，必须住院，进一步检查。12月8日，黄大年办理了住院手续。当时，他还不知道最终的检查结果是"胆管癌"。医生只告诉他是个微创手术，怀疑是结石或者肌瘤，因此，他还没有告知家人。12月12日，最后的团聚。上午，团队师生们把黄大年从医院接回家，在他家吃了顿饺子。想到办公室还有一些材料，黄大年执意回了一趟办公室，师生们陪他回去。回学校的路上，车里放着《斯卡布罗集市》口哨版。正是黄昏时分，些许离愁别绪萦绕在车里。黄大年望向车窗外，悄悄落下了眼泪。12月13日，师生们到医院探视，黄大年把一个硬盘交给秘书王郁涵,里面是一些需要妥善保管的资料;把一个笔记本交给学生孙勇,里面是他对一些研究方向的新思考;托青年教师焦健给学生拷贝了一些学习和实验用的文献资料和软件程序,这些资料和程序都是他住院期间查阅收集的。12月14日,吉林大学校领导前来探望,黄大年又抓紧时间和他们讨论如何吸引人才、留住人才。随后,黄大年被推进手术室。手术室的门即将关上那一刻,黄大年突然说:"我想出去再看看我的学生们。"他又回到手术室门口,跟二三十个老师、学生一一握手。每个人都激动得说不出话。

2017年1月8日,吉林大学发布消息:我国著名地球物理学家、无私的爱国者、国家深部探测技术与实验研究专项装备研发项目首席科学家、国家"863"航空探测装备主题项目首席科学家黄大年,因胆管癌不幸离世,年仅58岁。

"已经习惯了每次走过,都抬头望向地质宫5楼那个窗口,通常灯一直会亮到后半夜。可是从现在起,我再也看不到那灯光了。因为那个点亮它的人累了,想休息了,而且一狠心给自己放了一个没有期限的长假……"面对媒体,他的助手于平喃喃自语。

很多人了解了黄大年的事迹后发现,"家国情怀"这个词语变得十分具体而清晰。黄大年在世时,常与同事谈起邓稼先等老一辈科学家。他在朋友圈里曾经提出著名的"黄大年之问":"看到他,你会知道怎样才能一生无悔,什么才能称之为中国脊梁。当你面临同样选择时,你是否会像他那样,义无反顾?"黄大年用他献身科学事业的生命和对自己的祖国无限热爱的情怀,默默给出了自己的答案。

中国科学院院士施一公和黄大年相识多年,他赞誉黄大年是"最单纯的、忠心赤胆的海归科学家","为推动祖国尖端领域发展全心全意、殚精竭虑,为了祖国不计个人得失,是中国知识分子的楷模。""他的精神感染、激励和鼓舞的绝不仅是一个团队、几届学生、一所学校,而将是一个领域、一批学子、一代人。"

第五章 05

| 科学家精神传承红色文化 |

　　科学无国界，科学家有祖国。从"西学东渐"的迷思到"西学东源"的彷徨，从"徐图自强"的努力到"科学救国"的觉醒，从"科教兴国"的追赶到"科技强国"的信念，科学家精神如同一支熊熊燃烧的火炬，在"一穷二白"、筚路蓝缕的时代被先行者点燃。自此以后一路被传递着、保护着，作为火种传播着、扩散着。

　　回望历史，白求恩留给我们的不仅仅是一个名字、一段故事，更是他用生命诠释的白求恩精神。弥漫着硝烟和战火的年代已经远去，但白求恩毫不利己、专门利人的国际主义和共产主义精神历久弥新，激励着一代又一代后来人。

　　载人航天、嫦娥探月、蛟龙潜海……回想这些振奋民族精神的时刻，我们无法记清每一张年轻的面孔，也无法说出每一艘远洋船上皮肤晒得黝黑的科学家的名字；但我们知道，他们中的每一个人都不可或缺。他们将一生追求与祖国需要紧紧联系在一起，他们的事业因自觉与国家需要和民族命运相结合而意义非凡。

　　岁月川流不息，精神代代相传。新时代的科学家们，他们具有将个人追求融入建设科技强国事业的眼界，具有在市场经济浪潮中不为名利遮望眼的意志，具有在科学研究中"千淘万漉虽辛苦，吹尽狂沙始到金"的执着，具有在接续奋斗中"功成不必在我，功成必定有我"的胸怀……乔木亭亭倚盖苍，栉风沐雨自担当。勇当科技创新的排头兵，是历史赋予新时代科技工作者的使命。在科技创新的道路上，有里程碑就有铺路石，伟大有伟大的意义，平凡有平凡的价值。一代代中国科技工作者，在科学实践中接续传承科学家精神，为实现中华民族伟大复兴中国梦奋力谱写科技强国新篇章。

一、白求恩精神

诺尔曼·白求恩（Norman Bethune）（1890—1939），加拿大共产党员，国际共产主义战士，著名胸外科医师。1890年3月3日，白求恩生于加拿大安大略省格雷文赫斯特镇一个牧师家庭。青年时代，他当过轮船侍者、伐木工、小学教员、记者。1916年毕业于多伦多大学医学院，获学士学位。曾在欧美一些国家观摩、实习，在英国和加拿大担任过上尉军医、外科主任。1922年被录取为英国皇家外科医学会会员。1933年被聘为加拿大联邦和地方政府卫生部门的顾问。1935年被选为美国胸外科学会会员、理事。他的胸外科医术在加拿大、英国和美国医学界享有盛名。1938年1月8日，加拿大著名外科医生、伟大的国际主义战士白求恩率领由加拿大人和美国人组成的医疗队来华，支援中国人民的抗日战争。

诺尔曼·白求恩是加拿大共产党党员。他的祖先是苏格兰人。他的祖父是医生，父亲是基督教牧师，母亲是传教士。白求恩1916年加入加拿大皇家海军。他往返于欧洲与加拿大之间。在此期间，他结识了苏格兰爱丁堡的一个富裕家庭出身的弗兰西斯，两人于1923年结婚。1926年白求恩患肺结核，因为濒临死亡，白求恩和妻子离婚。在他康复之后马上复婚。然而，由于白求恩过于专注工作，两人于1933年再次离婚。

白求恩是一名胸外科医生，曾在蒙特利尔麦吉尔大学任教。很可能因为他见到富人得了病可以治，穷人只有等死的情况，而信仰共产主义。白求恩曾经发表《从医疗事业中清除私利》一文，明确提出："让我们把盈利、私人经济利益从医疗事业中清除

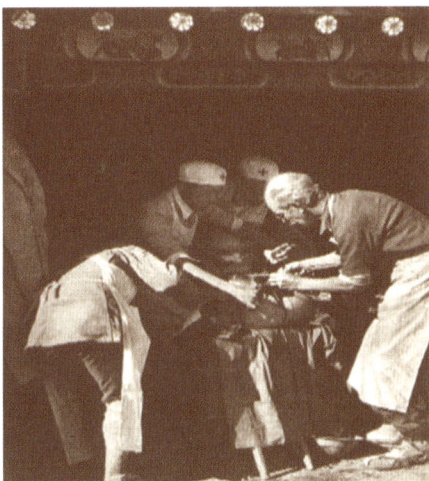

图5-1　白求恩在做手术

出去，使我们的职业因清除贪得无厌的个人主义而变得纯洁起来。让我们把建筑在同胞们苦难之上的致富之道，看作是一种耻辱。"1938年3月，他受加拿大共产党和美国共产党派遣，率领一个由加拿大人和美国人组成的医疗队来到延安。他不仅带来了大批药品、显微镜、X光镜和一套手术器械，更可宝贵的是，他带来了高超的医疗技术、惊人的组织能力和对中国革命战争事业的无限热忱。他到达晋察冀边区后方医院后，一周之内就检查了520个伤病员。第二周，白求恩大夫就开始施行手术。他用四个星期的连续工作，使147个伤病员很快康复回到前线。边区哪里有伤员，白求恩大夫就出现在哪里。在晋察冀的一次战斗中，他曾经连续69小时为115名伤员做手术。他的手术台，就安置在离前线5里地的村中小庙里，大炮和机关枪在平原上咆哮着，敌人的炮弹落在手术室后面爆炸开来，震得小庙上的瓦片格格地响。白求恩大夫却在小庙里紧张地做着手术。他不肯转移，他说："离火线远了，伤员到达的时间会延长，死亡率就会增高。战士在火线上都不怕危险，我们怕什么危险？"两天两夜，他一直在手术台上工作着，直到战斗结束。

他愉快地称自己是"万能输血者"，因为他是O型血。他还拿出自己带来的荷兰纯牛乳，亲自到厨房煮牛奶，烤馒头片，端到重伤员面前。看着他们吃下去，微笑浮现在白求恩的脸上。一次，他给一个头部中弹后引起感染的伤员做手术，匆忙之中，他竟忘记戴橡皮手套。切开头颅后，白求恩大夫赤手伸进去，用原已发炎的左手指去摸碎骨，摸到一片，像是考古学家突然在什么地方发现了甲骨文似的喜悦，他立即取出放在盘里，随即又用手指伸进去摸。白求恩大夫的心只注意着伤员，被摸出的一片片碎骨的喜悦情绪占据了。他总是得意地说："又是一片！要是戴手套就摸不到了。碎骨、铁片取不出来，伤员是很难好的啊！"但是却不知，伤员伤口里的细菌，也从白求恩大夫发炎手指的伤口处溜了进去，种下了导致他生命垂危的毒种。

白求恩除了做手术治疗伤员之外，还亲自打字、画图、编写教材，给医务人员上课。他曾经在幽静的丛林中，给300多名学生上大课。他的讲台上放着一台扩音机，身后挂着三大幅人体解剖图。他一边讲，一边指着图表。学员们鸦雀无声，埋头做笔记，静静地听着。白求恩大夫曾制定"五星期计划"，建立模范医院，作为示范来推动整个根据地的医务工作。他说，一个战地的外科医生，同时又是木匠、缝纫匠、铁匠和理发匠。他自己用木匠工具几下子就把木板锯断、刨平，做成靠背架，让手术后的伤员靠在上面帮助呼吸畅通。他一有空闲，就指导木匠做大腿骨折牵引架、病人木床，指导铁匠做妥马式夹板和洋铁桶盆，指导锡匠打探针、镊子、钳子，分配裁缝做床单、褥子、枕头……

1939年2月，白求恩率18人的"东征医疗队"到冀中前线救治伤员，不顾日军炮火威胁，连续工作69小时，给115名伤员做了手术。有一次，当一名伤员急需输血时，他主动献血300毫升。他还倡议成立并参加了志愿输血队。有些伤员分散在游击区居民家里，他和医疗队冒着危险去为他们做手术。4个月里，行程750余千米，做手术315次，建立手术室和包扎所13处，救治伤员1000多名。为了适应战争环境，方便战地救治，组成流动医院，他组织制作了可装做100次手术、换500次药和配制500个处方所用的全部医疗器械和药品的药驮子，被称为"卢沟桥药驮子"；制作了换药篮，被称为"白求恩换药篮"。同年7月初，白求恩回到冀西山地参加军区卫生机关的组织领导工作，提议开办卫生材料厂，解决了药品不足的问题；创办卫生学校，培养了大批医务干部；编写了《游击战争中师野战医院的组织和技术》《战地救护须知》《战场治疗技术》《模范医院组织法》等多种战地医疗教材。还将自己的X光机、显微镜、一套手术器械和一批药品捐赠给军区卫生学校。

1939年夏，白求恩在晋察冀卫生学校学习，讲授"野战外科示范课"。刚一上课，白求恩先对护士赵冲说，把"卢沟桥"打开。"卢沟桥"是白求恩为野战手术而设计的一种桥形木架，搭在马背上，一头装药品，一头装器械。护士把"卢沟桥"搬下来，拿出东西，不一会儿，手术台、换药台、器械筒、药瓶车、洗手盆等一一就绪，医生、护士、司药、担架员、记录员各就各位，简易手术室就布置好了。接着又示范伤员进入手术的过程，伤员被从门外抬入，搬动、解绷带、检查伤情、换药、包扎都井然有序。第三步是手术室撤收，全部用品有条不紊地归位。最后把"卢沟桥"驮到马背上。白求恩说，当一名好医生不仅要技术好，还要时刻准备上前线。

1939年7月间，连续十几天的特大暴雨使唐河水位猛增，河北完县神北村洪水泛滥。这里驻扎着军区卫生学校。正在撰写《师野战医院组织与技术》一书的白求恩就住在学校隔壁。肆虐的洪水冲走了房屋、树木和庄稼。白求恩心痛极了。他站在河边脱下衣服，想下河捞取水中的农具。几名老乡死死地把他抱住，不让他冒险。白求恩只好作罢。洪水威胁着卫生学校的安全，上级决定将学校转移到河西岸。白求恩知道后立刻找到学校要求参加突击队。没有渡船，大家将大笸箩绑在梯子上当运载工具。白求恩和突击队的小伙子们跳进水中，十人一排，手挽手，一趟一趟来回运送着物资。白求恩的游泳水平很高，他一边用力推梯子，一边还风趣地讲他在家乡湖中练习游泳的故事。

白求恩是一名伟大的国际主义战士。为了支援中国人民的抗战，他受加拿大共产党和美国共产党的派遣，率加美医疗队奔向条件艰苦、斗争残酷的中国战场。在他看来，作为一名共产党员，一切反法西斯战场都是他战斗的岗位。尽管当时条件非常艰苦，但他在给毛泽东的报告中却说："我在此间不胜愉快。我深深感到必须向中国同志学习，学习他们为其美丽的国家对野蛮的法西斯而英勇搏斗的伟大精神。我将以这种精神投身于解放整个人类、整个亚洲的斗争。"在他生命的最后时刻，他还给聂荣臻写信说："请转告加拿大美国共产党，我在这里非常愉快，我唯一的希望是能多有贡献！"这字里行间，无不闪烁着国际主义精神的光芒，体现着一个国际主义战士的宽阔胸怀。

为了尽量挽救中国战士的生命，他不仅不顾个人安危，冒着敌人的炮火，在离战场最近的地方施行战地手术，需要时毫不犹豫地把自己的鲜血输给八路军战士，而且为八路军的医疗人才奇缺而焦虑万分。在晋察冀，他亲自找聂荣臻司令员陈述意见，说："我们一个外国医疗队对中国人民的帮助，最主要的是培养人才，即使我们走了，也要给你们留下一支永远不走的医疗队。"为此，他立即投入到卫生学校筹建工作中去。在当时条件不具备的情况下，他先把军区后方医院建设成模范医院，作为培养医护人才的基地，并亲自编写教材，给医护人员讲课，把自己的宝贵知识、技术毫无保留地传授给中国同志。并且，他还亲笔写信给设在美国的国际援华委员会，要求他们提供资助，给八路军建设一所正规的卫生学校。当卫生学校成立时，他又将自己心爱的X光机、显微镜、手术器械等无偿捐赠给卫生学校。他为中国人民流尽了血，贡献了全部的聪明和才智。这是他国际主义精神的重要体现。

白求恩的国际主义精神，得到了中国共产党的充分肯定。1939年11月21日，中共中央发出唁电和对白求恩家属的慰问电，指出："白求恩同志的这种国际主义精神，值得中国共产党全体党员学习，值得中华民国全国人民的尊敬。"①同年12月1日，中共中央机关、陕甘宁边区政府和延安各界代表聚集在中央大礼堂，举行了隆重的追悼白求恩大会，毛泽东送了花圈并亲书挽词，其内容之一是"学习白求恩同志的国际主义精神"。同月21日，毛泽东在著名的《纪念白求恩》一文中，更是再三强调白求恩"毫不利己的动机"是"国际主义精神"。白求恩的国际主义精神经中国共产党的大力倡导成为强大的精神力量，哺育了许许多多白求恩式的国际主义医务工作者。

今天，国际国内形势较之白求恩牺牲时法西斯主义恶魔横行肆虐的状况来说，已发生了翻天覆地的变化。和平与发展是当今时代的主题，国际形势总体上继续趋向缓和，在相当长的时期内避免新的世界大战、争取一个良好的国际和平环境是可能的。但是，冷战思维依然存在，霸权主义和强权政治仍是威胁世界和平与稳定的主要根源，不公正、不合理的国际经济旧秩序还在损害着发展中国家的利益，利用"人权"等问题干涉他国内政的现象还很严重，因民族、宗教、领土等因素而引发的局部冲突时起时伏，世界仍不安定。在这样新的复杂的国际环境下，我们学习和发扬白求恩的国际主义精神，就应该坚持国际主义和爱国主义的统一，忠实地贯彻执行党和国家独立自主的和平外交政策，为维护我国的独立和主权、反对霸权主义和强权政治、促进世界和平与发展，为建立和平、稳定、公正、合理的国际新秩序，为进一步加强同广大发展中国家的团结与合作、增进同世界上一切爱好和平的国家和人民的友谊，作出应有的贡献。

白求恩的国际主义精神，来源于他追求共产主义真理并为共产主义真理而献身的革命精神，是他为共产主义的伟大理想而献身的必然结果。

白求恩是名医生，他以科学态度，从为病人医疗的社会实践中，来解剖资本主义社会，不断探索革命真理。他说过："最需要医疗的人，是最出不起医疗费的人。"他看到了人民群众的疾病不能得到医治的社会根源，逐步认识到，要改变这种不合理的局面，一定要首先改造不合理的社会制度，实现社会主义和共产主义的社会制度。于是，在法西斯分子狂妄叫嚣"铲除共产主义"的罪恶声音中，白求恩毅然加入了加拿大共产党，成为一名无产阶级的先锋

---

① 中国白求恩精神研究会编《白求恩纪念文集》，生活、读书、新知三联书店，2018，第10页。

战士。

　　白求恩从帝国主义这个最凶恶的敌人那里更清楚地认识到一个共产主义者对人类解放应尽的责任。他曾说："我虽然是个医生，可是，我不能做一个不知道政治的手工匠!"但他又不空谈政治，而是把政治凝聚在他的手术刀里，用革命的人道主义，救死扶伤；用外科手术刀作武器，同敌人作英勇的、忘我的战斗。正因为如此，他才放弃了优越的工作和舒适的生活条件，来到中国帮助中国人民的解放事业，甚至不惜献出鲜血和生命。来华以后，在艰苦的条件下，他曾对翻译说："我们今天所做的一切，都不能忘记实现共产主义这个伟大的目标。我们的眼界要看得远些。"他在1938年8月21日的日记中写道："能和这样一些以共产主义的生活方式（我指的不是谈吐方式和一般所谓理性思维方式）的同志们生活在一起、工作在一起，是我毕生最大的幸福。"1939年7月，白求恩作为特邀代表参加晋察冀边区党代表大会时发言说："我们来中国不仅是为了你们，也是为了我们……我决心和中国同志并肩战斗，直到抗战最后胜利。我们努力奋斗的共产主义事业，是不分民族，没有国界的。"他把中国人民的解放事业当成他自己的事业。

　　白求恩追求共产主义真理的执着精神，是我们全体共产党人永远学习的榜样。在目前国际形势风云变幻、国际共产主义运动遇到暂时困难和曲折的时候，坚定追求共产主义真理的信念，树立远大的共产主义理想，显得尤为迫切和重要。这是因为，共产主义的坚定信念是我们的精神支柱和力量源泉。邓小平曾指出："过去我们党无论怎样弱小，无论遇到什么困难，一直有强大的战斗力，因为我们有马克思主义和共产主义的信念。有了共同的理想，也就有了铁的纪律。无论过去、现在和将来，这都是我们的真正优势。"[1]新时代弘扬白求恩追求共产主义真理的精神，还必须积极地投身到改革和现代化建设中去。今天的社会主义初级阶段是通向共产主义社会必经的一个阶段。我们今天的改革和现代化建设，是实现共产主义的必要努力。共产主义的实现，更是需要一步步的攀登，才能到达光辉灿烂的顶峰。

　　在加拿大时，白求恩是一家大医院的胸外科主任、国家健康顾问，还是美

---

① 邓小平：《在中国共产党全国代表会议上的讲话》，载《邓小平文选》第3卷，人民出版社，1993，第144页。

国胸外科协会理事会的理事、英国皇家医学会外科协会会员。他的薪金在当时医学界属于最高水平。但他却抛弃了已经获得的一切优越条件，率领医疗队来到中国，全心全意为八路军战士和中国人民服务。

到延安后，他立即提出上前线、组织战地医疗队的请求。党中央考虑到敌后太艰苦，为了照顾他的生活，未马上批准他的请求。在一次讨论会上，当他听到自己需要特别照顾的时候忽然跳起来，怒气冲冲地说："我不是为生活享受而来的！什么咖啡、嫩烤牛肉、冰激凌、软绵的钢丝床，这些东西我早有了！为了实现我的理想，都抛弃了！需要照顾的是伤员，不是我自己！"结果，复杂难解的问题以"白求恩方式"得到了解决。1938年5月初，他即率队踏上了去晋察冀敌后的征途。

在晋察冀抗日根据地，他和八路军战士同甘共苦，忘我工作。党中央和毛泽东很关心他的生活，决定每月给他100元的生活补助。他拒不接受，并对聂荣臻司令员说："我是来支援中国的民族解放战争的，我要钱做什么？我要吃好穿好，就在加拿大不来了！"为了减少伤员的痛苦和死亡，他亲自率领医疗队出入火线，把手术台设在离火线最近的地方，而从不顾自己的安危。他以自己的敢于出生入死的实际行动，为中国医护人员当了最令人信服的教官，谱写了毫不利己专门利人的共产主义精神凯歌。

他无私地为病人解除痛苦，从不索取什么。据史罗汉回忆，白求恩为他儿子切除了膝盖上的大疮。为表达谢意，史罗汉便把一点红枣、鸡蛋送给白求恩。白求恩坚决不收，他说："我们是八路军，为人民服务，不要报酬。"此事虽小，却包含着白求恩毫不利己专门利人的共产主义精神。

白求恩毫不利己专门利人的无私奉献精神和牺牲精神，无疑应成为我们全体共产党人和全体中国人民的行为准则和光辉的旗帜。事实上，在新时代，白求恩毫不利己专门利人的无私奉献精神，无时不在闪光，激励着优秀的中华儿女。但也确实有一些人经不住考验，以权谋私，甚至为达到利己的目的不惜丧失国格、人格。社会上也有诸如"一切向钱看"、损人利己、损公肥私等坏风气在滋生蔓延。某些医院也严重被"铜臭"污染，部分医生"一切向钱看"，有收红包、吃回扣现象。如不制止，后果严重。毛泽东在《纪念白求恩》一文中指出，我们大家要学习白求恩"毫无自私自利之心的精神。从这点出发，就可以变为大有利于人民的人。一个人能力有大小，但只要有这点精神，就是一个高尚的人，一个纯粹的人，一个有道德的人，一个脱离了低级趣味的人，一个有益于人民的人"。"白求恩同志毫不利己专门利人的精神，表现在他对工作的极端的负责任，对同志对人民的极端的热忱。"①这是对白求恩全心全意为人民服务精神的高度概括。

白求恩从毫不利己专门利人的动机出发，对工作一丝不苟，极端负责任。他经常说："做医务工作是救人性命，一点不可马虎。"作为军区卫生顾问，他对医护人员要求特别严格。有一位护士跟他一起为病人换药，双手托着换药盘，时间长了，改用一只手托着换药盘，另一只手放进口袋。白求恩发现后立即严厉制止。在病房时他决不允许医务人员把手插在口袋里，要求每个人随时做准备的姿势，即使观察别人诊断和手术，也不能袖手旁观，要随时准备为伤病员做点什么。白求恩对工作的极端负责任源于他对同志对人民的极端热忱。他经常对医护人员说："一个医生，一个看护，一个事务员的责任是什么？只有一个，那责任就是使你的病人快乐，帮助他们恢复健康，恢复力量。你必须看待他们每一个人，都像你的兄弟、父亲。"这是多么崇高的共产主义襟怀！

白求恩为了工作，不顾自己的健康，但是对周围的同志他却极其细致地关怀和体贴。在他生命的最后时刻，他留下遗嘱，将自己的工作、学习和生活用品分别赠给他周围的同志，并写信给聂荣臻司令员，"让我把千百倍的热忱送给你和其余千百万亲爱的同志!"

当前，在广大党员、干部以至全体人民中倡导和弘扬白求恩对工作极端负责任、对同志对人民极端热忱的精神，无疑有助于弘扬社会主义核心价值观，形成健康向上的优良职业道德，推进社会主义物质文明和精神文明建设进程。

毛泽东曾肯定地指出："白求恩同志是个医生，他以医疗为职业，对技术精益求精；在整个八路军医务系统中，他的医术很高明的。"②他凭多年的经验，能根据脓血的气味分辨出伤势严重的程度，知道伤口有没有发炎。手术中没有必要的观察仪器，手术中的变化只能靠技术和经验来判断。白求恩经常既要做手术，又要指导麻醉师，还要帮助护士观察病情。他以精益求精的科学态

---

① 毛泽东：《纪念白求恩》，载《毛泽东选集》第2卷，人民出版社，1991，第659页。

② 同上书，第660页。

度，发明创造出"消毒十三法"，编成讲义，让医务人员严格遵守。这有效地避免了纱布绷带重复使用可能造成的感染。

白求恩对技术精益求精的精神，是我们进行现代化建设所迫切需要的。我们各行各业的同志，都应以白求恩为榜样，不尚空谈，埋头苦干，苦练内功，不断提高技术和操作水平，争当本行业的尖兵，在平凡的岗位上力争作出不平凡的贡献。

白求恩精神是20世纪植根于中华大地上的中国共产党和中国人民最宝贵的精神财富之一，是源远流长、博大精深的中华民族精神中的伟大瑰宝。它丰富的内涵仍闪烁着文明和精神的光芒，照耀着我们继续前进的道路。让我们永远高扬白求恩精神，沿着新时代中国特色社会主义道路，去努力开辟白求恩在生命的最后时刻仍殷切希望的"伟大事业"！

80多年过去了，白求恩精神并没有随着革命战争年代的远去而被历史湮没。在新时代，白求恩精神的光芒依然熠熠生辉，继续激励和鼓舞全国人民在党的领导下不断取得新的胜利，产生更大的时代价值。当前，白求恩精神的时代价值主要表现为以下三点：第一，坚定共产主义信仰的价值，这是白求恩精神时代价值的首要价值，白求恩精神是国际共产主义精神的缩影，白求恩对共产主义矢志不移的追求为我们坚定共产主义信仰树立了榜样；第二，践行社会主义核心价值观的价值，这是白求恩精神时代价值的核心价值，白求恩精神中的毫不利己专门利人的精神和坚持对技术精益求精的精神所体现出的崇高情感和道德规范，与社会主义核心价值观相契合，是新时代进行社会主义意识形态建设的坚实精神支柱；第三，构建人类命运共同体的价值，这是白求恩精神时代价值的重要价值，白求恩精神是一种向往和平的国际主义精神，是为争取人的自由全面发展而不懈奋斗的精神，是构建人类命运共同体的文化底色。

2020年新春伊始，冬寒未消，楚山汉水疫情肆虐，白衣战士血脉相连。已拥有70年历史的吉林大学白求恩第一医院（以下简称"吉大一院"）在历经数十载风雨砥砺、奋战洗礼后，又一次毅然矗立抵挡在疫情面前。吉大一院率先"亮剑"，数千名白衣战士朝乾夕惕、恪尽职守，奏响了春城新冠病毒感染疫情防控的最强音。

灾难来临时，他们用行动表明了"大医精诚"不只是口号，"白求恩精神"不仅仅是一种标志。

长春与武汉，2000多千米的距离，驱车虽远，可心手相连却在须臾间。作为吉林省抗击新冠病毒感染疫情的首批定点医院，吉大一院拔丁抽楔、倾囊相助，将副院长、资深教授、经验丰富的护士长统统借给武汉，并向前线输送5辆国家紧急医学救援车，以及价值2000余万元的医疗设备、药品等物资，打出了精英团队+"硬核"装备的组合拳。

"同志们，在抗击疫情的危难时刻，你们不顾个人安危奔赴前线，舍小家为大家，体现了新时代白求恩精神的使命和担当。医院一定做好你们的坚强后盾，期待你们早日回家！"在吉大一院援武汉医疗队出征仪式上，院长华树成满含深情地送别"白衣战士"，其中既有作为一名院领导的关切，也有作为一位长者的叮嘱。

吉林大学白求恩第一医院隶属于吉林大学白求恩医学部。这个医学部的前身是创建于1939年的白求恩卫生学校。诺尔曼·白求恩亲自参加了学校的创建和教学。80余年来，无论是毕业于医学部的学生，还是附属医院的医护人员，无一不以白求恩精神勉励自己。

武汉告急！湖北告急！需要医护人员和大量物资！按照国家卫生健康委医政医管局电视电话会议明确要求，吉大一院火速集结队伍备战武汉疫情。战令

图5-2　吉林大学白求恩医学部

下达后，全院各科室一唱百和，一张张"逆风前行"的请战书纷至沓来。随后的十几天里，吉大一院共有7批共214名实力强劲、专业齐全、医护配合默契的精锐之师奔赴武汉驰援一线。

据介绍，这支平均年龄不到34岁的年轻队伍里，既有两鬓染霜的50后"圣手"，也有朝气蓬勃的90后"萌新"，五代白衣战士同毂作战，分别进驻华中科技大学附属同济医院中法新城院区、武汉金银潭医院、华中科技大学附属协和医院江汉方舱医院。另有638名医生、918名护士组成的后备力量，随时待命奔赴武汉一线。

在武汉，医疗队改建重症监护病房，观察患者病情，进行对症治疗护理、生活护理、患者随访，以及部分保洁工作。面对来势汹汹的新冠病毒感染疫情，医疗队不仅将精兵强将派到最迫切需要医护人员的地方，还通过6项创新举措打破防控困局。一是视频语音系统无缝衔接隔离区内外。2月25日，医疗队紧急从长春调配的6台视频语音系统正式投入使用，实现了病区、工作区及医生驻地三地互联互通。二是远程多学科智库24小时在线。2月12日，医疗队与后方大本营视频连线，在国内率先开展了远程多学科会诊。该模式引发社会广泛关注，并作为抗疫典型案例在2月14日央视新闻频道播报。三是开发移动终端使查房管理精细化。医疗队不仅开发了移动终端小程序，还专门设计了电子化自我健康监测、电子化队员及患者心理评估量表等。四是率先在方舱医院应用放射线科移动DR。医疗队在全国首次将移动影像检查车、移动检验车开进污染区工作，实现了放射线科移动DR首次应用在方舱医院内进行作业。五是建立便捷ICU。医疗队将床旁超声、血气分析仪、床旁生化仪、ACT凝血检测、ECMO等从长春星夜兼程送往武汉，48小时内营造了一个ICU救治环境。2月18日，中央电视台《新闻联播》节目对此点赞。六是多元化专业配备。医疗队成员不仅包括心外科、超声科、麻醉科等，还首次包括了心理专业的医生，目的是解决患者患病后的心理问题和随队成员长时间紧张工作后的焦虑、失眠等心理问题，团队呈现层次化、立体化，增强了整体救治力量。

在2月19日召开的湖北省重症治疗情况新闻发布会上，除湖北和北京两地的医院外，吉大一院代表吉林省做了工作情况介绍和经验分享，向全国发出了吉林声音。

图5-3 吉林大学第一医院支援湖北医疗队

"上下同欲者胜，风雨同舟者兴。"华树成说，疫情并不可怕，只要发扬白求恩精神，同舟共济、众志成城，必将共克时艰、取得胜利。

新冠病毒感染疫情对世界经济、政治、军事格局等产生了巨大且不可预测的影响，对人类生命健康造成巨大威胁，使、全球经济发展遭遇巨大阻力。全球经济遭受数十年不遇的衰退，众多企业倒闭或被迫裁员降薪，大量人口失业而沦为疫情难民。除中国等少数疫情防控做得较好的国家外，全球陷入了1918年大流感后最严重的传染病危机之中。危难之际，大力弘扬白求恩精神更显得弥足珍贵。

当此之时，全球各国必须牢牢占领道德制高点，大力弘扬白求恩精神蕴含的国际主义精神，紧紧围绕和平发展之主题，严厉批判和坚决反对自私自利的行为，力争构筑一条同呼吸、共患难的抗疫团结长城，打造人类卫生健康共同体，为人类最终战胜疫情、恢复往日和平安宁的发展环境提供坚强保障。"中国在有效控制疫情后，同世界各国携手合作、共克时艰，同许多国家、国际和地区组织开展疫情防控交流活动70多次，为全球抗疫贡献了智慧和力量。同时，顶着国内巨大的防控压力，向32个国家派出31支医疗专家组，向150个国家和1个国际组织提供283批抗疫援助，向200多个国家和地区提供和出口防疫物资。"①这充分体现了大国担当，彰显了中国推动构建人类命运共同体的真诚愿望，也是白求恩精神在当代的最好注解。

白求恩是世界人民的道德楷模，白求恩精神是一座永恒的丰碑。新时代，应该立足社会实践发展需要，继续学习和弘扬白求恩精神，不断扩大白求恩精神的影响力，充分发挥白求恩精神的价值引领作用，以便更好地应对世界所面临的百年未有之大变局。

二、载人航天精神

伟大事业孕育伟大精神，中国航天人在攀登航空航天科技高峰的伟大征程中，以吃苦耐劳的毅力、智勇攻关的魄力在科技发展中坚持不懈地进行创新。以航天人崇高的精神境界、顽强的意志和杰出的智慧，铸就了伟大的载人航天精神。时代的飞速发展，使伟大的载人航天精神历经时间的磨砺，变得更加熠熠生辉，不仅照亮了一代又一代航天人的前行之路，也指明了中国航天事业发展之路，增强了中华民族的自信心和自豪感。

发展载人航天事业是党和国家长期关注、高度重视的一项伟大工程。20世纪50年代，以毛泽东同志为核心的党的第一代中央领导集体果断作出研制"两弹一星"的战略决策。1956年10月8日，国防部第五研究院正式成立。后来，根据副总理聂荣臻的提议，经毛泽东和周恩来批准，确定了国防部第五研究院的建院方针是："自力更生为主，力争外援和利用资本主义国家已有的科学成果"。从这里开始，孕育了我国最初的航天精神。1970年4月24日，中国第一颗完全自主研制的人造地球卫星"东方红一号"发射成功，并播放了一曲《东方红》，音乐响彻东方，同时也唱响于世界，充分地展现了中国航天人在航天事业上赶超世界先进水平的意志和决心。航天人的伟大实践赋予了"自力更生"的航天精神丰富而深刻的内涵。

① 《中国共产党简史》编写组编著《中国共产党简史》，人民出版社，中国党史出版社，2021，第510页。

党的十一届三中全会后，以邓小平同志为核心的党的第二代中央领导集体，明确把发展载人航天事业纳入"863"高技术发展计划。经过多种方案论证，最后决定从载人飞船开始，最终建成我国的空间站。1986年底，航天工业部在《关于贯彻党的十二届六中全会决议加强思想政治工作的决定》中，将30年航天事业伟大实践中创造的航天精神总结为："自力更生、大力协同、尊重科学、严谨务实、献身事业、勇于攀登"。此后，根据中央精神，结合航天科技工业的具体特点，对航天精神做了新的概括和提炼，最终表述为："自力更生、艰苦奋斗、大力协同、无私奉献、严谨务实、勇于攀登"。

1992年9月21日，以江泽民同志为核心的党的第三代中央领导集体，郑重作出了实施载人航天工程的重大战略决策，并确定了"三步走"的发展战略：第一步，发射载人飞船，建成初步配套的试验性载人飞船工程，开展空间应用实验；第二步，在第一艘载人飞船发射成功后，突破载人飞船和空间飞行器的交会对接技术，并利用载人飞船技术改装、发射一个空间实验室，解决有一定规模的、短期有人照料的空间应用问题；第三步，建造载人空间站，解决有较大规模、长期有人照料的空间应用问题。从此，我国航天事业迎来了一个新的起点。载人航天工程会集了当今世界最顶尖的高新技术，具有极高的风险性和挑战性，不仅需要雄厚的经济实力和强大的科技实力作支撑，还需要巨大的精神力量来推动。在攀登这座现代科技高峰的征程中，传统航天精神被继承和发扬，铸就了新的载人航天精神。1999年11月24日，江泽民参观"神舟一号"飞船返回舱时说："我所有的千言万语，都代替不了你们所表现出来的爱国主义精神。"他说，航天科技工作者身上表现出强烈的使命感和事业心、爱国主义精神

图5-4 "神舟一号"发射升空

和奉献精神，是航天事业不断取得胜利的精神动力。

2002 年 3 月 25 日，"神舟三号"飞船在酒泉卫星发射中心发射成功。江泽民发表重要讲话，他指出：航天科技队伍是一支特别能吃苦、特别能战斗、特别能攻关、特别能奉献的队伍。

2003 年 11 月 7 日，在中共中央、国务院、中央军委召开的庆祝我国首次载人航天飞行圆满成功大会上，胡锦涛指出，伟大的事业孕育伟大的精神。在长期的

图 5-5　"神舟三号"矗立在发射场，整装待发

奋斗中，我国航天工作者不仅创造了非凡的业绩，而且铸就了"特别能吃苦、特别能战斗、特别能攻关、特别能奉献"的载人航天精神。2005 年 11 月 26 日，党中央、国务院、中央军委在人民大会堂隆重举行庆祝"神舟六号"载人航天飞行圆满成功大会。胡锦涛对载人航天精神作进一步阐述，载人航天精神主要表现为：热爱祖国、为国争光的坚定信念，勇于登攀、敢于超越的进取意识，科学求实、严肃认真的工作作风，同舟共济、团结协作的大局观念，淡泊名利、默默奉献的崇高品质。

2016 年 4 月 24 日，习近平总书记在首个"中国航天日"到来之际作出重要指示：探索浩瀚宇宙，发展航天事业，建设航天强国，是我们不懈追求的航天梦。经过几代航天人的接续奋斗，我国航天事业创造了以"两弹一星"、载人航天、月球探测为代表的辉煌成就，走出了一条自力更生、自主创新的发展道路，积淀了深厚博大的航天精神。载人航天精神是中华民族优秀传统与航天实践相结合的产物，是以爱国主义为核心的民族精神和以改革创新为核心的时代精神的生动体现。2016 年 12 月 20 日，习近平总书记在会见"天宫二号"和"神舟十一号"载人飞行任务航天员及参研参试人员代表时指出："我们注重传承优良传统，发扬特别能吃苦、特别能战斗、特别能攻关、特别能奉献的载人航天精神。"飞天梦是强国梦的重要组成部分，没有特别的梦想、特别的精

神，不可能有特别的业绩。

"特别能吃苦"，是由载人航天领域的特别工作环境锤炼而成的。中国载人航天事业是在极其艰苦和困难的条件下起步的。茫茫戈壁、浩瀚海洋，自然环境恶劣的驻训场；白手起家、晚他国30多年起步，需要持续数十年的昼夜攻关；承受8倍于自身体重的重力、在与外界隔绝的狭小空间，独自一人72小时不休息的抗疲劳抗寂寞训练……然而，中国航天人没有被吓倒，他们咬紧牙关，一次次向生理和心理极限发起挑战。对他们而言，只要任务有需要，就没有抵达不了的地方，"一切为了任务，一切为了胜利"是他们吃苦受累、向死而生的唯一目的。

航天员选拔是非常严格的，成千上万的候选人经过重重筛选，最终选出具备条件的航天员。而被选出来的航天员还要经过长期艰苦的训练，甚至是极限负荷的训练，而且在训练中还可能因意外事故而丧生。可以说，航天员训练堪比"魔鬼训练"了。只有通过训练、考核和评定合格后，才能转为正式航天员，参加太空飞行。

航天员不仅仅从事单一的工作，还兼任其他工作。航天员有时还兼任指挥员、驾驶员、工程技术人员、科研人员、医生，这就需要他们拥有强健的体魄、渊博的知识和掌握多种技能。为了顺利地完成太空飞行任务，航天员需要进行长期艰苦的训练。通过训练要增强航天员的体质，提高处于太空特殊环境下的耐力，因为在太空中会失重、会超重还会缺氧；还要使航天员能够适应座舱环境，能在其中健康地生活和有效地工作；还要提高航天员的技术和理论知识，使之能够胜任航天中的多项工作。

航天员训练项目很多，涉及面很广也很复杂。为了达到执行载人航天任务的标准，预备航天员要进行基础理论训练、体质训练、航天环境适应性训练、心理训练、专业技术训练、飞行程序与任务模拟训练、救生与生存及大型联合演练专业训练。在航天员职业生涯中，除了太空飞行，都是在不断的训练中度过的。完成一次飞行任务后，除了要巩固原来的训练科目外，还要为以后的飞行任务接受新的训练。

对于一名职业航天员，训练的实施可以分为三个阶段。首先是基础理论训练阶段。基础理论训练时间约为6个月至1年。在这段时间里，航天员要学习很多基本航天知识，为专业技术训练奠定基础。他们学习的知识面广，内容多。例如，我国航天员在基础理论训练阶段要学习14门课程：载人航天工程基础、航天医学基础、医学生理学基础、地理气象、星空识别、高等数学、力学、英语、计算机基础、自动控制理论、CNC制导导航基础、电工电子学、政治理论及文学艺术修养。据航天员反映，这个时期尽管体力付出少，危险性小，却是他们训练中最艰苦的时期。其次是航天专业技术训练，需要1～2年，目的是使航天员掌握航天飞行中所需要的各种技能。训练内容以航天器技术和各种操作技能训练为主，内容包括飞船和航天飞机驾驶和控制，飞行器上各种设备操作，航天器交会和对接训练、失重飞机训练、救生和生存训练、医学保障训练等。最后是飞行程序与任务模拟训练，大概需要18个月。它是根据首次飞行任务而制定的训练，针对航天员从进舱、在太空中工作和生活、返回地面的整个飞行过程的所有程序进行训练。在上天前还要进行几次大型的合练，使航天员和地面工作人员了解整个计划实施过程。

航天员要进行航天环境适应性训练。因为航天员会置身于各种特殊环境，其中对人体影响最大的是超重和失重环境。为了使航天员更快地适应航天环境，就要进行航天环境适应性训练。航天员在发射和返回过程中会遇到超重作用，不经训练就会出现晕厥或呼吸困难。所以在训练时，要让受训者半卧或坐在离心机的座舱里，逐渐增加离心机的转速，这时超重值逐渐增加，直到航天员不能耐受，再逐渐降低离心机的转速。这个训练过程是非常艰难的。

航天员还要进行失重训练。航天员在轨道飞行过程中处于失重状态，失重不仅对人体健康有影响，甚至影响日常生活和工作效率。所以要在地面上对航天员进行短期失重和模拟失重训练。短期失重飞行训练用的是失重飞机。这种特别改装的飞机在进行抛物线飞行时可产生25～35秒的失重，失重飞机飞一个起落可完成15个左右的抛物线飞行。利用短暂的失重可进行体验失重、空间定向、人体行为、失重状态下的生活和工作等训练。

航天员要进行浸水训练。人在水中时，由于流体静压和重力负荷作用减少，可产生类似失重时的一些变化和感觉。这种方法不是真正的失重，只是模拟失重产生的体液向头分布和漂浮感。浸水训练是在一个大水槽中进行的，可以训练航天员失重情况下的工作能力。航天员还要进行头低位训练。头低位时，下身的血液会冲向头和胸部，如果在地面经常让受训者处于头向下的位置，进入太空后，航天员会适应失重环境。航天员还要进行前庭功能训练。航天员进入失重环境后，可能会出现类似地面晕车、晕船的反应，会令航天员十分不舒服，也影响工作。为了增强前庭器官的适应能力，可在地面采用转椅、秋千、跳弹力网、体育训练等方法训练人体的前庭器官。

航天员进行救生与生存训练是必要的。航天员从发射开始到返回都存在潜在的危险。通过救生和生存训练，可以使航天员掌握出现危险情况时的自救技能，减少航天员伤亡。例如，在航天员进入座舱到火箭点燃的这段时间，火箭和航天器都可能出现故障，如果危及航天员安全，可以利用紧急撤离装置撤离火箭。而如何正确应用这些装置，需要经过训练；火箭点燃后，航天器在上升阶段如出现危险，需要航天员迅速离开航天器，因此航天员要进行跳伞训练；航天器入轨后也可能出现危险，需要飞船或航天飞机将他们营救撤离，如何撤离需要在地面模拟器中进行大量的训练。航天员在返回后，也可能着陆在非预定的区域，例如落到大海、茂密的森林或沙漠中，必须对航天员进行着陆后的生存训练，使航天员了解着陆后可能遇到的恶劣环境的特征，掌握生存技能。

航天员进行专业技术训练是非常重要的。专业技术训练是航天员训练中非常重要的部分，通过这种训练可以使航天员掌握飞行中必须具备的各种技能和有关的理论知识。对于不同的航天计划，专业技术训练的内容是不同的。

航天员的训练十分艰苦，考核也十分严格。在航天员训练的每个阶段，都要进行考核评定，训练不合格的将被淘汰。我国的14名航天员经过5年多的学习和训练，都以优异的成绩顺利地通过了航天专业技术综合考核。2003年7月3日，经航天员选评委员会评定，14名航天员全部具备独立执行航天飞行任务的能力，予以结业，并获得三级航天员的资格。2003年9月，杨利伟、翟志刚和聂海胜被确定为三名首飞梯队航天员，接受飞向太空前的强化训练。最后，由杨利伟乘"神舟五号"上天，圆了中国人民的首次"飞天梦"。我国航天员在训练中不怕吃苦、能吃苦、甘吃苦，正是对载人航天精神中"特别能吃苦"的深刻诠释。

"特别能战斗"，是由载人航天事业的高风险挑战历练而成的。中国航天人无数次以战斗的状态和战斗员的雄姿创造奇迹。2000年12月，"神舟二号"飞船发射的前10天，火箭意外被撞。年逾六旬的总指挥黄春平、总师刘竹生爬上11层平台，一层一层仔细查看，20多个小时没有合眼，嗓子已经讲不出话来了。4天之后，一份长达50余页的报告有理有据地给出了"可以正常发射"

的结论。于是，火箭于2001年1月10日把"神舟二号"飞船如期、成功送上太空。像这类的"特别"战斗和"特别"战斗员，在中国载人航天的队伍里不胜枚举。

那是2000年12月31日，也就是20世纪最后一天。一个几乎是灾难性的打击突然降临到"神舟二号"飞船身上。由于基地发射站一个工作人员操作失误，发射平台意外启动，让已经处于垂直对接状态、重达40多吨的火箭与十一层平台撞在了一起。现场工作人员都惊恐万分，后来经过一番仔细检测，火箭一共被碰伤18处，而此时距离原定发射日期仅剩4天。"神舟二号"是我国发射的第二艘实验飞船，也是中国第一艘正样无人航天飞船，是完全按照载人飞船设计的，所以它的发射意义非常重大，也备受瞩目。这个事故的发生对于当时担任火箭系统总指挥的黄春平来说压力重大。这一天对于他和当时所有工作人员来说可能是"20世纪最黑暗的一天"。当时基地的科研人员们压力都很大，很多人食难下咽、寝食难安，基地的有些女同志非常难过地流下眼泪。平时这个火箭磕碰一下都不成，现在被撞出18处伤痕，而且马上就要进行发射了，工作人员的心都凉了。

事故发生后，原定于2001年1月5日的发射也只能被迫取消。那么，这个火箭的状态到底怎么样？还能不能继续进行发射？飞船有没有受伤？各方面的专家从全国各地连夜赶往发射场，对火箭进行实地探伤。经过连续两天的细致检测与分析，13位权威的专家一致认为，碰撞产生的力量小于火箭的设计承受力量，撞击位置距离火箭关键气路就差几毫米，而这个数值恰好还在安全范围内。所以火箭还可以进行发射。随后，经过了一系列紧张的准备，火箭再一次等待发射。

2001年1月10日，"神舟二号"飞船在酒泉卫星发射中心成功发射升空，在轨运行7天后成功返回地面。在飞行期间，飞船上各种试验仪器设备性能稳定，工作正常，采集了大量宝贵的飞行试验数据，还首次在飞船上进行了微重力环境下的空间生命科学、空间材料、空间天文和物理等多领域的科学实验，为后续的中国载人航天工程打下了坚实的基础。

从1999年11月"神舟一号"发射成功，到2017年4月我国第一艘货运飞船"天舟一号"顺利发射，短短不到20年，中国载人航天工程的迅猛发展让世人惊叹。中国正在以令世界惊诧的"中国速度"飞向太空。中国第一艘正样无人航天飞船"神舟二号"是我国发射的第二艘实验飞船，但它却是中国第一艘正样无人航天飞船。"神舟二号"第一次集中了有一定学科面的开拓性的空间科学研究工作，拉开了我国在今后一系列飞船上开展空间科学与应用研究的序幕。

提起"神舟"号飞船，"神舟二号"应用系统的科技工作者们深有感触，是这艘"希望之舟"为一大批踌躇满志的中国科学家搭起了驰骋于太空的宽广舞台。"神舟二号"飞船上进行的一系列实验，开阔了我们的视野，积累了更多的经验，为今后更深入、更大规模的空间实验以至于实现空间产品产业化、商品化开辟了道路。"神舟二号"的应用任务几乎囊括了国际空间实验的各个学科领域，带动了一批高新技术，特别是促进了一批基础项目的发展。同时，它也为我国空间科学的发展奠定了基础，培养了一代勤奋苦干的科学研究队伍，牵引和带动了相关领域学科的发展和进步。这种带动作用可能比项目本身意义更大。在空间材料科学研究上，增加新的样品，在生命科学和生物技术实验研究方面，增加细胞反应器、细胞融合、电泳等实验项目。在空间环境探测方面，进一步开展空间大气成分、密度和单粒子事件等研究。在对地观测方面，进行微波遥感、成像光谱技术以及地球环境监测等试验，将使我国具有与国际同步发展的对地观测技术，使遥感技术和应用提高到新的水平。

中国航天人走过的荆棘之路，亦是他们披荆斩棘前行的路。中国航天人为梦想积蓄能量，奋发有为。仅仅用了7年时间，中国载人航天计划中第一艘无人实验飞船"神舟一号"就已经矗立在酒泉发射场。而6年后，中国已经成为世界上第三个拥有将多名航天员送上太空能力的国家。但是，同美国和前苏联几十年从"无人飞船—单人飞船—多人飞船"的发展历程比起来，中国航天人走过的是一条充满艰辛、与天地争斗的荆棘之路。虽然不顺利曾经是"神舟"飞船发射前经常遇到的问题，但经过中国航天人的努力，中国航天正在飞速发展。

1999年10月，"神舟一号"预定发射日前一个月，因为在合拢火箭大底时压断了一根信号线，飞船被紧急拆开检修，发射推迟10天。真是"屋漏偏逢连夜雨"，指挥部刚刚确定新的发射日期，又遭遇狮子座的"流星雨"，发射被迫再次推迟2天。直到11月20日凌晨6时30分，中国载人航天工程才迎来第一次飞行试验。"神舟二号"飞船发射前4天，由于操作失误，火箭与活动发射平台相撞，火箭共被碰伤18处，原定发射日期被推迟。经历过"神舟二号"的惊心动魄，当"神舟三号"遭遇部件故障、"神舟四号"遭遇超低温天气时，载人航天工程指挥部已经能够从容应对许多问题。"神舟三号"推迟了3个月发射，"神舟四号"穿上了包括200条棉被在内的"防寒服"，这都是中国航天人遇到的问题。

"神舟五号"在2003年10月15日成功发射之前，遭遇到的困难还是超乎了指挥部的想象。在"神舟五号"进场前最后一轮地面试验时，工作人员突然发现，返回舱座椅缓冲装置不能完全满足安全设计要求。为了确保航天员绝对安全，工程总指挥决定研制改进型座椅缓冲装置，"神舟五号"启程计划暂缓。研制试验工作者们夜以继日连续奋战，仅用不到一个半月就圆满完成了正常需要半年时间的任务。

图5-6 "神舟五号"

就是这样，通过一场接一场的战斗，中国航天人不断地攻克难关，解决了一个又一个问题。是他们坚持不懈的战斗，才铸就了今日中国航天事业的辉煌。

"特别能攻关"，是在抢占载人航天技术制高点奋斗过程中磨砺而成的。中国载人航天之路是一条建立在完全独立自主基础上的自主创新道路。为了确保中国载人航天事业的后发优势，我们一开始就瞄准世界一流，努力实现关键技术重大突破，攻克了飞船研制、运载火箭高可靠性、轨道控制、飞船返回等国际宇航界公认的尖端课题，不仅获得了一大批具有自主知识产权的关键核心技术，而且形成了一套符合我国载人航天工程要求的科学管理理论和方法，展示了中国航天人卓越的攻关能力和创新能力。将载人航天的创新精神注入每个人的"精神燃料箱"，"中国制造"才会变成"中国创造"，"贴牌大国"才能变成"品牌大国"。

没有创新，就没有中国航天的今天，也就没有中国航天的明天。载人航天如此，国家发展又何尝不是如此呢？2008年9月，"神舟七号"飞船发射升空前夕，时任美国宇航局局长格里芬发表长篇演讲，解读中国的"载人航天探索精神"。在演讲中，这位拥有7个学位的火箭专家认为，创新是中国航天精神的精髓，航天和其他领域的技术创新，是引领一个国家走向未来的关键力量。从"神舟七号"到"神舟十三号"，中国载人航天事业的发展高歌猛进，令人惊叹！其他领域的创新态势也同样喜人。"蛟龙"入海，载人下潜成功突破7000米，神奇的海洋世界一览无余，我国实现了一系列技术创新的突破。中国航天领域的飞速跨越发展以及我国其他领域的不断创新发展，标志着我国正在进行的创新型国家建设正迈着铿锵有力的步伐，也让国际上看到了中国的创新势头。中国载人航天在不断的技术攻关中勇攀高峰，解决了一个又一个技术性难题，充分彰显了中国航天人的创新精神，也成为全国各行各业争相学习的榜样。这种宝贵精神推动着整个中国的转型与发展。

中国载人航天的创新是充满动力的。科学探索无国界，但是技术竞争是有国别的。我国的航天研究晚于世界上发达国家几十年才起步，面对的是异常严密的技术封锁，要想放歌太空、遨游太空、跻身世界航天大国的前列，只有自主创新一条路。我们还记得，中国第一代航天人"宁可勒紧裤腰带，也要搞出导弹原子弹"的誓言，在民生凋敝、"一穷二白"的基础上，创造了举世瞩目的奇迹；仍记得火箭发动机输料管检测，技术人员突发奇想，用医疗胃镜给输料管拍照；仍记得飞船"试验田"里，科技人员用铁锅炒黄沙，模拟出最真实的飞船着陆环境；仍记得"一切为创新开道"，成功突破自动焊接难关，让"天宫"与"神舟"的太空对接十分完美。中国的航天人突破了一系列核心技术，攻克了一连串国际公认的尖端课题。正是把创新精神深深熔铸于发展战略、贯穿于攻关实践始终，才有了航天员成功往返太空的佳绩，才有了嫦娥卫星登上月球的跨越，才有了北斗卫星导航系统向全世界免费提供服务的突破。

我们身处激烈竞争的知识经济时代，面对发展方式转变的艰巨任务，与载人航天的发展相比，我国各行各业的发展原始创新能力不足，原创性成果较少，关键技术自给率低，科技队伍整体创新能力也不高，高层次人才严重缺乏，多数企业还没有形成自己的核心技术。近些年来，尽管我们在许多领域取得不少突破，但与加快转变发展方式的要求相比，自主创新水平仍然亟待提高。我国号称"世界工厂"，但事实上创新能力不足；我们是世界第二大经济体，却仍然处于附加值较低的产业链末端。成为创新型国家的路上任重而道远，我们要将载人航天的创新精神注入我们每个人的精神之中，这样才能为我国的发展助力，为我国成为创新型国家贡献力量。

"特别能奉献"，是由航天人秉持的精忠报国理想信念铸就而成的。载人航天是用生命去探险、用躯体去铺路的神圣事业。航天员从选择这份使命那一刻开始，就始终与巨大风险、考验为伴。在"神舟五号"飞船上杨利伟经历了"惊魂26秒"的生死考验，景海鹏与战友在太空中也一再遭遇险情。在2008年"感动中国"颁奖晚会上，景海鹏说："对于我们航天员来说，使命重于生命。即使我们回不来，也要让五星红旗在太空高高飘扬！"正是由于在航天人心中祖国的分量最重、人民的利益最大，中国的载人航天事业才能铸就辉煌、创造奇迹。

2003年10月15日，是个值得中国人民纪念的日子。随着火箭尾部传来的轰鸣声，一个庞然大物缓缓上升，霎时间整个天空似乎也在颤抖，"长征二号"火箭升上了天空。最初一切进行得都很顺利，可火箭才升空三四十千米的时候，由于飞船和大气层产生了摩擦，飞船开始剧烈地抖动了起来，这种情况对于飞船内部的杨利伟来说，真是十分难受，他感觉自己的五脏六腑都要被碾碎了，肚子里面也在不停地翻滚着。整整26秒，他都是在痛苦中度过的。如果当时他的意志力没有那么顽强，这次发射实验就会失败。

杨利伟经受了多年的训练，因此他知道在这种情况下该如何应对。杨利伟在飞船内很快稳住了自己的心态，他以顽强的毅力忍受着这极大的痛苦，度过了26秒。这26秒真实意义上是痛不欲生的。所以，这一刻的危机真是凶险万分。

但是，后面还有更大的危机在等着他。2003年10月16日，杨利伟接到了返航的通知，之后飞船便开始向地球行驶。出人意料的是，在返回过程中，飞

图5-7 杨利伟

船突然下坠，而且飞行的速度特别快，空气开始变得稠密起来，阻力也因此而变大。面对这种情况，杨利伟利用自己的经验惊险地应对着。但是，由于阻力过大，飞船与大气开始产生剧烈摩擦。飞船的外部被烧得通红，飞船的船体不断地掉落碎片，甚至有的地方已经开始出现破裂。此时，飞船外部的温度高达1600多摄氏度。飞船很有可能坚持不下去，而杨利伟也有可能因此而失去生命。

但幸运的是，飞船并没有解体，杨利伟的身体也没有受到太大的伤害。虽然这次太空探索任务充满了艰险，但总的来说杨利伟圆满地完成了任务。

每一个成功的背后都有无数的努力，杨利伟能够成功探索太空，背后是他付出的无数汗水，同时，也是地面的科技工作人员的默默支持，没有他们的辛苦付出也不可能取得试验的成功。中国航天人的这种奉献精神，促进了我国航天事业的进步，中国的航天事业取得的巨大成就离不开中国航天人的奉献和付出。

中国航天人用自己的实际行动铸就了伟大的载人航天精神，并在实践中不断地继承和发扬，一代又一代中国航天人为祖国的"飞天事业"和"探空梦想"不断努力。他们是真正值得时代铭记的人，是我们应该学习的人。

三、探月精神

2020年12月17日，"嫦娥五号"返回器携带月球土壤样品在内蒙古四子王旗着陆场安全着陆，中国首次月球采样返回任务获得圆满成功。习近平总书记发出贺电，深情勉励探月工程任务指挥部并参加"嫦娥五号"任务的全体同志"大力弘扬追逐梦想、勇于探索、协同攻坚、合作共赢的探月精神，一步一个脚印开启星际探测新征程，为建设航天强国、实现中华民族伟大复兴再立新功，为人类和平利用太空、推动构建人类命运共同体作出更大的开拓性贡献"。探月精神，既拓展了新时代航天精神的内涵，又丰富了中华民族的精神家园，其根本性价值既属于中国航天人，也属于全体中国人。

追逐梦想，激发中华民族自强不息的飞天揽月豪情。"嫦娥五号"任务作为我国复杂度最高、技术跨度最大的航天系统工程，首次实现了我国地外天体采样返回。这是我国航天史上具有里程碑意义的伟大壮举，是我国航天人不畏艰险追逐梦想的又一成功典范。中国是火箭的故乡，中华民族是最早怀揣飞天揽月梦想的民族。习近平总书记在为2016年首个中国航天日作出的批示中指出，"探索浩瀚宇宙，发展航天事业，建设航天强国，是我们不懈追求的航天梦"。2019年2月20日，习近平总书记在会见探月工程"嫦娥四号"任务参研参试人员代表时又指出，"中华民族是勇于追梦的民族。党中央决策实施探月工程，圆的就是中华民族自强不息的飞天揽月之梦"。

伟大事业始于伟大梦想，而伟大梦想不是轻轻松松、敲锣打鼓就能实现的，必须基于创新、成于实干，追逐的脚步不停歇，梦想才能照进现实。在中华民族"敢上九天揽月"的追梦征程中，2007年，"嫦娥一号"实现了我国首次月球环绕探测，获取了全月球影像图、月表化学元素分布、月表矿物含量、月壤分布和近月空间环境等一批科学研究成果。2010年，"嫦娥二号"和地球的距离突破1亿千米，创造了中国航天器最远飞行纪录，并不断刷新宇宙深空的"中国高度"。2013年，"嫦娥三号"成功降落在月球虹湾地区，实现了月球软着陆，把"玉兔号"的足迹刻在了月球上，这是我国航天器首次降落在地球以外的天体上。2018年，"嫦娥四号"实现人类探测器首次造访月球背面，这是人类全面认识月球的又一壮举。探月工程"嫦娥五号"任务承续探月梦想，实现我国首次月面采样与封装、月面起飞、月球轨道交会对接、携带样品再入返回等多项重大突破，收获了研究月球乃至太阳系行星的宝贵科学样品。此次任务的成功实施，是我国航天事业发展中里程碑式的新跨越，标志着我国具备了地月往返能力，实现了"绕、落、回"三步走规划，为我国未来月球与行星探测奠定了坚实基础。中华民族正在"一步一个脚印开启星际探测新征程"。揽月而归，踏梦而行，中国航天人必将心怀梦想、奋勇拼搏，以探月精神逐梦星空，以奋斗姿态砥砺前行，让中国人的足迹抵达更加浩瀚深远的星辰大海，在奋力奔跑和接续奋斗中成就梦想。

勇于探索，是建设航天强国、实现航天梦想的必由之路。中国航天人勇于探索的进取精神，体现在为了祖国的航天事业不畏艰险的顽强拼搏上，体现在刻苦攻关不断攀登世界航天技术的新高峰上，体现在开拓创新不断创造航天事业发展的新成就上。中国探月工程自2004年党中央、国务院批准立项以来，脚踏实地，一步一个脚印，一步一个台阶，每一步都取得了新突破，每一步都为下一步奠定了坚实的基础。面对浩瀚宇宙的漫漫征途，面对复杂未知的地月空间环境，面对深远空间的测控通信等难题，探月工程研制队伍勇于探索、敢于创新，"嫦娥五号"作为中国复杂度最高、技术跨度最大的航天系统工程，共创下了五项中国"首次"：一是在地外天体进行采样与封装；二是在地外天体上点火起飞、精准入轨；三是月球轨道无人交会对接和样品转移；四是携带月球样品以近第二宇宙速度再入返回；五是建立我国月球样品的存储、分析和研究系统。探索宇宙奥秘需要强大的实力，也需要不畏艰险的勇气。正是勇于探索的精神，激励着中国航天人为人类文明奉献中国智慧、作出中国贡献。自立自强的旋律最动听，勇于探索的精神尤可贵。当"嫦娥五号"探测器在月球上展开五星红旗时，闪耀月面的"中国红"映照出追求科技自立自强的中国决心。

勇于探索彰显了中国航天人远大的志向、顽强的精神和无所畏惧、勇往直前的英雄气概。众所周知，航天科技是技术密集度高、尖端科技聚集的高科技事业，难度大、风险大。我国航天事业之所以能够取得举世公认的巨大成就，与航天人勇于探索的拼搏精神和进取意识密不可分。航天人面对科技高峰不畏难，面对尖端技术敢攻关，以强烈的事业心和进取心，勇于创新，铸造一流，追求卓越，奋力占领航天科技的制高点。在攀登过程中，他们敢于走前人没有走过的路，拼搏进取，不断创新；面对困难和挑战，他们攻坚克难，锲而不舍；面对失败和挫折，他们百折不挠，从不气馁；面对成功和胜利，他们不骄不躁，再接再厉。一项项关键技术的突破，一道道科学难题的破解，一个个辉煌成就的取得，无一不是航天人勇于探索精神的体现。60多年的中国航天发展历程表明，只有通过独立自主的探索和攻关，才可以让中国人探索太空的脚步迈得更稳更远。勇于探索是建设航天强国、实现航天梦想的必由之路，勇于探索的精神也必将为我国从航天大国转变成航天强国提供源源不断的精神力量。

协同攻坚，是中国特色社会主义制度新型举国体制优势的生动展现。习近平总书记在贺电中指出，"'嫦娥五号'任务作为我国复杂度最高、技术跨度最大的航天系统工程，首次实现了我国地外天体采样返回。这是发挥新型举国体制优势攻坚克难取得的又一重大成就"。航天工程是规模宏大、高度集成的复杂系统工程，涉及的科学领域广泛，参与单位和人员众多。探月工程由全国数千家单位、数万名科技工作者直接或间接参与，技术挑战多、实施难度大、任务风险高。从设计到生产、从研制到试验、从发射实施到飞行控制，技术的每一次突破、工程的每一步跨越，都是全国大力协同、密切配合的结果，都是中国航天人攻坚克难、勇攀高峰的优良传统和创新精神的彰显，都是新型举国体制集中力量办大事的先进制度优势的生动体现。

中国探月工程自批准立项以来，"一张蓝图绘到底"，"一条龙"攻关攻坚，"一盘棋"协同推进，"一体化"迭代提升，实现了"六战六捷"。探月工程任务连续成功，凝结的是几代航天人的智慧和心血，依靠的是我们国家的综合实力，汇聚的是中国人民的整体力量，进一步增强了全国各族人民坚持和发展中国特色社会主义的决心和自信。集中力量办大事，是发展航天事业的重要保障和力量之源。只有团结协作，才能将最优势的力量、最宝贵的资源凝聚在一起。正是依靠协同攻坚的精神，我们才能在短时间内取得历史性突破，实现了"一代人干成了几代人的事"的壮举。

"天高地迥，觉宇宙之无穷。"探索浩瀚宇宙是人类的共同梦想，发展航天事业是我们的不懈追求。经过几代航天人的接续奋斗，我国航天事业走出了一条具有中国特色的发展之路，使我国昂首屹立于世界航天大国之列。特别是党的十八大以来，在以习近平同志为核心的党中央的坚强领导下，在全国人民的大力支持下，我国航天事业不断取得新发展，浩瀚宇宙见证了越来越多的中国奇迹。实践证明，只要我们矢志不渝自主创新、勇攀高峰，就一定能追逐更远的星辰大海，不断标注中国航天发展的新高度。

伟大事业催生伟大精神，伟大精神推动伟大事业。一代代航天人自强不息、接续奋斗，在不断夺取新胜利的同时，培育形成了"两弹一星"精神、载人航天精神、探月精神等，这是党的光荣传统和优良作风在航天战线上的具体体现，是民族精神、时代精神与航天实践相结合的产物，是航天事业取得成功的不竭动力和重要法宝。"实现我们的发展目标，不仅要在物质上强大起来，而且要在精神上强大起来。"[①]奋进新征程、建功"十四五"，包括探月精神在内的航天精神不能丢，自力更生、自主创新的志气不能丢。太空之路，无比广阔；航天征程，无限壮美。我们相信，航天战线必将一步一个脚印开启星际探测新征程，不断推进中国航天事业创新发展，为人类和平利用太空作出新的更大贡献。

合作共赢，是中国为人类和平利用太空提供的中国方案。探索浩瀚宇宙是全人类的共同梦想，合作共赢是新时代航天精神的显著标识。中国探月工程坚持和平利用、合作共赢的基本原则，主动开放部分资源，帮助搭载了多个国家的科学仪器设备，又将获得的宝贵原始探测数据向全世界开放，充分体现了大国担当和大国胸怀，得到了国际社会的充分肯定和广泛赞誉，有力地支撑了国家政治外交，为人类和平利用太空提供了中国方案。

科学无国界，中国一贯真诚友好合作，走共赢之路，积极开展有关国际交流与合作，分享航天发展成果。在"嫦娥五号"任务实施中，我国与欧空局、阿根廷、纳米比亚、巴基斯坦等国家和国际组织开展测控领域协同合作，邀请多国驻华使节和国际组织官员到文昌现场观摩发射。一些国家领导人、航天机构和部分国际组织负责人，以及很多国际同行和友人，都以不同方式表示祝贺和赞誉，期待进一步合作。后续我国将依据月球样品及数据管理办法，广泛征集合作方案，鼓励国内外更多科学家参与科学研究，力争获得更多科学成果。

---

① 习近平：《习近平谈治国理政》，外文出版社，2014，第46页。

探索浩瀚宇宙是全人类的共同梦想，外空资源是人类的共同财富，中国的行星探测计划——向着月球、火星乃至更远，是人类探索外太空的重要组成部分。中国航天人以"探索外层空间，扩展对宇宙和地球的认识；和平利用外层空间，促进人类航天文明和社会发展，造福全人类"为己任，努力成为开拓创新、发展人类文明的排头兵，在新时代的伟大征程中推动构建人类命运共同体。

我们要大力弘扬和践行探月精神，开启星际探测新征程，向更加璀璨的星空迈出更坚定的中国步伐。尽管与世界航天强国还有不小的差距，但探月精神必将激励中国航天人在新起点上再立新功。随着"嫦娥五号"任务的圆满成功和后续小行星的探测和取样、火星的采样返回以及木星系环绕探测和行星穿越探测等标志性工程的实施，我国航天事业将由跟跑、并跑向领跑前进，跻身于世界航天强国行列。这必将激荡起我们科技自立自强的信心与力量，鼓舞人民在新形势下砥砺前行，为中华民族伟大复兴作出贡献，为人类和平利用太空、推动构建人类命运共同体贡献更多中国智慧、中国方案、中国力量。

四、伟大抗疫精神

灾难铸就民族风骨，苦难砥砺中国精神。回眸此次疫情"大考"，在抗疫中体现出来的伟大抗疫精神是中国共产党人精神谱系中一个绚丽的崭新标识。正如习近平总书记在抗击新冠肺炎疫情表彰大会上的重要讲话中所指出："在这场同严重疫情的殊死较量中，中国人民和中华民族以敢于斗争、敢于胜利的大无畏气概，铸就了生命至上、举国同心、舍生忘死、尊重科学、命运与共的伟大抗疫精神。"深刻理解伟大抗疫精神的时代内涵，对于推动中国精神持续不断生成、创新和转化，形成新的精神资源具有重要的现实意义。

生命至上的为民情怀。从发现病毒传播开始，生命至上就是中国社会抗击新冠肺炎疫情的第一要求。2020年1月20日，习近平总书记就对疫情防控工作作出批示，要求各级党委和政府及有关部门把人民群众生命安全和身体健康放在第一位。并提出了早发现、早报告、早隔离、早治疗的防控要求，确定集中

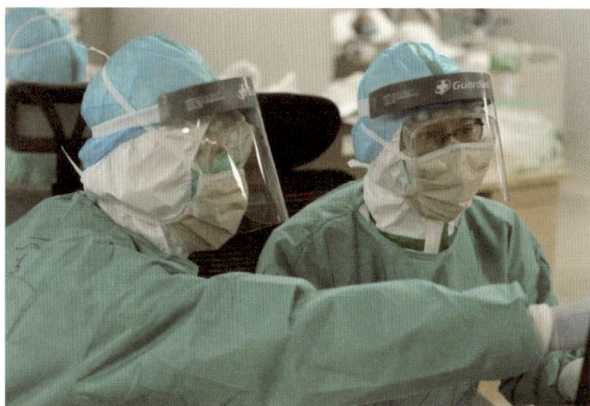

图5-8 医护人员在抗疫工作中

患者、集中专家、集中资源、集中救治的救治要求，把提高收治率和治愈率、降低感染率和病亡率作为突出任务来抓。"在保护人民生命安全面前，我们必须不惜一切代价，我们也能够做到不惜一切代价。""为了保护人民生命安全，我们什么都可以豁得出来！"习近平总书记在全国抗击新冠肺炎疫情表彰大会上掷地有声的话语背后，是从出生仅30多个小时的婴儿到100多岁老人，从在华外国留学生到来华外国人员，每一个生命都能得到全力护佑的客观事实，是与西方一些国家所谓"群体免疫"形成的鲜明对照。

在抗击疫情的斗争中，中国社会被高度组织和动员起来，14亿中国人民万众一心、同甘共苦，风雨同舟、守望相助，心往一处想、劲往一处使，把个

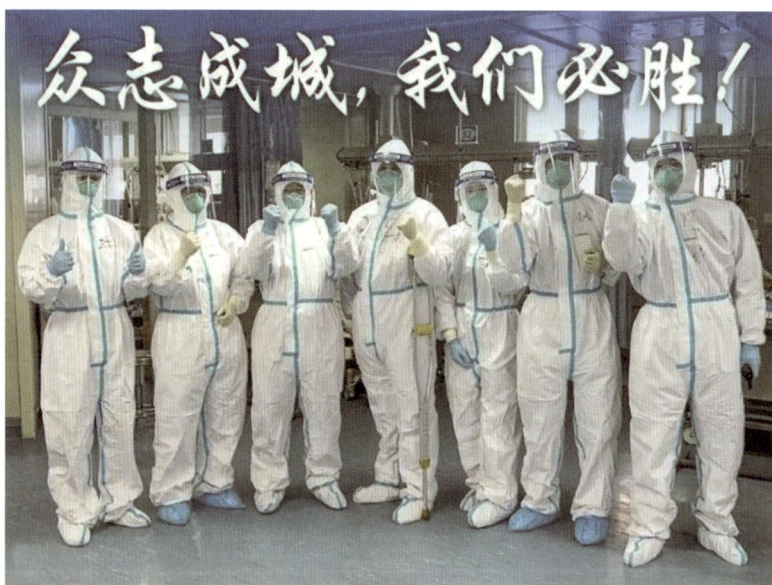

图5-9 抗疫工作者

人冷暖、集体荣辱、国家安危融为一体；在抗击疫情的斗争中，舍生忘死是无声的行动，没有多少豪言壮语，从一线的医护工作者到社区城乡的守护者，每一个人都成为了战士，每一个人都临危不惧、视死如归，困难面前豁得出、关键时刻冲得上，以生命赴使命，用大爱护众生；奋勇前行的背后是强大的科技支撑，取得重大战略胜利的底气是对科学规律的遵循，科学精神、科学态度贯穿于决策指挥、病患治疗、技术攻关、社会治理各方面全过程。面对这样一场百年来全球发生的最严重的传染病大流行，中国遭受疫情冲击最早，面临的防控压力也最大，但是中国社会在迅速有效应对国内疫情的同时，始终不忘人类是休戚与共的命运共同体，发起了新中国成立以来援助时间最集中、涉及范围最广的紧急人道主义行动，尽己所能为国际社会提供援助，先后向世界卫生组织提供两批共5000万美元现汇援助，向32个国家派出34支医疗专家组，向150个国家和4个国际组织提供283批抗疫援助，向200多个国家和地区提供和出口防疫物资。从2020年3月15日至9月6日，我国总计出口口罩1515亿只、防护服14亿件、护目镜2.3亿个、呼吸机20.9万台、检测试剂盒4.7亿人份、红外测温仪8014万件，有力地支持了全球疫情防控。命运与共，就是携手合作、共克时艰，就是守望相助、同舟共济，中国社会用实际行动彰显了大国的担当。

在重大危机面前，对待生命的态度检验着一个政党的道德良知和价值取向。新冠病毒感染疫情既是一场天灾，更是一份国家治理的特殊命题考卷。生命至上，把人民生命安全和身体健康放在第一位，这是中国共产党人在考卷上的郑重作答。

生命至上，诠释了中国共产党以人民为中心的为民情怀。危机之下，中国共产党对生命的尊重和救护见于抗疫斗争的每一个细节。不遗漏每一个感染者，不放弃每一位病患，从出生仅30多个小时的婴儿到年逾百岁的老人，每一个生命定当全力以赴，每一个生命都赋予平等对待。"人民至上、生命至上"的庄严承诺成为应对疫情的首要原则。正如习近平总书记所强调的，"为了保护人民生命安全，我们什么都可以豁得出来！"①这是中国共产党人坚定的

---

① 习近平：《在全国抗击新冠肺炎疫情表彰大会上的讲话》，《人民日报》2020年9月8日，第2版。

政治立场。

生命至上，体现了中国共产党执政为民的生动实践。在疫情暴发的危难关头，中国共产党460多万个基层组织筑起一座座抗击疫情的坚强堡垒，3900多万名党员、干部战斗在抗疫一线，1300多万名党员参加志愿服务，数百名党员、干部为保卫人民生命安全献出了宝贵生命。历经疫情磨砺，中国人民更加深切地认识到，与疫情赛跑，护百姓安康，中国共产党的领导是最可靠的保障。

举国同心的家国情怀。家国情怀体现了家国一体的价值认同与人生追求。抗击新冠病毒感染疫情是一场人民战争。全国各族人民都以不同方式积极参与了这场疫情防控斗争，绘就了举国同心的时代画卷。

举国同心，人们的家国情怀彰显为生命护航的大爱情怀。从党中央果断作出关闭离汉离鄂通道的决策，到346支国家医疗队、超过4.2万名医护人员驰援湖北，中国最顶尖的10个院士团队奋战一线，全国近1/10的重症医学骨干接力上阵。广大公安民警、新闻工作者、社区工作人员等坚守岗位，深入一线，社会各界和港澳台同胞、海外侨胞纷纷捐款捐物，形成万众一心合力抗疫的必胜力量。正是家国情怀中护佑生命的大爱，为我们的生命安全保驾护航。

举国同心，人们用家国情怀诠释着疫情防控的硬核力量。一封封请战书、一枚枚红手印、一个个"最美逆行者"联结成抗击疫情的中国力量。"疫情不散，婚礼不办"的彭银华，给我们留下了心酸的遗憾和感动；"身上挂满药袋"的丰枫，带给我们深深的敬意和感激；火神山、雷神山医院拔地而起的神速令人敬佩；更有14亿中国人宅在家里的自觉配合，是我们用齐心和坚持汇聚起疫情防控的硬核力量，书写了令世界瞩目的伟大"中国抗疫故事"。

马克思主义认为，思想、观念、精神、意识归根结底来自现实的运动，来自物质的力量。习近平总书记在全国抗击新冠肺炎疫情表彰大会上的重要讲话中指出的"六个力"，是我们抗疫斗争收获的重要经验与深刻启示，同样也是伟大抗疫精神的强大力量来源。中国共产党无比坚强的领导力与中国人民不屈不挠的意志力是抗疫精神最根本的政治力量引领。有了中国共产党这个总揽全局、协调各方的领导核心，就有了"主心骨"，有了方向感，有了向心力；有了党中央这个坐镇中军帐的"帅"，就能做到车马炮各展其长，就能做到"军民团结如一人"；中国人民顽强不屈的意志和坚忍不拔的毅力充分彰显出来，经千难而前仆后继，历万险而锲而不舍，就没有什么艰难险阻不能被跨越，没有什么风险危机不能被征服。为什么中国社会能做到举国同心，就是因为有中国共产党这一核心；为什么中国社会能坚持生命至上，就是因为人民是这个国家的主人。

社会主义制度非凡的组织动员能力、统筹协调能力、贯彻执行能力和新中国成立以来所积累的坚实国力，包括经济实力、科技实力等综合国力是抗疫精神最可靠的物质力量保障。我们的制度不仅让国有企业、公立医院担当起了主力军，民营企业、民办医院也积极行动起来；不仅军人走上了"战场"，460多万个基层党组织同样冲锋陷阵，400多万名社区工作者也是日夜值守。强大的国家实力使得按下经济社会发展的"暂停键"不仅没有产生社会性恐慌与社会秩序混乱，不仅没有影响整个社会基本的经济文化生活，反而能在危机中育新机、于变局中开新局，让中国社会迅速成为疫情发生以来第一个恢复增长的主要经济体。社会主义核心价值观、中华优秀传统文化所具有的强大精神动力与构建人类命运共同体所具有的广泛感召力更进一步夯实了抗疫精神的思想基础，为抗疫精神注入强大的道义正能量。在抗疫斗争中，14亿中国人民显示出高度的责任意识、自律观念、奉献精神、友爱情怀，铸就起团结一心、众志成城的强大精神防线，举国同心、舍生忘死的背后是一种不思而能、不虑而为的自然、自觉与自为。人类命运共同体作为一种新世界观、新价值观和新方法论，是把世界作为一个整体，把人类作为一个整体，你中有我、我中有你，让所有人荣辱与共，无论大国小国，不管发达还是欠发达，在共商、共建、共享、共赢中梦想成真，自然让"命运与共"有了坚实的实践基础和广泛的思想基础。

舍生忘死的壮士情怀。伟大抗疫精神承继红色精神的谱系。习近平总书记指出："中国革命历史是最好的营养剂。多重温这些伟大历史，心中就会增添很多正能量。"[1]一部中国精神的发展史，就是中国共产党人领导中国人民在革命、建设、改革开放及新时代砥砺前行过程中锻造革命文化和社会主义先进文化的发展史，就是不断传承、不断发展、不断弘扬红色精神的见证史。在我们

---

① 中共中央党史研究室编《历史是最好的教科书——学习习近平同志关于党的历史的重要论述》，中共党史出版社，2014，第1页。

党带领人民进行革命和建设进程中，形成了许多伟大的革命精神，留下了许多宝贵的物质载体，它们既是对中华优秀传统文化和中华民族精神的丰富和发展，也是孕育形成社会主义核心价值观的根脉源泉。从建党精神、井冈山精神、长征精神、延安精神、抗战精神到大庆精神、"两弹一星"精神再到载人航天精神、抗震救灾精神、改革创新精神等，这是中华民族从站起来、富起来到强起来的宝贵精神财富、强大精神支撑、巨大精神动力，是我们不忘初心，永远保持正确政治方向和发展道路的精神灯塔、指路明灯。把红色资源利用好、把红色传统发扬好、把红色基因传承好，就是要不断地谱写新的红色精神。伟大抗疫精神就是中国共产党人精神谱系中的最新精神结晶。

中国共产党从诞生之日起就带领中国人民经受了许多重大突发事件的考验。习近平总书记在全国抗击新冠肺炎疫情表彰大会上的讲话指出："中华民族能够经历无数灾厄仍不断发展壮大，从来都不是因为有救世主，而是因为在大灾大难前有千千万万个普通人挺身而出、慷慨前行。"

舍生忘死是一种同困难作斗争的精神对垒。"武汉必胜！湖北必胜！中国必胜！""若有战，召必回，战必胜"，这是震撼人心的磅礴声音和铿锵誓言。从重症病房争分夺秒救治到城乡社区挨家挨户排查，从工厂车间加班加点生产到科研实验室夜以继日攻关，在这没有硝烟的战场上，我们坚守的是一种面对困难时无所畏惧的信念，也是经风历雨时的勇往直前。我们每个人都是伟大抗疫精神的见证者、参与者和践行者。

舍生忘死是中华儿女取得抗疫胜利的力量源泉。在与新冠病毒感染疫情的生死鏖战中，战斗在最前沿的广大医护人员以生命赴使命，挺立在疫情的风口，为病人撑起生命的蓝天。他们用慷慨前行与14亿中国人民共同筑起抗击疫情新的长城。习近平总书记指出："抗疫斗争伟大实践再次证明，中国人民所具有的不屈不挠的意志力，是战胜前进道路上一切艰难险阻的力量源泉。"①

尊重科学的求真情怀。疫情的暴发与应对是人类社会永恒且富有挑战性的艰巨任务。习近平总书记指出，最终战胜疫情，关键要靠科技。科学是战胜疫情的根本措施，为人类战胜疾病提供有效手段。

---

① 习近平：《在全国抗击新冠肺炎疫情表彰大会上的讲话》，《人民日报》2020年9月8日，第2版。

应对疫情离不开科学精神的坚守。面对前所未闻的新型传染性疾病，中国在抗疫斗争中秉持科学精神，遵循科学规律。习近平总书记多次强调，既要有责任担当之勇，又要有科学防控之智。试剂、疫苗、有效药物，是增强人民群众抗击疫情的信心保证。病例诊断治疗的深入研究，成功救治经验的及时总结，不断完善的诊疗方案，千方百计提高重症病例救治效果，这一系列性命交关的得力举措，归功于我国广大医务及科研工作者战胜疫情的决心和严谨自律的科学精神。

应对疫情必须以科学态度来对待。疫情防控不能偏离科学的轨道，不能脱离对生物规律的探索和揭示。科学的方法、理性的态度终将是战胜疫情的最有效武器。疫情应对中，我们既要相信科学，也要尊重科学家以及疾控专家在公共卫生事件决策中的作用，更要加大卫生防护知识科普宣传力度，提高公众预防意识和自我保护能力，用强大的科学武器确保人民群众的生命健康安全。

命运与共的天下情怀。人类命运共同体构建，旨在倡导全球共同应对人类面临的各种机遇和挑战。新冠病毒感染疫情以一种特殊形式告诫世人，打造人类卫生健康共同体，团结合作才是正道。

中国与国际社会携手合作，绽放出命运与共的人道主义光辉。在这场没有硝烟的战"疫"中，中国以实际行动彰显了人类命运与共的天下情怀。中国在第一时间与国际社会分享疫情研究成果，为病理学研究、疫苗研制以及临床救治方案优化提供重要的技术支撑。钟南山院士通过视频报告的方式，分享抗击新冠病毒感染疫情的中国经验。在对人类构成共同威胁的公共卫生危机面前，唯有团结协作才能化解全球性风险。

病毒无国界，人间有真情。战"疫"打响后，中国同世界各国携手合作，共克时艰。中国永远不会忘记，中国在应对新冠病毒感染疫情最艰难的时刻，几十个国家和国际组织向我们伸出援助之手，提供急需的抗疫物资。在习近平主席亲自指挥和部署下，我们也在做好自身防疫工作的同时，向150多个国家和国际组织提供援助和支持，包括提供医疗物资援助、派遣医疗专家组、加快有关国家公共卫生基础设施建设、支持国际多边平台和机构应对疫情、帮助困难国家应对债务挑战等。这是新中国成立以来开展的规模最大的一次紧急人道主义行动，是中国推动构建人类命运共同体的一次伟大实践，赢得了国际社会特别是广大发展中国家的高度赞誉。疫苗是疫情和病毒的克星，是抗疫防疫的硬核力量。2020年5月，习近平主席在出席第七十三届世界卫生大会视频会议开幕式时宣布，中国新冠疫苗研发完成并投入使用后，将作为全球公共产品，为实现疫苗在发展中国家的可及性和可负担性作出中国贡献。随着中国国产疫苗附条件上市，中国政府及时落实习近平主席的庄严承诺，优先向发展中国家提供疫苗，提供疫苗援助是其中的重要组成部分。

中国对外提供力所能及的疫苗援助，源于中华民族天下大同的理念和中国人民投桃报李的朴实情感，源于中国的国际主义情怀和中国负责任大国的担当，是我们坚持正确义利观、推动构建人类卫生健康共同体的必然要求。我们的援助既是对全球公共卫生事业尽责，有利于全球疫苗的公平分配，也是对本国人民生命安全和身体健康负责。我们将通过提供疫苗援助，继续同各方一道，为全球团结协作战胜疫情作出新贡献。

中国与世界各国守望相助，正是人类命运共同体理念的生动诠释。在疫情肆虐之时，国际社会通过领导人的国事访问、电话、信函以及捐款捐物等不同形式支持中国抗击疫情。中国尽己所能为国际社会提供援助。一场突如其来的疫情，让世界各国真切体会到人类命运息息相关。疫情过后，历史铭记的不仅有中国人民抗疫斗争的英勇顽强，也有各国携手应对疫情的风雨担当。

06

科学家精神助推中华民族伟大复兴

科学成就离不开精神支撑。科学家精神是科技工作者在长期科学实践中积累的宝贵精神财富。科学精神是科技创新之魂，科学精神最集中体现为科学家精神。伟大精神滋养伟大事业，我国取得的巨大科学成就离不开科学精神的支撑。新中国成立以来，广大科技工作者在祖国大地上树立起一座座科技创新的丰碑，也铸就了独特的精神气质。新时代，大力传承和弘扬科学家精神，在全社会形成尊重劳动、尊重知识、尊重人才、尊重创造的浓厚氛围，进一步激励广大科技工作者争做重大科研成果的创造者、科技强国的建设者、良好社会风尚的引领者，不断推动科学技术向广度、深度发展。

2020年9月11日，习近平总书记在科学家座谈会上指出："去年5月，党中央专门出台了《关于进一步弘扬科学家精神加强作风和学风建设的意见》，要求大力弘扬胸怀祖国、服务人民的爱国精神，勇攀高峰、敢为人先的创新精神，追求真理、严谨治学的求实精神，淡泊名利、潜心研究的奉献精神，集智攻关、团结协作的协同精神，甘为人梯、奖掖后学的育人精神。"大力弘扬科学家精神，在全社会形成尊重知识、热爱科学的浓厚氛围，必将进一步激励广大科技工作者不断向科学技术广度和深度进军。

一、科学家精神培育

新时代科学家精神以爱国、创新、求实、奉献、协同、育人为核心，既传承了老一辈科学家精神血脉，又蕴含了新时代特点。新时代的科学家精神就是广大科技工作者的责任和担当。面对当今科技创新飞速发展的浪潮，广大科技工作者要怀有深厚的爱国主义情怀，弘扬科学报国的光荣传统，追求科学真理、勇攀科技高峰、勇于自我创新，秉承严谨求实的治学风尚，献身于国家发展的伟大事业中，在科学研究和实践的前沿阵地孜孜不倦地上下求索，不断取得新的发展和突破，创造出更多的科学成果，为实现中华民族伟大复兴、造福人类社会作出新的更大贡献。同时，广大科技工作者要树立科学家的浩然正气，做社会主义核心价值观的践行者，做科学知识与科学真理的传播者，做真知灼见、崇德向善、提携后学、甘当人梯的示范者，传播良好的道德风尚和科技创新正能量。

（一）科学家的赤诚爱国精神

科学无国界，科学家有祖国，爱国是科学家精神的第一要义。长期以来，一代又一代科学家怀着深厚的爱国主义情怀，凭借精湛的学术造诣、宽广的科学视野，为祖国和人民作出了彪炳史册的重大贡献。从李四光、钱学森、钱三强、邓稼先等一大批老一辈科学家，到陈景润、黄大年、南仁东等一大批新中国成立后成长起来的杰出科学家，都是爱国科学家的典范。一代又一代科学家前仆后继，用自己的言行和科研成果，诠释着崇高的爱国主义精神。

殷殷爱国情，拳拳赤子心。广大科技工作者不忘初心、牢记使命，秉持国家利益和人民利益至上，继承和发扬老一辈科学家胸怀祖国、服务人民的优秀品质，弘扬"两弹一星"精神，主动肩负起历史重任，把自己的科学追求融入建设社会主义现代化国家的伟大事业中去，就一定能汇聚建设世界科技强国的磅礴力量，创造无愧于时代、无愧于人民、无愧于历史的光荣业绩。

（二）科学家的勇于创新精神

科学家精神的核心是勇攀科学高峰、敢为人先、追求真理的创新精神。在激烈的国际竞争中，唯创新者进，唯创新者强，唯创新者胜。现在，我国经济社会发展和民生改善比过去任何时候都更加需要科学技术解决方案，更加需要把原始创新能力提升摆在更加突出的位置，也更加需要大力弘扬勇攀高峰、敢为人先的创新精神。

习近平总书记指出："广大科技工作者要树立敢于创造的雄心壮志，敢于提出新理论、开辟新领域、探索新路径，在独创独有上下功夫。要多出高水平的原创成果，为不断丰富和发展科学体系作出贡献。"[①]极大调动和充分尊重广大科技工作者的创新创造精神，激发创新创造活力，使谋划创新、推动创新、落实创新成为自觉行动，在解决受制于人的重大瓶颈问题上强化担当作为，努力实现更多"从0到1"的突破，我们就一定能抢占科技竞争制高点，打造未来发展新优势。

科技发展离不开创新，世界科技日新月异，竞争日益激烈，科技创新显得尤为迫切，与时间赛跑，抢占科技竞争和未来发展制高点。当前芯片、5G、6G的发展，都离不开自主创新，这是当代中国科学家的责任担当。坚持中国特色创新精神，瞄准世界科技前沿，把握先机，是科学家精神的核心要素。

（三）科学家的甘于奉献精神

奉献精神就是广大科技工作者不忘初心、牢记使命，不畏艰险、敢于争先，淡泊名利、甘于奉献的精神品质，是"先天下之忧而忧，后天下之乐而乐""干惊天动地事，做隐姓埋名人""把论文写在祖国的大地上，把科技成果应用在实现现代化的伟大事业中"的深厚情怀，是甘为人梯、奖掖后学的育人精神，在科研实践中做"传帮带"的奉献精神，当"铺路石"的牺牲精神。

马克思说，科学绝不是一种自私自利的享乐，有幸能够致力于科学研究的

---

① 习近平：《在科学家座谈会上的讲话》，《人民日报》2020年9月12日，第2版。

人，首先应该拿自己的学识为人类服务。淡泊名利才能潜心钻研。被誉为"中国核潜艇之父"的黄旭华，从1958年中国导弹、核潜艇研制工作启动，一直到1987年身份解密，整整隐姓埋名生活了30年。正是由于黄旭华和他的同事们默默无闻的努力，中国才成为世界上第五个拥有核潜艇的国家。

（四）科学家的求真务实精神

科学家精神，重要的一条就是追求真理、严谨治学的求实精神。实事求是的科学态度是科学家的精神基础，也应是新时代科学家精神的本质特征。古今中外，许多科学家无论面临怎样的压力，都坚持真理而不放弃。李四光，针对早年间西方国家关于"中国贫油"的论断，力排众议，坚信我国天然石油的远景大有可为。他以自创的地质力学为理论基础，亲自主持石油普查勘探工作，在很短时间内先后发现了大庆、胜利、大港、华北、江汉等油田，一举摘掉了"中国贫油"的帽子，被后人称为"石油之父""地质之光"。

身为科学家的袁隆平，常年挽起裤腿行走在稻田里，把科研做在大地上。为研制出"临床医生首选的新药"而孜孜以求的王逸平常说："只有严苛，才能换来每一种新药的安全。"追求真理、严谨治学成了攀登科学高峰的楷模最鲜明的共性。

（五）科学家的团结协作精神

协同精神是中国科学家精神之根。科研合作不是"一个人的战斗"，但同时也不能没有领军人物。把德才兼备的一流人才遴选到科研带头人的位置，为其施展渊博学识、包容精神及管理才能打造宽广的舞台，才能让其发挥好示范带动作用。团队组建十分关键。团队成员不仅在学术研究上志趣相投，而且彼此在气质秉性、专业知识和技能上形成互补，合力产生"乘数效应"，才能撷取璀璨的科研成果。团队文化至关重要。一个好的团队让成员感觉心旷神怡，心无旁骛地投入工作。创造民主的学术氛围、宽松的学术环境、公平的内部环境以及和谐的人际环境，就是在创造科研"加速器"和"培养基"。

70多年来，我国科技事业取得了举世瞩目的成就，在许多"高、精、尖"领域取得重大突破，都是团队协作和集体攻关的结果。人们对"国家973项目首席科学家"耳熟能详，"首席"二字背后是合力攻坚的集体。20世纪50年代，杨振宁和李政道合作提出弱相互作用中宇称不守恒定律，并因此同获诺贝尔物理学奖。集智攻关、团结协作，成就了科学史上的佳话，也结出了科技创新的硕果。

当前，国家发展步入关键期，复杂的全球局势给我们带来巨大挑战。我们要继续发挥集中力量办大事的制度优势，以伟大的团结精神汇聚起科技创新的磅礴力量。

（六）科学家的育人精神

未来科学的浩瀚星空群星闪耀，离不开广大科技工作者甘为人梯、奖掖后学的育人精神。科学有"学派"之分，但无"门户"之别。既要坚决破除论资排辈的陈旧观念，打破各种利益纽带和裙带关系，防止和反对科研领域的"圈子"文化，更要尊重他人学术话语权，反对门户偏见和"学阀"作风，鼓励年轻人大胆提出自己的学术观点。只有营造风清气正的科研环境，才能形成良好的科研文化，助推创新科研成果充分涌现。

育人精神是中国科学家精神之源。数学家华罗庚曾说："人有两个肩膀，我要让双肩都发挥作用。一肩要挑起'送货上门'的担子，把科学知识和科学方法送到工农群众中去；一肩要当作'人梯'，让年轻一代搭着我的肩膀攀登科学的更高一层山峰，然后让青年们放下绳子，拉我上去，再做人梯。"叶企孙被誉为"大师中的大师"，23位"两弹一星"功勋奖章获得者中，有半数以上曾是他的学生。黄大年常说，与科学家相比，自己更看重教师这个身份。在向世界科技强国进军的征程中，需要"长江后浪推前浪"的新生力量。只有薪火相传、人才辈出，才能有源源不断的动力和活力。

榜样是看得见的哲理，给人启迪、催人奋进。具有崇高境界的科学家是"精神灯塔"，能够为科技发展引领航向。从众多优秀的科学家身上，我们能深切感受到胸怀祖国、服务人民的爱国精神，勇攀高峰、敢为人先的创新精神，追求真理、严谨治学的求实精神，淡泊名利、潜心研究的奉献精神，集智攻关、团结协作的协同精神，甘为人梯、奖掖后学的育人精神。这样的科学家精神，激励着广大科技工作者不断向科学技术广度和深度进军，为建设科技强国而努力奋斗。

全面建设社会主义现代化国家，必须坚持科技为先，发挥科技创新的关键和中坚作用。鼓励创新，实现科技自立自强，不仅需要科技工作者践行科学家精神，而且需要全社会精心培育、努力维护科学家精神。特别是要进一步优化科技创新生态，加强作风和学风建设，营造风清气正的科研环境；要不断继续深化科技管理体制机制改革，正确发挥评价引导作用，破除"唯论文、唯职称、唯学历、唯奖项"的不良倾向，减轻科研人员负担；要大力营造尊重人才、尊崇创新的良好氛围，推动追求真理、勇攀高峰的科学精神蔚然成风。

二、科学家精神传承

人无精神则不立，国无精神则不强。科学成就离不开精神支撑。科学家精神是科技工作者在长期科学实践中积累的宝贵精神财富。广大科技工作者要大力推进科技强国，让科技创新成果源源不断涌现出来，尤其需要精神支撑，需要大力弘扬科学家精神。

科学家要胸怀祖国、服务人民。科学无国界，科学家有祖国。我国从来不缺少埋头苦干的人，他们心怀科学家精神，不断提出新理论、开辟新领域、探索新路径，为祖国和人民作出了彪炳史册的重大贡献。当年，钱学森等一大批科学家冲破重重阻力，不惜一切代价，毅然回到伟大祖国，为新中国科学事业发展奠定了坚实的基础。

今天，世界正经历百年未有之大变局，我国发展面临的国内外环境发生了深刻复杂变化，我国"十四五"时期以及更长时期的发展对加快科技创新提出了更为迫切的要求，也更需要广大科技工作者不忘初心、牢记使命，大力弘扬胸怀祖国、服务人民的爱国精神，继承和发扬老一辈科学家胸怀祖国、服务人民的优秀品质，主动肩负起历史的重任，把自己的科学追求融入建设祖国、实现社会主义现代化强国目标的伟大事业中。

吉林大学白求恩医学部的前身是白求恩医科大学。这所创建于抗日烽火中的学校，积淀了深厚的医科特色文化底蕴，一代代白医人始终发扬满腔热忱、精益求精的白求恩精神，与党和国家同呼吸、共命运，始终奋进在时代前列，铸就了伟大的精神丰碑，涵育了生生不息的发展动力，为国家培养了大批医学人才，取得了丰硕的科研成果。

在湖北抗击疫情前线的日子里，吉林大学白求恩医学部驰援武汉的医护人员在同疫魔的殊死较量中，以大无畏的气概，践行了生命至上、举国同心、舍生忘死、尊重科学、命运与共的伟大抗疫精神，取得抗击新冠病毒感染疫情斗争重大战果。

在新冠病毒感染疫情防控工作中，吉林大学白求恩第一医院党委始终坚决拥护党中央坚强领导，切实贯彻落实各级党委和政府的方针部署。广大党员干部勇当先锋，敢打头阵，用行动展现共产党员本色。先后有11支医疗队和专家280人次奔赴湖北武汉、内蒙古满洲里、吉林省吉林市和舒兰市、新疆乌鲁木齐等地支援抗疫。其中，共有86名党员成立了7个临时党支部，在他们的带动下，110余名群众在抗疫一线提交了入党申请书，39名医护人员"火线入党"。在这场抗疫战争中，白求恩医学部的医护者们每时每刻都弘扬和传承着伟大的白求恩精神。

白求恩是世界人民的道德楷模，白求恩精神是一座永恒的丰碑。新时代，应该立足社会实践发展需要，继续学习和弘扬白求恩精神，不断扩大白求恩精

图6-1 吉林大学白求恩第一医院援助吉林市抗疫医疗队

神的影响力，充分发挥白求恩精神的价值引领作用，以便更好地应对世界所面临的百年未有之大变局。

"唐敖庆班"，是以吉林大学前校长、中国科学院院士、著名化学家唐敖庆命名的试验班。这个成立于2009年的试验班培养的是具有国际一流水平的基础学科领域大师级学科后备人才。

"唐班的学生愿意坐板凳，愿意去做基础的工作，我觉得这是一个重要的传承。"吉林大学教务处副处长王瑞说。

这个传承向上要溯源很远。1950年1月，毕业于美国哥伦比亚大学化学系并获得博士学位的唐敖庆毅然选择回国，在北京大学短暂任教后，唐敖庆调任东北人民大学（吉林大学前身），与蔡镏生等创建化学系。

图6-2 吉林大学唐敖庆班logo

据吉林大学发布的数据，唐敖庆班自成立之日至2018年，就已有552人入班学习，其间有很多学生获得赴英国剑桥大学、美国哥伦比亚大学等国际顶尖名校深造的机会。

"这些学生在国外期间，都会向学校（吉林大学）提交研究报告，报告中总是将中国与发达国家在相关学科的差距以及该如何迎头赶上写得非常清楚。"王瑞介绍，从唐敖庆班走出去读硕士、博士的学生都会想着回来，回到本科班与学弟学妹们分享最新的前沿科学。

至诚报国的唐敖庆精神已经沉淀了下来。据统计，唐班成立十几年来，95%以上的学生都会继续从事科研工作，推动中国基础科学研究水平的提升。

纪念一位伟人最好的办法就是将他的思想和事业传承下去。于是，开展馆，整理出版钱学森的论述、文章及别人对他的研究成果，制作纪录片、电影，创办钱学森班和学校。

创新型人才培养不可能一蹴而就，要在基础教育阶段夯实基础并注重形象思维培养。2005年5月12日，时值钱学森归国50周年，北京市海淀实验中学率先在全国中学创办第一个"钱学森班"。此后，"钱学森班"在国内几十所大中小学先后成立，对创新人才培养进行探索。截至2019年10月，已经在50所学校开设"钱学森班"，还开设了4所钱学森学院和5所钱学森学校，遍布国内20个省、自治区、直辖市。让钱学森的爱国精神和做学问的科学精神激励学生奋发向上、报效祖国，通过钱学森的"大成智慧"教育思想培养出真正一流的人才。

我们已经进入科技引领社会发展、引领强国事业的时代，比过去任何时候都更加需要科学技术解决方案，都更加需要增强创新这个第一动力。而这一切的背后，则是科研工作者精神的较量和博弈。"旗帜不能倒，精神不能退。"例如，在抗击新冠病毒感染疫情过程中，广大科技工作者和医学专家在治疗、疫苗研发、防控等多个重要领域开展科研攻关，创造了很多抗疫的"硬核"产品，走在世界的前列。特别是钟南山、张伯礼、陈薇等冲在科研一线，取得了科学战"疫"的重大成果，彰显了忠诚、担当、奉献的崇高品质，也充分体现了科学家精神。

当前，在激烈的国际竞争面前，在单边主义、保护主义上升的大背景下，我们必须走出适合中国国情的创新路子，特别是要把原始创新能力提升摆在更加突出的位置，努力实现更多"从0到1"的突破。这就需要广大科技工作者不忘初心、牢记使命，大力弘扬科学家精神，坚持"四个面向"，不断向科学技术广度和深度进军。中国要强，中国人民生活要好，必须有强大的科技。马克思说过："在科学上没有平坦的大道，只有不畏劳苦沿着陡峭山路攀登的人，才有希望达到光辉的顶点。"①广大科技工作者有信心、有意志、有能力，在精神上始终保持昂扬状态，就一定能在科技创新上实现新的突破，为推进科技强国作出更大的贡献。

---

① 马克思：《〈资本论〉法文版序言和跋》，载《马克思恩格斯全集》第23卷，人民出版社，1972，第26页。

三、科学家精神助推伟大复兴

建设世界科技强国，实现中华民族伟大复兴，是百年来中国科学家的梦想。党的十八大以来，以习近平同志为核心的党中央高度重视科技创新工作，坚持把创新作为引领发展的第一动力，把创新摆在国家发展全局的核心位置，实施创新驱动发展战略，广泛激发创新创造活力。当前，我们要大力弘扬科学家精神，广泛激发创新创造活力，以科技创新化解难题，打造社会发展新动能。面对日趋激烈、关乎国运的世界高新科技竞争，抢占制高点、布局于长远，是当代中国科学家的时代担当。一直以来，一代代科技工作者心怀家国，勇于创新，攻坚克难，攀登一座座科技高峰，为祖国和人民作出了彪炳史册的重大贡献。我国在各个领域所取得的巨大成就，都离不开科技创新这个巨大引擎的推动。

不仅有于敏、孙家栋、袁隆平、黄旭华、屠呦呦、钟南山等获得国家最高荣誉"共和国勋章"的民族脊梁，也涌现出像南仁东、黄大年、李保国、钟扬等一批心中有大我、把论文写在祖国大地上的时代楷模，形成了以"胸怀祖国、服务人民的爱国精神，勇攀高峰、敢为人先的创新精神，追求真理、严谨治学的求实精神，淡泊名利、潜心研究的奉献精神，集智攻关、团结协作的协同精神，甘为人梯、奖掖后学的育人精神"为核心的科学家精神。

构建风清气正的学术生态。全社会要致力于改善科技创新生态，营造尊重科学、尊重人才、力促创新创造竞相迸发的良好环境。强化创新导向，以完善的科技奖励体系激发自主创新热情；加大基础研究激励，宽容失败，提供宽松的社会氛围；紧扣社会经济发展所需，注重科技人才培养，让科学家成为年轻一代的偶像。科技创新有了大舞台，科技工作者们才会有大作为。

强大的基础科学研究是建设科技强国的重要基石。加强基础研究，要强化国家战略科技力量。着力优化学科布局和研发布局，加强数学、物理等重点基础学科建设，完善共性基础技术供给体系；着眼长远、谋划重大项目布局，聚焦人工智能、量子信息、空天科技等前沿领域，实施一批具有前瞻性、战略性的国家重大科技项目。加强基础研究，要大力弘扬科学家精神。广大科技工作者要将对科学的兴趣和好奇心转化为对国家和民族的责任感和使命感，继承和发扬老一辈科学家胸怀祖国、服务人民的优秀品质，弘扬"两弹一星"精神，把自己的科学追求融入建设社会主义现代化国家的伟大事业中去。

2020年9月，习近平总书记在科学家座谈会上指出，科学成就离不开精神支撑，科学家精神是科技工作者在长期科学实践中积累的宝贵精神财富。在2021年5月中国科学院第二十次院士大会、中国工程院第十五次院士大会和中国科协第十次全国代表大会上，习近平总书记指出，新时代更需要继承发扬以国家民族命运为己任的爱国主义精神，更需要继续发扬以爱国主义为底色的科学家精神。习近平总书记关于科学家精神的重要论述内涵丰富、语重心长、催人奋进，具有很强的思想性、指导性、针对性，为我们在新时代弘扬科学家精神指明了方向，提供了遵循。

老一辈科学家塑造形成的科学家精神，是我国科技事业过去发展壮大的精神密码，也是我们建设世界科技强国的动力源泉。大力弘扬科学家精神，在全社会形成尊重知识、崇尚创新、尊重人才、热爱科学、献身科学的浓厚氛围，必将进一步鼓舞和激励广大科技工作者争做重大科研成果的创造者、建设科技强国的奉献者、崇高思想品格的践行者、良好社会风尚的引领者，不断向科学技术广度和深度进军。

在波澜壮阔的科技事业征程中，党领导下的几代科学家通过毕生报国行动形成的科学家精神，如"两弹一星"精神、西迁精神、北斗精神、载人航天精神、探月精神等，都是中国共产党人精神谱系的组成部分，体现着党的性质宗旨，承载着党的初心使命。在致中国科学院建院70周年贺信中，习近平总书记提出，中国科学院几代科学家求真务实、报国为民、无私奉献的先进事迹充分展现出我国广大知识分子的爱国情怀和高尚品格。正是这几代科学家的接续奋斗，奠定并形成了今天中国科学院唯实、求真、协力、创新的院风和科学、民主、爱国、奉献的优良传统，体现在中国科学院院属各单位在长期科学实践中形成的各富特色的科学家精神资源之中。例如，中国科学院西北生态环境资源研究院的"牦牛精神""骆驼精神"，中国科学院青藏高原研究所几代科学家在青藏高原科考过程中逐步形成的"青藏精神"，以及中国科学院南海海洋研究所作为主要科技创新贡献者的"南海精神"等，都是中国科学院老一辈科学家参与塑造形成的中国科学家精神的组成部分，体现着中国科学院老一辈科学家的爱国情怀、视野格局、眼光学识、治学修养。

此时此刻我们为祖国的强大而骄傲，也为科技事业的发展感到自豪。在党中央的坚强领导下，我国科技创新发生了整体性、格局性、历史性的重大变革，创新能力持续提升，整体实力显著增强，取得了一系列令世人瞩目的成就。研发人员总量居世界第一，国际科技论文数量和被引用量居世界第二。发明专利申请量和授权量居世界首位。构建了集众创空间、孵化器、科技园区于一体的科技创业孵化体系，成为举世瞩目的创业热土。在载人航天、北斗导航、嫦娥探月、深海探测、资源勘探、移动通信、超级计算、数控机床、大飞机、核电、新药创制、传染病防治、航空发动机和燃气轮机、新一代人工智能等国家急需和战略必争的重点领域中，产出了一批令世界瞩目、对经济社会发展贡献巨大的重大突破性成果，开辟了产业发展新方向，培育了经济增长的新动能。

科学道路永无止境，科学家精神须代代相传。科学是一项承前启后、不断超越的伟业，是甘当人梯的前辈和不断超越的后辈教学相长的过程。建设伟大的国家，实现伟大的目标，需要全社会尊重科学、热爱科学，更需要从娃娃抓起，形成一大批具备科学家潜质的青少年群体，培养他们科学报国的理想，让祖国的科技事业后继有人。

党领导科技事业发展史告诉我们，弘扬新时代科学家精神要坚持党的全面领导。坚持党的全面领导，既是我国科技事业不断胜利前进的根本保证，也是弘扬好、传承好科学家精神的根本保证。新时代科学家精神要倡导树立强烈的创新自信，改变长期跟踪、追赶的科研惯性，甘坐"冷板凳"，勇闯"无人区"，挑战科学和技术难题；宁要光荣的失败，不要平庸的成功。新时代科学家精神要接续传承老一辈科学家历久弥坚的初心使命，继续发扬为党分忧、为国解难，攻坚克难、敢打硬仗的光荣传统；要始终恪守国家战略科技力量的使命担当，以国家战略需求为导向，着力解决影响、制约国家发展全局和长远利益的重大科技问题，加快建设原始创新策源地，加快突破关键核心技术。

创新的竞争不仅是物质和智力的比拼，更是精神和意志的较量。老一辈科学家塑造形成的宝贵科学家精神，是我国科技事业发展的动力源泉。当前，向第二个百年奋斗目标进军的号角已经吹响，全面建设社会主义现代化国家新征程已经开启，我们越来越接近中华民族伟大复兴的宏伟目标。我们要大力弘扬科学家精神，主动肩负起历史重任，做新时代的奋斗者；加快实现"四个率先"和"两加快一努力"目标，我们要为我国科技自立自强、建设世界科技强国，为中华民族伟大复兴贡献智慧和力量。